★安徽红色历史记忆丛书

红色金寨

胡遵远 编著

时代出版传媒股份有限公司
安徽教育出版社

丛书主编 陆发春

图书在版编目（CIP）数据

红色金寨 / 胡遵远编著. —合肥：安徽教育出版社，2021.4(2024.1 重印)

(安徽红色历史记忆丛书 / 陆发春主编)

ISBN 978-7-5336-9011-3

Ⅰ.①红… Ⅱ.①胡… Ⅲ.①革命史—金寨县 Ⅳ.①K295.44

中国版本图书馆 CIP 数据核字（2019）第 208093 号

红色金寨

HONGSE JINZHAI

出 版 人：费世平
总 策 划：郑 可 费世平
项目统筹：姚 莉 王宗琦
策划编辑：王宗琦
责任编辑：章征柏 刘 静
装帧设计：吴亢宗
责任印制：李松伦

出版发行：安徽教育出版社
地　　址：合肥市经开区繁华大道西路 398 号 邮编：230601
网　　址：http://www.ahep.com.cn
营销电话：(0551)63683012，63683013
排　　版：安徽时代华印出版服务有限责任公司
印　　刷：三河市同力彩印有限公司

开　　本：710 毫米×1010 毫米 1/16
印　　张：23.5
字　　数：230 千字
版　　次：2021 年 4 月第 1 版 2024 年 1 月第 3 次印刷
定　　价：85.00 元

★★★★★

总 序

2016年7月1日，习近平总书记在庆祝中国共产党成立95周年大会上的讲话中指出："我们党已经走过了95年的历程，但我们要永远保持建党时中国共产党人的奋斗精神，永远保持对人民的赤子之心。一切向前走，都不能忘记走过的路；走得再远、走到再光辉的未来，也不能忘记走过的过去，不能忘记为什么出发。面向未来，面对挑战，全党同志一定要不忘初心、继续前进。"中国共产党一贯重视对党史国史的学习和研究，从这些历史中，可以看到中国共产党人的初心和使命，可以获得面对各种挑战所应具备的经验与勇气。

"安徽红色历史记忆丛书"在原有的安徽革命历史研究基础上，充分利用近现代历史文献、档案资料，真实全面地反映了安徽革命斗争历程。丛书试图构建一个红色文化研究平台，连点成线，系统地对安徽省内各地红色文化予以陈述。丛书选取安徽省最有红色革命历史传统的十个县市，即合肥、宿州、六安、黄山、寿县、定远、金寨、无为、泾县、岳西，对1912至1949年间这些地区的红色革命历史予以梳理叙述。为避免与以往出版的同类型书籍同质化，本丛书在体例上采取专题叙事方式，即每本书均以专题方式，突出该地区重大主题的红色革命历史。各专题之间，有一定逻辑关系，按照事件的先后关系，分章叙事论述。丛书强调权威性、学术性和社会大众性有机结合，希望能够打造既有学术含量，又有文宣效果，能够深入人心的系列图书。

一、安徽红色文化的富矿，有待深入挖掘。

安徽是新民主主义革命时期的重大事件发生地、重要历史人物出生地和革命家活动地，是闻名国内外的红色文化资源大省，因此，研究和保护、开发和利用好红色文化资源，打造和传播好具有安徽特色的红色文化，既有重要的文旅经济价值，也有深远的社会意义和历史意义。

安徽红色历史文化除具备中国革命共通特征之外，另有几个主要特点：

首先，安徽是马克思主义思想传播较早，地方党组织组建较早的省域。有先进思想武装的革命组织是革命事业发展的发动机。1921年10月，当时的省城安庆即成立了安徽社会主义青年团组织，1923年安庆成立中共安庆基层支部，寿县乡村小甸集成立中共特别支部。这样一个特点与皖籍出身的中共早期创建者有着紧密关联。我们从《红色岳西》《红色合肥》等卷帙对王步文、蔡晓舟等早期接受新文化思潮的安徽人物的叙述中，可以了解马克思主义思想在安徽传播的概况。

其次，安徽是贯彻八七会议精神，较早进行土地革命，用武装暴动方式发动农民群众，建立独立乡村红色政权的革命先进地区。大革命失败之后，安徽地区的革命者没有被白色恐怖所吓倒，发动了皖西大别山商南立夏节暴动、六霍暴动和请水寨暴动三大农民暴动，成立了红色苏维埃政权和建制的军事武装，如红三十二师、红三十三师。1928年4月9日，皖北阜阳爆发著名的“四九”武装起义，成立了皖北苏维埃政府，建立了皖北工农红军。

第三，在1930年代初期，依托大别山区建设的鄂豫皖红色革命根据地，是仅次于中央苏区的红色苏维埃革命政权，覆盖了湖北、河南、安徽的广大地域，是土地革命战争时期中国共产党探索由农村包围城市革命新路径的另一个重要实验区；以红二十五军、红二十八军为主干建立的红四方面军，是发挥了红色种子作用的军队，是中国革命军队的一支源泉队伍。

第四，全国抗日战争爆发后，皖南泾县新四军军部成为大江南北新四军抗战的指挥中心，解放战争时期皖西、淮南、蚌埠、合肥瑶岗相继成为革命武装千里跃进大别山、挺进豫皖苏、淮海战役、渡江战役的指挥枢纽之地。横跨江淮的皖北、皖南是中国革命战争年代革命志士抛头颅洒热血，为建立新中国英勇奋战的热土，是追随中国共产党的革命群众贡献聪明才智的沃壤。

二、要认识到安徽红色文化的时代价值。

安徽是红色文化的富矿，值得研究者条分缕析，阐发隐微。红色文化作为一种独特文化标识，得到党中央的高度重视，其时代价值应该被清晰认知：

第一，安徽红色文化展示了20世纪革命年代以陈延年、陈乔年、王步文、曹渊、许继慎、胡底、陈原道、刘淠西、周维炯、漆德玮、舒传贤、王效亭等为代表的安徽革命志士，为了民族独立和人民解放，前赴后继、无畏牺牲的革命英雄主义气概和血战到底的对敌战斗意志；为了追寻国家光明前景和革命真理，宁肯舍弃一切献身革命事业的崇高革命信仰和历史情怀。这是新时期安徽人民仰之弥高的精神财富。

第二，安徽红色文化展示了革命年代安徽进步人士，始终以爱国主义为精神内涵，为了追求社会进步、国家富强，勇于走在反帝反封建斗争的时代前列，极大地丰富了20世纪安徽思想文化历史，为新时期安徽人民树立了力学笃行的精神丰碑。

第三，安徽红色文化展示了革命年代形成、新中国成立之后不断被阐释宣扬、历经百年风云已经内化为安徽历史传统的精神财富，是新时期安徽人民建功立业、创新进取、奋斗于民族复兴大业、建设美好家园的重要传家之宝。

重视红色文化，学习红色文化，实践红色文化，不仅是安徽文化强省的重大举措，更是中国人民增加文化自信的重要精神源泉。我们不能让富有特色的安徽红色文化，躺在历史的尘埃中。

陆发春

于安徽大学问津楼

目录

★★★★★

导 语

金寨县位于安徽西部、大别山腹地，与安徽省六安市的裕安区、叶集区以及霍山县，湖北省的英山县、罗田县、麻城市，河南省的商城县、固始县等地接壤。东西宽约 65 公里，南北长约 72 公里，总面积为 3814 平方公里，现有 23 个乡镇、1 个现代产业园区，总人口 68 万，是安徽省国土面积最大的一个县，也是安徽省山区、库区人口最多的一个县。

1932 年以前，金寨地区未设县治。当时，东中部流波、麻埠、金家寨一带属六安县；北部开顺、白塔畈一带属霍邱县，铁冲、全军一带属河南固始县；东南部燕子河、长岭、天堂寨一带属霍山县；史河以西南溪、吴家店、汤家汇、沙河、斑竹园一带则属河南商城县。这里马克思主义传播早、党组织建立早、革命武装起义早、红军队伍诞生早、革命根据地形成早，因此危及了国民党的反动统治。于是，蒋介石就调集大批国民党军队对这里进行“围剿”。第一次、第二次、第三次反“围剿”，红军都胜利了，第四次反“围剿”，红军失利了。随后，蒋介石就打破湖北、河南、安徽三省界线，以金家寨为中心，从三省交界的几个县各划一部分设立一个新的县，并以最先攻占金家寨的国民党将军——卫立煌（时任国民党第十四军军长，中路军第六纵队指挥官）的名字命名，叫作“立煌县”。1947年，刘邓大军千里挺进大别山，解放了金家寨，才将立煌县改名为“金寨县”，这就是金寨县的由来。

金寨县是全国著名的革命老区、全国著名的将军县，是红二十五军的初始诞生地，红四方面军的主要发源地，红二十八军的二次重建地。金寨县是中国革命的产物，没有中国共产党，就没有金寨县！金寨地区是中国革命的摇篮之一，金寨地区的革命历史也是中国革命历史的一个缩影！自1920年10月燕子河燕溪小学成立马克思主义学习小组开始，到1949年全境解放，金寨境内30年革命红旗不倒，始终高高飘扬。从1929年5月6日立夏节起义（又称商南起义）开始，到1949年10月1日中华人民共和国成立，在金寨境内先后组建了12支主力红军队伍，革命薪火在这里生生不息、熊熊燃烧，并且燃遍全国。革命战争年代，金寨先后有10多万英雄儿女参军参战，绝大多数血洒疆场、为国捐躯。在这块红色的土地上，先后走出了59位共和国开国将军，共700多位共和国高级将领。

2016年4月24日，习近平总书记到安徽考察，前往金寨县向革命烈士纪念塔敬献花篮。他对革命老区金寨人民在中国革命和建设中做出的巨大牺牲和无私奉献给予充分肯定和高度评价。习近平总书记满怀深情地说：“一寸山河一寸血，一抔热土一抔魂。回想过去的烽火岁月，金寨人民以大无畏的牺牲精神，为中国革命事业建立了彪炳史册的功勋，我们要沿着革命前辈的足迹继续前行，把红色江山世世代代传下去。”新华社在报道这一重大新闻时，首称“金寨是中国革命的重要策源地、人民军队的重要发源地”。“两源两地”是迄今为止对金寨县的最高评价和最新定位。

一、金寨是中国革命的重要策源地

（一）金寨是传播和实践马克思主义较早的地区之一，是马克思主义的传播之源、实践之源

金寨位于大别山腹地，是鄂豫皖三省结合部的中心区。

在这里，较早地涌现出一批进步的知识分子。20世纪20年代初，在俄国十月革命的影响和五四运动的推动下，以蒋光慈、袁汉铭、詹谷堂为代表的金寨籍进步知识分子和青年学生较早地接受了马克思主义，并在全国各地秘密传播马克思主义。无产阶级革命文学的先驱者——蒋光慈，1922年加入中国共产党，著有《少年漂泊者》《短裤党》等

▲ 无产阶级革命文学的先驱者——蒋光慈

30 多部优秀作品。他利用文学作品倡导和传播马克思主义，对中国革命进程产生了深远影响，胡耀邦、习仲勋、陶铸等老一辈无产阶级革命家都说自己是受他的作品影响，走上革命道路的。

在这里，较早地成立了马克思主义学习、传播组织。1920 年 10 月，安庆法政学堂的学生徐狩西回到家乡教书，在燕子河的燕溪小学成立了“马克思主义学习小组”，吸收教师和校外进步人士参加，讨论如何在中国实现革命，如何推翻封建军阀的统治、打倒帝国主义、铲除一切不合理的制度，使封闭的大别山区的一些进步知识分子开阔了视野、开始了新的探索。1922 年，共产党员詹谷堂在固始志成小学任教，组织进步师生成立“青年读书会”，学习宣传马克思主义。1922 年，一些进步教师在金寨笔架山农校成立了“青年读书会”，学习研究马克思主义和进步书刊。

在这里，较早地建立了一批党的基层组织。1924 年秋，詹谷堂到笔架山农校，发展李梯云、周维炯等 5 名“读书会”骨干成员加入中国共产党，成立了金寨地区第一个支部——中共笔架山农校支部。当年冬，在武汉商科大学读书的陈绍禹（即王明，中共早期领导人之一）利用寒假回乡，在金家寨组建了“豫皖青年学会”，团结豫皖边区的商城、固始、六安、霍邱、霍山等县 100 多名进步知识分子，学习研究马克思主义，进行反帝反封建宣传。1925 年 3 月，詹谷堂回到南溪明强小学任教，以学校为阵地传播马克思主义，发展进步教师入党，成立了中共南溪支部。

这批进步知识分子加入中国共产党、建立党的基层组织后，不仅在金寨地区广泛深入地传播马克思主义，而且积极地向鄂豫皖周边地区扩展和延伸。1925 年夏，袁汉铭受组织派遣，在河南商城城关县立第一小学，以任教为掩护，秘密培养先进分子，宣传共产党的纲领，发展党员和青年团员，成立了商城县第一个党支部。1926 年秋，李梯云回到祖籍地湖北省罗田滕家堡，与萧方等人组建了中共商罗麻特别支部，下辖 21 个支部，后发展为中共罗田县委。大革命期间，金寨籍党员先后在金家寨、商城、罗田、固始建立了党的组织，培养了一批有理想信念、有献身精神的革命骨干，掀起了思想解放运动和反帝反封建斗争高潮。有资料显示，到 1924 年底，中共党员中金寨籍党员有 15 人，占 1925 年 1 月中共四大召开时党员总数 994 人的 1.5%。

(二)金寨是中国共产党领导的时间较早、规模较大、效果较好的革命武装起义的地区之一，是革命武装斗争的策划之源、行动之源

金寨地区党组织在中共四大精神的指引下，积极发展党的组织，领导农民协会开展革命斗争。为了培养军事和农民运动骨干，党组织先后派周维炯、漆德玮等一大批共产党员到黄埔军校武汉分校（后改称武汉中央军事政治学校）和武汉农民运动讲习所学习，使他们逐渐成长为豫东南革命根据地的主要领导骨干。大革命失败后，全国各地的党组织和农民运动均遭受严重破坏，金寨籍在外学习和工作的共产党员纷纷回到家乡，以教书、经商

为掩护，宣传贯彻党的八七会议精神，发展党的组织和农民协会，积极准备武装起义，革命活动蓬勃发展。

1928 年年底，金寨地区建立了 2 个区委、11 个支部。当年 10 月，中共六大精神传达到金寨，金寨地区的党组织更加坚定了“不能无条件盲动”，“积极准备，待机而动”的武装起义指导思想。为使武装起义顺利进行，党组织安排部分党员骨干打入地方民团，开展士兵运动、组织士兵起义。由于农民运动的不断发展，国民党地方政府开展了“清乡”运动，大肆捕杀共产党员和农民协会骨干，很多地方的农民协会会员被捕、共产党员被杀害，革命面临着严峻考验。中共商（城）罗（田）麻（城）特别区委在上级党组织的领导下，决定先发制敌，立即举行武装暴动。1929 年 5 月 6 日，商城南部的丁家埠、南溪、斑竹园、吴家店等十几个暴动点（当时均属于河南商城管辖，今均属金寨县）一夜之间开展武装暴动，并取得全面胜利。由于起义当天是立夏节，故称“立夏节起义”。由于暴动点均在商城南乡，所以又称“商南起义”。暴动成功的第三天，起义队伍在斑竹园朱氏祠会师，建立了中国工农红军第十一军第三十二师，下辖第九十七团、第九十八团，共 200 多人。1929 年 12 月，红三十二师攻下了河南商城县城，这是红军在河南省攻下的第一座县城，在全国产生了很大影响。1930 年 3 月 18 日，中共中央来信给予了很高评价，并表示无限的欣慰和敬意。

就在积极准备立夏节起义的同时，金寨地区东部的党组织——中共六安县委也在积极准备武装暴动。立夏节起义胜利后，中共六安县委下辖的中共六安六区区委秘密派员与红三十二师联系。1929 年 5 月 18 日，在红三十二师的大力支持下，六安县南庄畈（今属金寨县）的六保联络自卫团成功举行暴动，接着独山、闻家店、漫水河、白塔畈等地相继举行武装暴动，成立了农民赤卫军。由于各暴动点时属六安、霍山、霍邱等地，故称“六霍起义”。为了统一各起义军的领导和指挥，1930 年 1 月 20 日，中共六安县委在流波召开会议，将各起义部队合编为中国工农红军第十一军第三十三师，下辖第一〇六团、第一〇七团，共 200 多人。1930 年 1 月底，红三十三师在安徽境内攻下了第一座县城——霍山县城。

土地革命时期，鄂豫皖地区一共爆发了三次著名的革命武装起义，其中，第一次黄麻起义是在湖北的黄安、麻城一带爆发的，第二次立夏节起义和第三次六霍起义主要是在金寨地区爆发的。可见，金寨是鄂豫皖地区大规模革命武装起义的主要策源地和爆发地。

（三）金寨是全国第二大苏区——鄂豫皖苏区的中心区和示范区，是革命薪火的启明之源、燃烧之源

红三十二师与红三十三师并肩作战，不断壮大，开创了豫东南、皖西两块革命根据地。豫东南革命根据地以商城南部的南溪、丁家埠、斑竹园、吴家店等地为中心，纵 100 多公里、横 70 多公里。皖西革命根据地以金家寨为中心，辖六安、霍山、霍邱、英山(今属湖北)、潜山 5 个县,纵 200 余公里、横 100 余公里,人口 40 余万。不久,两块革命根据地迅速发展,连成一片。1930 年 2 月,中共中央政治局常委、中央军委书记周恩来听取了中共中央巡视员郭述申(原名郭树勋)关于鄂豫皖边区革命形势的报告,非常高兴。加之大别山的战略地位十分重要,党中央当即做出决定,将鄂东、豫东南和皖西的 17 个县划为鄂豫皖边特别区,成立中共鄂豫皖边特委;将黄麻起义成立的红三十一师与红三十二师、红三十三师合编为中国工农红军第一军,直属中央军委指挥。中共鄂豫皖边特委和红一军的成立,将鄂豫边、豫东南与皖西三块革命根据地统一为鄂豫皖革命根据地,成为全国六大革命根据地之一。从 1930 年冬至 1932 年 6 月,在中国共产党的领导和革命群众的大力支持下,这里的红军先后粉碎了国民党部队的三次"围剿"。后来,鄂豫皖革命根据地红军发展到约 4.5 万人,面积约 4 万平方公里,拥有 27 个县级政权,人口约 350 万,地方武装 20 余万人,成为仅次于中央苏区的全国第二大苏区。金寨地区是鄂豫皖革命根据地的政治、军事、经济、文化中心。中共豫东南道委、道区苏维埃政府,中共皖西北道委、道区苏维埃政府,中共六安、霍山、霍邱、商城、赤南、五星等县委和县苏维埃政府先后建立或办公于金寨地区。根据地修建有红军飞机场,设立了赤色邮政局、列宁小学、银行等机构,各项事业欣欣向荣,成为苏区建设的典范。在这里,还诞生了革命歌曲《八月桂花遍地开》。第四次反"围剿"失利后,中共鄂豫皖中央分局在金寨地区的燕子河举行紧急会议，决定西征。随后，红四方面军2万余人，越过平汉铁路线，西进3000多里，开创了川陕革命根据地。1935年3月，为策应中央红军长征，红四方面军发起了强渡嘉陵江战役，开始长征，1936年10月，在甘肃会宁，红四方面军与红一方面军胜利会师。

1932年11月，红四方面军西去川陕后，中共鄂豫皖省委重建了红二十五军。1934年11月，重建的红二十五军开始长征，长征途中又创建了鄂豫陕革命根据地，并于1935年9月率先到达陕北，与陕甘红军胜利会师，迎接党中央和中央红军。

在党的领导下，以金寨人民为主要组成力量的鄂豫皖红军先后创建了鄂豫皖、川陕、鄂豫陕三块革命根据地，这在全国都是首屈一指的。

红二十五军长征后，为坚持斗争，1934年12月底，中共皖西北道委将分散的红军队伍集中整编成红二一八团，并再次组建红二十八军，坚持了三年艰苦卓绝的游击战争。敌人对鄂豫皖革命根据地实施了多次残酷的“清剿”，导致鄂豫皖根据地大部分区域接连丧失，但皖西金寨地区依然保存着长100公里、宽25公里的区域，革命的红旗始终高高飘扬在大别山上。

抗日战争进入全国抗战以后，国民党安徽省政府迁驻金家寨地区近八年时间。从1938年6月至1939年7月，中共安徽省工委、鄂豫皖边区党委设在今金寨县花石乡白水河村的汪家老屋，以隐蔽的方式领导“津浦路以西、平汉路以东、浦信公路以南的广大地区的工作”，积极宣传抗日，建立群众组织，秘密发展党的组织。金寨地区成为抗战时期安徽省乃至大别山区抗日救亡运动的领导中心。

1947年8月底,刘伯承、邓小平率领的晋冀鲁豫野战军千里挺进大别山,于9月2日解放金家寨,立煌县改名为金寨县。12月底,邓小平、李先念来金寨视察工作,并在下楼房(今金寨县沙河乡楼房村)的周氏老宅里设立了前线指挥所,指挥大别山根据地的革命斗争。

金寨在土地革命战争时期,是鄂豫皖革命根据地的中心区,进入全国抗战以后,是安徽乃至大别山区抗日民主救亡运动的领导中心,解放战争时期,又是刘邓大军千里挺进大别山的重要目的地和实施战略转移的重要后方基地。整个新民主主义革命时期,革命的火种始终在这里生生不息、熊熊燃烧,并逐步燃遍全国。

二、金寨是人民军队的重要发源地

(一)金寨是中国工农红军的重要组建地和兵员补充地,是人民军队的组建之源

土地革命战争时期,在鄂豫皖三省一共组建了51支主力红军队伍,其中在湖北省组建了29支、在安徽省组建了16支、在河

南省组建了7支，占全国总数151支的34%。在金寨地区先后诞生了12支主力红军队伍，金寨是全国组建主力红军队伍最多的县，因此金寨也被称为中国工农红军第一县。

(二)从金寨走出去的红军队伍不断发展壮大、薪火相传，3支重要的革命武装力量在这里茁壮成长，金寨是人民军队的发展之源

在金寨地区组建的12支红军队伍，按照中央的要求，相继成长壮大为主力红军队伍、改编成为抗日战争和解放战争时期的主要武装力量。1930年4月，根据中央决定，红三十二师、三十三师改编为红一军第二师、第三师。1931年1月，红一军与红十五军合编为红四军。11月，红四军与红二十五军在湖北红安七里坪合编为红四方面军。1932年10月11日，红四方面军离开鄂豫皖去川陕。1936年6月，红四方面军与经过长征到达甘孜地区的红二、红六军团会师。10月，红四方面军与红一方面军在会宁地区会师。1937年8月，红四方面军和陕北红二十九军等整编为八路军第一二九师。

红四方面军主力离境后，1933年4月下旬，中共皖西北道委在今金寨县汤家汇镇再度组建了红八十二师。10月11日，中共皖西北道委在今金寨县南溪镇吕家大院重建了红二十八军。1934年4月16日，重建的红二十五军和重建的红二十八军在汤家汇豹迹岩胡氏祠胜利会师，红二十八军第二次编入红二十五军，成为新的红二十五军。11月16日，新的红二十五军高举“中国工农红军北上抗日第二先遣队”的旗帜开始长征。1935年9月16日，红二十五军率先到达陕北苏区永坪镇，与陕北的红二十六军、红二十七军会师，合编为红十五军团，红二十五军改编为红十五军团第七十五师。11月初，红十五军团编入红一方面军。1937年8月25日，红一军团、红十五军团和红七十四师合编为八路军第一一五师，红十五军团第七十五师改编为第一一五师第三四四旅第六八八团。

1935年2月3日，高敬亭以在沙河店组建的红二一八团为主体，与鄂东北独立团在太湖县凉亭坳（今属岳西县）第三次组建红二十八军，并坚持了三年游击战争。1938年2月，根据中央指示，红二十八军在湖北红安七里坪改编为新四军第四支队。1938年3月，新四军第四支队各部在流波会师，金寨人民热烈拥军，200多名青壮年踊跃参加新四军。3月底，新四军第四支队离开流波，东进抗日，于5月12日在巢县（今巢湖市）伏击日军，取得了蒋家河口战斗的胜利，打响了新四军抗战第一枪。

（三）至今仍有6个集团军与金寨红军有着渊源关系，金寨是人民军队的血脉之源

在2017年军改前，中国人民解放军陆军18个集团军中，有6个集团军与在金寨诞生的红军队伍有渊源和血脉关系。

一是中国人民解放军第十二集团军，它的前身是中原野战军第六纵队，主要发源于红四方面军。

二是中国人民解放军第十三集团军，它的前身是中原野战军第四纵队，是由土地革命战争时期的红三十一军、全面抗战时期的八路军第一二九师第三八六旅发展而来的。而红三十一军则是以 1933 年 7 月在金寨麻埠成立的红二十五军第七十三师为基础扩编形成的。

三是中国人民解放军第十六集团军的摩步第四十八旅，它是由中国人民解放军第十一军第三十二师改番号而来的，划归第十六军建制，它也是发源于土地革命战争时期的红四方面军、全国抗战时期的第一二九师、解放战争时期的晋冀鲁豫军区第三纵队第八旅。这支部队发源于金寨，又解放了金寨。

四是中国人民解放军第二十一集团军，它的前身是华北野战军第二纵队，是由土地革命战争时期的红二十八军、全国抗战时期的新四军第二师发展而来的。

五是中国人民解放军第三十八集团军，它的前身是华北野战军第一纵队，是以土地革命战争时期的红一军团、红十五军团的部分部队为骨干发展起来的。而红十五军团的第七十五师发源于大别山区第二次组建的红二十五军。第三十八集团军第三三八团的前身是红二十五军第七十五师一部，红二十五军第七十五师组建于金寨麻埠。

六是中国人民解放军第三十九集团军，它的前身是东北野战军第二纵队。该纵队是由红十五军团的部分部队发展而来的，主要力量也来源于诞生在金寨的红二十五军。

2017 年新的一轮军改后，虽然集团军总数减少为 13 个，但是与金寨红军有渊源和血脉关系的集团军，仍然是 6 个。

此外，金寨还被誉为“将军的摇篮”。如火如荼的革命运动、摧枯拉朽的人民战争，培养和锻造了洪学智、徐立清、皮定均、陈先瑞等一批杰出的高级将领和优秀人才。从红军队伍中成长起来的金寨籍师级及以上的高级将领达 700 多位，其中开国将军 59 位，省军级领导干部 151 位，地师级领导干部 500 多位，金寨是全国著名的将军县。

本书拟重点围绕“两源两地”这一崭新的定位和科学的论断，向读者们介绍金寨是中国革命的重要策源地、人民军队的重要发源地的相关史实资料及作者个人的一些认识与理解。如有错误或不妥之处，敬请批评、指正。

第一章

马克思主义在金寨的传播和党组织的建立

（1919 年 5 月—1927 年 7 月）

一、马克思主义在金寨的传播

“十月革命一声炮响，给我们送来了马克思列宁主义。十月革命帮助了全世界的也帮助了中国的先进分子，用无产阶级的宇宙观作为观察国家命运的工具，重新考虑自己的问题。”[①]十月革命后，金寨籍在上海、南京、武汉、安庆、芜湖等地工作和求学的进

① 毛泽东：《毛泽东选集》第四卷，北京：人民出版社，1991 年，第 1471 页。

步知识分子,“学得了一样新的东西,这就是马克思列宁主义”①,初步弄清了中国两千多年封建统治和中华民族国弱民贫的根源。他们寒暑假回乡,或学成归来,带回了许多马克思主义理论书籍和进步刊物,先是在燕溪、明强、淠阳、志成等小学和笔架山农校师生中传播,后逐渐向社会扩展。封闭山区中的一些进步知识分子开阔了视野,看到了社会发展的光明前景,他们开始了新的探索。

1920年10月,燕子河燕溪小学校长徐狩西,教师刘长青、刘锡凡、郑其代、李德甫、敖发台、杜小木,共7人组成了以学习马克思主义和进步书刊为内容的学习小组,徐狩西任组长,他们每天晚上学习,讨论如何在中国实现革命,推翻封建军阀的统治,打倒帝国主义,铲除一切不合理制度。后来学习小组逐渐向学生中扩展,较大的学生成立了活动组,每组3至6人,他们深入群众中宣传广大劳动人民贫困的原因。为了有组织地进行学习活动,学校还开设夜校,吸收进步知识分子和农民群众参加。当地一些出身富有家庭的知识分子,如刘仁辅、徐育三、徐仙骥(均系安庆法政学堂和甲工、甲商学校学生)等也都到学习小组中学习,分析中国贫困落后的原因,讨论苏联十月革命胜利的道路。不久,笔架山农校和志成、明强、淠阳等小学学习马克思主义的读书会等组织也相继建立起来。1924年,在武汉商科大学读书的陈绍禹和同学

① 毛泽东:《毛泽东选集》第四卷,北京:人民出版社,1991年,第1514页。

詹禹生寒假回乡，在金家寨成立了“豫皖青年学会”，团结了豫皖边区的商城、固始、六安、霍山、霍邱等县的进步知识分子100多人，学习研究马克思主义，进行反帝反封建的宣传，揭露帝国主义侵略中国的罪行和中国政府腐败、人民群众受剥削受压迫的根源，号召“军阀要除尽，帝强要除根”，“创建新华，改造社会”。

当时，笔架山农校的马克思主义学习活动最为活跃，他们除了成立“青年读书会”，组织进步师生学习马克思主义和进步书刊外，还成立了新文化演剧社、歌咏队，向群众宣传新思想、新文化，深受群众的拥护。后来，金寨地区第一个党支部就是在这所学校成立的，支部很多成员如李梯云、周维炯、漆德玮等后来都成长为立夏节起义的领导人。

▲ 金寨革命的发源地——笔架山农校

白沙河禅堂蚕业学校，在进步教师张子敬、杨珂、汪少襄、徐义达、曾广成、方祖山、彭宏康、余宗孚、张贻志等领导下，组成了48人的同学会，学习马克思主义思想和进步书刊，向贫苦农民宣传反帝反封建思想。这个学校很多教师后来都加入了中国共产党，成为立夏节起义的骨干。

詹谷堂、袁汉铭在志成小学组织了有80多人参加的“马克思主义学习研究会”（又称“读书会”），一边学习马克思主义理论，一边进行社会活动。研究会成员经常带领学生到贫苦农民中大力宣传革命道理，主张男女平等，禁止纳妾，吓得周围的地主老财不敢催租加佃，一些地方官宦、富豪骑马坐轿也绕道而走。为了反对帝国主义横行、军阀混战、官僚地主鱼肉百姓，在詹谷堂、曾静华等领导下，读书会组织编写了《为反对军阀、反对帝国主义告同胞书》①，并广为印发。

袁汉铭、胡攻非、黄炳耀（均现金寨县南溪、汤家汇人）等联合20多名进步知识分子，在商城县城创办“商城书社”，经营马克思主义理论书籍等进步书刊，团结了一大批知识分子。为了帮助读者学习，他们还以“商城书社”为阵地，成立了“商城学会”，县立中学、城关一小、平民夜校、女子小学等很快成立了分会。这些学习组织为传播马克思主义，宣传新思想、新文化，唤醒豫皖边区人民，起到了重要启蒙作用。

---

① 中央档案馆馆藏资料，复印件存中共金寨县委党史办公室。

二、风起云涌的“三反”斗争

(一)反对帝国主义、反对封建主义和反对军阀

1919年5月4日,五四运动爆发,全国人民积极响应,反对帝国主义瓜分中国,声讨北洋军阀政府出卖国家利益的罪行,声势之大,范围之广,意义之深远,都是空前的。金寨地区同全国一样,深受影响,麻埠、流波、燕子河、南溪、斑竹园、金家寨等地小学和笔架山农校、禅堂蚕业学校师生都举行了集会和示威游行,声讨帝国主义瓜分中国和北洋军阀政府丧权辱国的罪行,宣传抵制日货,在麻埠、吴家店、李集焚毁了几家商店的日货。金家寨的一些商店将日货藏起,被示威学生封了店门,被责令停止营业。商会头目汪东阁出面调解,遭到师生们的严厉痛斥。各地在声援五四运动的同时,还广泛开展了反对旧道德、提倡新道德,反对旧文化、提倡新文化,学习白话文、废除八股文等运动,对帝国主义的侵略罪行,对统治中国两千多年的封建思想进行猛烈抨击。“打倒帝国主义”“打倒封建主义”等革命口号传遍金寨各地。

在五四运动中,金寨籍在外地任教和学习的进步知识分子也十分活跃。六安省立第三甲种农业学校的创始人之一、并在该校任教的金寨籍进步知识分子桂月峰和在该校的金寨籍学生陈绍

禹、桂尊夏、桂尊秋等与农校师生员工一边上街集会游行示威，高呼“外争国权，内惩国贼”“反对卖国外交”等口号，一边和学校领导沈子修、朱蕴山等发出倡议，成立六安县学生联合会，通电全国声援北京学生爱国运动。师生们为表示反对帝国主义的决心，掀起了“仇视日货”的斗争，将自己的洋瓷盆、洋瓷碗、洋伞集中在大街上焚毁，并组织了“仇视日货纠察队”，到各商号宣传抵制日货的意义，将买卖日货定性为辱没中华民族的行为，喊出“抵制日货光荣、使用日货可耻”的口号。在安庆、芜湖读书的金寨籍学生蒋光慈、郑鼎（即李云鹤）、葛文宗等都是运动的领导者和骨干。

1921 年，军阀倪嗣冲督皖，大量削减教育经费，搜刮民脂民膏，筹集贿选经费。6 月 2 日，郑鼎、葛文宗和安庆各校学生代表结队向省议会请愿，揭露倪嗣冲削减教育经费以及贿选的罪行，遭到军阀马联甲的疯狂镇压，造成部分学生受伤、死亡。“六二惨案”更加激起了各校师生的反抗，他们一面通电全省声讨，一面组织罢课。师生们举着“军阀议员残杀学生，全体罢课誓死偕之”的巨幅布匾，游行示威，全省各地立即掀起了声援学生运动的高潮。郑鼎、葛文宗还回到家乡，在白塔畈、大岗、开顺街、叶家集和霍邱县城，揭露倪嗣冲、马联甲贿选丑闻和镇压学生的罪行，搜集有关证据材料，撰写文章在《平议报》《黎明》等报刊上发表。

1923 年 10 月，军阀曹锟贿选大总统，又激起了全国人民的反对，消息传到金寨地区，笔架山农校和南溪、流波、麻埠等地小学师生以及工商界人士联合召开大会，揭露曹锟贿选的卑劣伎俩。

郑鼎还被推选为赴京控告团代表,后来他虽然遭到通缉,但仍然坚持斗争。

(二)维护永佃权的斗争

燕子河地区维护土地永佃权的胜利,可以说是金寨地区五四运动后人民群众反对封建剥削和压迫斗争的重要成果。

鸦片战争后,中国沦为半殖民地半封建社会,人民群众为反抗帝国主义和封建主义的压迫与剥削,纷纷起义反抗。从1854年起,近代中国最大规模的农民起义军——太平军先后10多次进入鄂豫皖边区,曾在金家寨、霍山、六安、英山等地大败清军,打富济贫,开仓分粮,赈济百姓。燕子河一带官绅地主为了抵御太平军进攻,逼迫佃户充当乡勇,组织武装团练,与太平军作战。团练屡战皆败,牺牲惨重,乡勇都不愿为官绅地主卖命,纷纷逃离。官绅地主为了收买人心,笼络乡勇,同意佃户提出废除过去的五年一转庄的土地出租规定,允许佃户拥有永远租佃的权利——永佃权,即佃户租佃地主产业,地主不得转庄夺佃(当时每转庄一次,地主就要加租加佃押金)。太平天国革命失败后,官绅地主反口,恢复以往五年一转庄的剥削制度,激起了广大农民的强烈反抗。燕子河地区农民秘密集会,统一行动,集体退佃,使大量土地无人耕种而荒芜,迫使官绅地主让步,继续承认农民的永佃权。农民们便在长山冲(今金寨县长岭乡)建立忠义祠,作为斗争胜利的标志,每年正月十五日集会纪念。但地主阶级对农民的胜利是怀有刻骨仇恨的，时刻都在准备反扑。1922年秋收后，燕子河大恶霸地主刘佐廷伙同郑小川、余良远、陈先义等10多户地主，要废除永佃权，转庄夺佃。佃户们怒不可遏，向霍山县衙控告。但由于官府和地主阶级串通一气，多次控告无效。毕业于安徽法政学堂的开明人士、燕溪小学马克思主义学习小组成员刘仁辅，公开为农民鸣不平，同刘佐廷等地主交涉，劝他们维持农民的永佃权。刘佐廷依仗权势，先是不予理睬，后又以宗家族长身份骂刘仁辅"吃里爬外"。刘仁辅为维护农民利益，变卖了部分家产，带领10多名佃户，拿着燕子河九保佃户盖着数千个手印的状纸和同治初年霍山县衙"罢转庄、施行永佃"的判词，到霍山县政府同刘佐廷打官司，燕子河地区4000多农民，手持刀矛集聚在忠义祠，要同刘佐廷、郑小川等地主恶霸拼个死活。由于刘仁辅读过法律专业，又有官方永佃公文凭据，同刘佐廷当堂辩论时有理有据，县政府也慑于众怒难犯，不敢偏袒，判决维护永佃权。刘佐廷不服，又上诉到省，虽多方贿赂，但最后还是败诉了。佃农们终于打赢了官司，大家无不欢欣鼓舞，1923年8月在闻家店树立了永佃碑（该碑现存于金寨县革命博物馆），碑联是"述先言维持永佃，请官示打消转庄"。

维护永佃权斗争的胜利，极大地鼓舞了金寨人民群众反封建剥削和压迫的斗志。

(三)麻埠、流波等地手工业工人罢工斗争

五四运动后，全国掀起了抵制洋货斗争，洋货进口减少，使国内微弱的民族工业有所发展。当时金家寨、麻埠、流波等主要集镇上，一些手工业作坊逐渐兴旺起来。特别是产于麻埠、流波、金家寨的“皮丝烟”十分畅销，省内外客商争相贩卖，烟坊老板大发其财。但烟业工人工资非常低，刨皮丝一捆得600至900文（铜圆），仅能维持1至2人最低生活。工人们多次要求增加工资，均得不到解决。老板还以“不愿干就回家”，并以“稀饭盆敲响些，刨烟工不叫自来”等恶言秽语侮辱烟工。烟工们在多次说理无效的情况下，进行“挂刨停工”的罢工斗争，致使刨烟作坊全部停产。后经烟工代表与作坊老板谈判，老板被迫同意提高烟工工资、改善烟工伙食等条件。烟工罢工斗争的胜利，极大地鼓舞了其他行业工人，商店店员、木工、篾工、油漆工、搬运工、放运工（竹筏工人）等也纷纷起来，向老板要求增加工资、改善生活，大多取得了一定程度的胜利。

(四)大刀会暴动

大革命前，人民群众为了反抗统治阶级的压迫与剥削，很多地方以传统的帮会形式，烧香结拜，聚义造反。这些帮会形式的群众组织，虽然有阶级的局限性和斗争的盲目性，并带有封建迷信色彩，但当时在一定程度上打击了反动阶级统治。

1923年年初，河南固始县人梅广恩，自称得神人相助，有刀枪

不入的神功，在麻埠以“打富济贫，保卫身家”为号召，联络贫苦百姓，烧香结拜，组织大刀会，广收道徒，很快在麻埠、杨店、油坊店一带发展会众1000多人，每人配备一把系有红缨的大片刀，焚香念咒，演习操练，向官商、地主抗捐抗租、派粮派款。不久，扩展到皖西各县，并提出“打倒军阀，改良政治，复我民权”的口号，博得了一些谋求改良政治的知识分子和贫苦百姓的拥护，队伍逐渐扩展到近万人。这种由“一些没有出路的贫苦农民，反抗地主豪绅，自己找出路的组织”，“差不多成为六安第一位武装力量”。① 1924年6月20日，大刀会攻克六安县城，县知事丁景炎越城逃跑，大刀会缴获步枪500多支。7月13日，大刀会又攻克霍山县城，县知事崔翔青逃走，他们砸开监狱，释放囚犯，没收了县衙的钱粮和官商的食盐、布匹等，对贫苦百姓秋毫无犯，并将没收的粮食、食盐和布匹拿出一部分赈济贫苦百姓，得到民众拥护，民众纷纷摆香案、放鞭炮、献茶果迎接。

由于大刀会组织的发展和对六安、霍山两县城的进攻，安徽军阀惊恐不安，马联甲派第二混成旅前来镇压，只靠画符念咒以大刀抵抗的大刀会，很快溃败。部分会众溃退到麻埠、杨店、油坊店一带，以顾宗扬、赵尼姑为首，分别在麻埠文昌宫、杨店、万寿寺、油坊店、杨家冲设香堂、开山门、收道徒，很快又发展到5000

① 《安徽省临委致六安县委的信》(1928年5月1日)，见中央档案馆、安徽省档案馆:《安徽革命历史文件汇集》第二册，1986年，第132页。

多人。但这时的大刀会，已完全被地主阶级收买利用，“城西南乡麻埠以西之顾某，其本身是富农……此派分子多为地主豪绅阶级”[①]。顾宗扬、赵尼姑组织的大刀会蜕变为统治阶级麻醉人民、压迫人民的工具。这些帮会形式的组织，不可能从根本上为劳动人民找到光明道路。

当时豫南、皖西一带大刀会暴动，因为开始以“打富济贫”为宗旨，后来又提出一些“打倒军阀，改良政治，复我民权”等开明口号，所以受到了当时中共北方区委李大钊的重视，并派人来皖西调查，“1925 年 11 月初……到了麻埠，后又到流波，第三天到金家寨，仍有大刀会成员。关于六安大刀会暴动调查，由我写成详细材料，交北方区委组织部负责人陈为人同志转交李大钊同志”[②]。但这时大刀会已经蜕变了。

三、中共基层组织的建立

“一九一七年的俄国革命唤醒了中国人，中国人学得了一样

① 《六安县委关于大刀会情况给安徽省委的报告》(1928 年 4 月 26 日)，见中央档案馆、安徽省档案馆：《安徽革命历史文件汇集》第四册(上)，1987 年，第 6 页。

② 中共安徽省委党史工作委员会：《安徽现代革命史资料长编》第一卷，合肥：安徽人民出版社，1986 年，第 296 页。

新的东西,这就是马克思列宁主义。中国产生了共产党,这是开天辟地的大事变。”[①]俄国十月革命的胜利,中国五四运动的爆发,对金寨地区都有较深刻的影响。特别是马克思主义的传播,推动了一向封闭的金寨地区人民群众开展反帝反封建斗争。

十月革命和五四运动后,金寨地区马克思主义的传播和农民、工人反帝反封建斗争的开展,培养了一批具有初步共产主义思想的骨干分子,从而为无产阶级政党——中国共产党基层组织的建立,奠定了思想基础。

1920年,白塔畈进步知识分子蒋光慈经陈独秀介绍,到第三国际主办的上海外国语学社学习,并加入了中国社会主义青年团。1921年,蒋光慈去苏联留学,1922年,他由团员转为中共党员。1924年,蒋光慈回乡,发展他小学的蒙师,也是志成小学读书会的组织者詹谷堂加入中国共产党。1924年秋,詹谷堂又发展曾静华等人入党,并和曾静华以讲学的方式,到笔架山农校发展该校“青年读书会”的骨干李梯云、周维炯、漆德玮、漆海峰、李声武等加入中国共产党,并成立了党小组,李梯云任组长。不久,党小组扩展为党支部,李梯云任书记。这既是金寨地区,也是皖西(寿县划出六安市之后)地区建立的第一个党支部。

1925年3月,詹谷堂由志成小学离任,回到家乡南溪的明强小学任教。以“明耻教战,求杀敌也”的典故,作对联贴于校门两

① 毛泽东:《毛泽东选集》第四卷,北京:人民出版社,1991年,第1514页。

旁，教导学生读书不忘忧国。詹谷堂在倡导新文化的同时，积极发展党组织，发展了王凤池、曾昭烈等进步教师入党，建立了党支部。年底，明强小学党支部和笔架山农校党支部一起，成立特别支部，詹谷堂任书记。

1926年秋，中共简家坳支部成立，书记李声武，党员有漆禹源、漆耕圃、徐乾等。8月至9月，禅堂（白沙河）和太平山党支部成立。禅堂党支部书记汪少襄，党员有刘再山、徐义达、刘盛朝、赵瑞祥等；太平山党支部书记汪品清，党员有田念波、罗炳刚、汪永金等。1927年3月，漆家店（沙堰）党支部成立，书记罗银青，党员有罗世宁、罗固城、徐润亭等。在发展党组织的同时，共青团组织也有了较大发展，仅斑竹园一带，就建立了小河、桥口、简家坳、吴家店等支部，有团员20多人。

在此期间，袁汉铭在商城县中、一小、女小、平民夜校等学校进行马克思主义宣传，发展商南地区进步知识分子詹庆岳、雷承清等加入中国共产党，并成立了支部、特支，袁汉铭任特支书记。

到1926年秋，南溪、斑竹园等地，党组织已有较大发展。10月，商城、麻城、罗田3县边区党组织负责人在李梯云主持下，在罗田滕家堡平民小学举行联席会议，商讨边区党组织建立和农民运动等问题。出席会议的有萧方、叶盛袭、阎蔚卿、漆禹源、罗泽恒、罗泽南等10多人。经过协商，成立了中共商罗麻边区特别支部，萧方当选为书记，阎蔚卿任组织部部长，叶盛袭任宣传部部长，漆禹源、罗泽恒、罗泽南为委员，负责商南革命活动的联络工作。从此，商城、罗田、麻城 3 县边区党组织活动进入了一个新的发展阶段。

1927 年春，金家寨、燕子河、白塔畈等地区也有很多知识分子加入中国共产党。10 月，中共燕子河支部成立，书记刘仁辅，党员有徐育三、徐仙骥、汪维裕等；11 月，中共古碑冲支部成立，书记袁继安，党员有桂伯炎、桂杰生等；在白塔畈、大岗、开顺街一带成立了白塔畈党支部，党员有袁新民、汪映西、杨晴轩（原名杨友仁，后又化名杨季昌、杨季轩）、李大刚、潘荣初、司仲超等。他们利用办学、开商店等为掩护，进行革命宣传活动，为后来党组织的建设和农民运动、武装暴动培养了大批骨干。

四、农民运动的兴起和农民武装的建立

1924 年开始的国共合作，有力地推动了全国工农运动的发展。1925 年 1 月，中共第四次代表大会明确提出了无产阶级领导权和农民同盟军问题，指示各地建立农民协会和农民自卫军，规范了开展农民运动的各项办法。商南党组织在中共四大精神指引下，一面积极发展党的组织，一面积极组建农民协会，广大农村很快掀起了农民运动的高潮，出现了“一切权力归农会”的革命景象。

(一)农民协会的发展和县农会筹备处的建立

1925年夏，商南党组织在双河、斑竹园、南溪等地组织发动农民进行反帝反封建和减租减息斗争，组建农民协会。1926年春节期间，笔架山农校学生、共产党员蔡兴芳在其家乡双河香炉石(今金寨县双河镇学堂村)建立农民协会，他通过串门、拜年等机会，向穷人讲解农民困苦的原因，宣传农民团结翻身闹革命的道理，发展张本海、杨志和、周继发、徐老小等人成立了农民协会小组，一个多月时间，便发展了40多人，成立了农民协会委员会。接着，余海若、林正刚(均是笔架山农校学生)、杜昌甫在双河的下店、桃树岭等地也建立了农民协会。

1926年春，南溪、斑竹园地区在詹谷堂、袁汉铭、周维炯、漆德玮、李书铭、王凤池、曾昭烈、陶龙璧、漆禹源、漆耕圃、赵瑞祥、刘再山等组织领导下，部分乡、村农民协会也纷纷建立起来。

1926年秋，白塔畈、大岗子、金家寨、古碑冲、七邻湾、麻埠、油坊店、流波、燕子河、闻家店等乡、村，也相继建立起了不同规模的农协组织。

1926年夏，国民革命军出师北伐。12月，袁子金师进入金寨地区，在麻埠、南溪一带作短期休整。部队中很多政治干部是共产党员，他们深入群众，宣传打倒军阀、打倒帝国主义、反对封建剥削和压迫等道理，帮助组建农民协会，深受人民群众欢迎。当袁子金师与直系军阀马祥斌部激战于鹅毛岭(今金寨县槐树湾乡一带)时，人民群众不顾敌人炮火射杀，踏着一尺多厚的大雪，向前线送饭送菜，救护伤员，为北伐军取得胜利做出了重要贡献。战后，军民联欢，大张旗鼓地开展减租减息斗争，广大农民群众参加农民协会的积极性更加高涨。到1927年春，金寨境内大部分乡、村农民协会均建立起来。特别是吴家店、斑竹园、南溪等地，农民协会的发展声势大，范围广。为了加强农民运动的领导，1927年4月9日，在斑竹园成立了商城县农民协会筹备处，指导商城县农民运动的开展。1927年6月2日，汉口《民国日报》报道："商城之南乡一带与鄂接壤，得接受革命的宣传，农会继续组织起来，农会筹备处因特别原因暂设于该县南乡距城140里之斑竹园。"

据报道，当时成立的8个区农民协会和97个乡农民协会，均在今金寨县斑竹园、南溪、吴家店境内，农民运动开展得相当广泛。从农会成员成分看，佃农、雇农、半自耕农、自耕农、手工业者占93%，充分体现了劳动人民当家做主的精神；从领导层看，10名委员中有5名是共产党员，其余也都是在农民运动中涌现出来的骨干和社会进步人士，"都能切实工作，勇敢奋斗"；从活动情况看，也都是有理有节地与封建地主阶级做斗争、为人民群众谋利益的，因而深得人民群众的拥护。

（二）农民协会反压迫、反剥削的斗争

农民协会的迅速发展，组织机构的建立健全，有力地推动了农民协会的反压迫、反剥削斗争。正如毛泽东指出的那样："农民

既已有了广大的组织，便开始行动起来，于是……造成了一个空前的农村大革命。”①

1926年3月8日，王凤池、曾昭烈、陶龙璧、王景义等在丁家埠大王庙召开农民协会会员大会，到会200多人。会上宣布成立丁家埠乡农民协会，选举曾昭烈、陶龙璧、陶国梁、曾宪成等人为农民协会委员会成员，曾昭烈任主席。王凤池在会上宣传了国民革命和三民主义、耕者有其田等道理。曾昭烈布置了惩治土豪劣绅、废除苛捐杂税、实行减租减息、办农民夜校等任务。

6月22日，詹谷堂、王凤池利用南溪火神庙会会期，召开南溪上、中、下三保农民协会会员和农民群众大会，到会2000多人，人们手持红绿纸小旗和刀矛，高呼“打倒土豪劣绅”“铲除封建剥削”“实行减租减息”等口号。詹谷堂在大会上作了帝国主义侵略瓜分中国，军阀统治阶级出卖中国利益打内战，封建地主阶级剥削农民的报告，号召广大农民团结起来，进行反帝、反军阀、反封建斗争。很多农民代表纷纷上台发言，揭露地主阶级的残酷剥削，痛诉农民生活困苦等情况。会议高呼“打倒帝国主义”“打倒军阀”“打倒土豪劣绅”“废除一切苛捐杂税”“实行减租减息”等口号。北伐军某团团长袁子玉报告了国民政府出师北伐的胜利情况。商城周凤山民团20人带枪前来镇压，会场出现短时间的混乱，农协会员被捕去10多人。詹谷堂、王凤池和袁子玉率领农协

① 毛泽东:《毛泽东选集》第一卷，北京:人民出版社，1991年，第14页。

会员100多人前往交涉，说明农民协会活动是响应国民革命号召的，痛斥周凤山野蛮干预农民协会活动的行径，并要向河南省政府控告。1000多名农协会员随即将民团围住，周凤山受到了詹谷堂的痛斥，他慑于农民协会的声威，被迫释放全部被捕农协会员，溜之大吉。农民协会继续开会，后选举了南溪农协会领导成员，彭道洲、李平康当选为正、副主席，李玉清、曾宪德等9人为委员。会后，农民协会举行了游行示威。游行队伍走到葛藤山时，适逢大地主陈玉英带几个随从向佃户胡贤恩催租，游行队伍立即将陈玉英抓了起来，戴上高帽子游乡，陈玉英一路喊叫："我是土豪劣绅，我剥削压迫穷人，我有罪……"并将其以劣绅论处，罚款500元(银圆)。

斑竹园、双河等地农协会也以不同形式揭露地主压迫和剥削农民的罪行，号召农民协会向地主阶级进行减租减息的斗争。家住沙堰泰山集的共产党员李梯云，大力宣传鼓动减租减息，他还在其父办的商店大门上贴了一副对联：与工农群众同携手，和资产阶级做对头。横批：天下为公。当地豪绅地主极为震惊。曾任国民党河南省党部委员的大地主罗维楚被吓得跑到商城去了，并向河南省政府报告，山里的共产党要翻天了，要求派兵镇压。

燕子河、古碑冲、白塔畈、大岗子等地，农民协会的活动也很广泛。1927年3月7日，安徽省农民协会筹备会成立，燕子河地区共产党员徐育三被选为候补委员。4月，燕子河、流波区农民协会成立，组织农民开展减租减息斗争。桂伯炎、袁继安在古碑冲、七邻湾、南庄畈一带，号召农民协会向地主开展“佃户不纳租”“穷人不还债”的斗争。汪映西、潘荣初、李大刚、王永福、司仲超等在白塔畈、大岗子、船板冲一带领导农民运动，一次在白塔畈报恩寺开会，到会有1000多人。减租减息、抗捐抗税的斗争，大大减轻了农民的经济负担。

(三)农民武装的建立

农民协会为了保护自己的利益，各地组织了人数不等的农民自卫军，仅商南地区就组织了3个团又3个大队，共约3000人。武器除少量钢枪外，大都是长矛、大刀、土铳。其中训练最好、战斗力最强的一支是由共产党员李书铭领导的30多人的革命武装，全部配备钢枪。李书铭是参加北伐攻克武汉后回乡建立革命武装的。他写下诗句：“自顾须眉七尺躯，豺狼遍地又何如，为民不斩妖魔尽，留此头颅愧有余。”并用此诗句激励战士刻苦训练，奋勇杀敌。此外，有些乡村还秘密成立了联庄会(队)、摸瓜队，专门在夜晚惩治一些不法地主和劣绅。西河桥劣绅杨朝圣对抗减租减息，扬言要到商城县请民团来捉拿农会干部，随即被农会摸瓜队夜间砍了头，吓得很多地主豪绅不敢对抗农民协会的减租减息，有的地主主动要求减租减息，表示不当劣绅。

农民协会的活动直接影响了统治阶级的利益，商城县民团和河南军阀常来侵犯。农民自卫军不断在门坎山、段皮岭、挥旗山等险关隘口与进犯之敌作战，一次又一次地打退敌人的进攻。但农民自卫军毕竟是未经军事训练、武器大多是刀矛土枪、只凭勇敢作战的革命武装，在战斗中受到不少损失。据当时汉口《民国日报》记载：5 月 19 日，十二军（即河南军阀任应岐部）康旅突出 200 余人，携带长枪、盒子枪、炸弹、手提机关枪等，向有农会组织的地方进攻，沿途掳掠烧杀，无所不及。该县第七区（今金寨县沙河、关庙一带）一面急报筹备处，一面集中抵敌，双方遇于关王庙。农军与之激战 4 小时之久，值农军来援，始行将匪击退。是役，农会会员死 36 人，伤 6 人，被俘 3 人，居民死者 40 余人，伤者无数，民房被烧者 2000 余户，农军枪支也失去 10 余支。

战斗过后，县农会将死者收殓、伤者请医调治，因死者多属贫苦农友，故决定死者每人给棺木费 80 串，抚恤金 300 串，伤者给调养费 50 串，并定期开会追悼，公建义勇坊一座，永久以“五·一九”为该县革命流血的纪念日。县农会为应付时局起见，加强农军，招 50 人，并派代表罗世宁到武汉购买枪弹，同时向武汉革命政府报告。此后，商南地区农民协会武装有了进一步发展，武器装备也有了改善。

金家寨、燕子河、白塔畈等地共产党员带头捐款，购买枪弹，建立农民武装，保护减租减息斗争的成果，惩治不法地主和土豪劣绅。

（四）一批共产党员去武汉接受教育

商南地区党组织为了培养军事和农民运动骨干，在北伐军攻克武汉后，于 1926 年年底派了一批共产党员去黄埔军校武汉分校和农民运动讲习所学习军事和农运知识。先后去的有周维炯、漆德玮、漆德琮、漆海峰、张欣之、张子敬、罗银青、朱仕芬、李书铭、赵瑞祥、吴仲华、陈大中等，他们都是经过考试入学的。由于他们学习刻苦、成绩优异，经常被派往革命军中进行实地指挥训练，并参与了叶挺部队反击夏斗寅独立师叛变的战斗，他们在军事上从理论到实践都得到了锻炼。由共产党员和国民党左派组成的国民党安徽临时党部也在武汉设立了安徽党务干部学校，为安徽培养革命干部。金家寨、古碑冲一带的中共党员桂伯炎、袁继安、桂杰生、王明生、王志和、陈新安等都在那里学习和工作过。

正当全国革命形势迅猛发展之际，以蒋介石为代表的国民党右派集团加紧勾结帝国主义和大资产阶级、大地主阶级，准备背叛革命。蒋介石于 1927 年 4 月 12 日在上海发动了反革命政变（史称四一二反革命政变），大肆屠杀共产党人，解除工人纠察队武装，并在南京另立了国民政府，与武汉国民政府相对抗。全国各地相继出现了屠杀共产党人，镇压工人、农民运动的反革命逆流。7 月 15 日，汪精卫在武汉召开国民党中央执行委员会会议，正式做出“分共”决定，公开背叛孙中山所制定的国共合作政策和反帝反封建的纲领。至此，第一次国共合作正式结束，轰轰烈烈的国民革命失败了。

第二章

革命武装起义和红军队伍的诞生

（1927 年 8 月—1930 年 4 月）

一、八七会议精神在金寨的贯彻落实

（一）八七会议精神的传达贯彻

汪精卫为首的武汉国民政府叛变革命和蒋介石的南京政府同流合污后，他们在全国范围内疯狂屠杀共产党人和革命志士。大革命高潮时期，“已经发展到六万多党员的党只剩下一万多党员”[1]。一些党的领袖人物，如李大钊、向警予、赵世炎、郭亮、萧楚女、恽代英、彭湃、陈延年等都英勇牺牲了。“但是，中国共产党和中国人民并没有被吓倒，被征服，被杀绝。他们从地下爬起来，揩干净身上的血迹，掩埋好同伴的尸首，他们又继续战斗了。”[2]

为了挽救中国革命，中共中央采取了一系列紧急措施。1927年8月7日，中共中央政治局在汉口召开紧急会议，这就是中国共产党具有伟大历史意义的八七会议，这是一次挽救中国革命的重要会议。会议制定了实行土地革命和武装反抗国民党反动派的总方针。

八七会议后，金寨境内在武汉、开封、安庆、芜湖等地学习和工作的共产党员漆德琮、李梯云、周维炯、漆德玮、漆海峰、张子敬、吴仲华、陈大中、张欣之、朱仕芬、桂伯炎、徐育三、徐仙骥、袁新民、刘介华、戴铸九等受党组织派遣回到家乡，以教书、经商为掩护，宣传贯彻党的八七会议精神，进行革命活动。他们很多人出身于富豪门第，又大都在武汉国民政府主办的中央军事政治学校学习回来，以宣传三民主义和国民革命名义开展社会活动，加之他们注意团结一些进步人士，对一些豪绅地主和地方势力派，也尽量与之维持适当的联系，这样就减少了革命活动的阻力，金

① 《中国共产党中央委员会关于建国以来党的若干历史问题的决议》（中国共产党第十一届中央委员会第六次全体一致通过），北京：人民出版社，1981年，第8页。

② 毛泽东：《毛泽东选集》第三卷，北京：人民出版社，1991年，第1036页。

寨境内党组织逐渐得以恢复。经过3个多月的传达，绝大多数党员都了解了八七会议精神和全国革命形势，对蒋介石、汪精卫为代表的国民党右派叛变革命、屠杀共产党人、镇压工人和农民运动极为愤恨，一致拥护八七会议制定的总方针，积极准备武装起义。

（二）中共南邑（商南）区委的成立

随着在外地学习和工作的共产党员回乡和八七会议精神的贯彻，各地党组织明确了奋斗目标，士气大振。为了壮大力量，除了恢复和加强原来的党组织外，还积极培养新的骨干，扩大党的组织。商南地区原有的南溪、笔架山、简家坳、漆家店（沙堰）、禅堂（白沙河）、平头山等支部和特支都恢复了起来，并吸收发展了一批新党员。

大革命失败后，原商城城关党组织负责人吴靖宇被捕。1927年9月，中共河南省委派黄柏劲来商城与胡攻非等党员联系，重新成立了中共商城特支。11月，在其基础上成立了中共商城县委，蒋镜青（又名蒋明华）任县委书记，决定在党组织条件较好的商城南部山区组织武装暴动。1928年1月，商南党组织派共产党员罗霁岚到商城和商城县委取得联系。2月11日，商城县委书记蒋镜青来到商南，在共产党员罗固城陪同下，走访了斑竹园、白沙河、关王庙等地。14日，蒋镜青在斑竹园老鸹窝漆德琮家里召开党的活动分子会议，进一步学习讨论了八七会议精神，决定在商南举行武装起义。为了加强商南党组织领导，会议选举成立了中共商城南邑区委员会(又称商南区委)，书记漆德琮，委员李梯云、詹谷堂、萧方、周维炯、漆德玮、廖炳国，并指定周维炯兼任共青团区委书记(当时称“少共区委书记”)，在青年士兵中开展兵运工作。

双河地区在共产党员余海若、蔡兴芳等领导下，党组织也恢复了活动，并发展了一批新党员，成立了双河特支，领导双河、麻河、石寨等党支部，进行武装起义的准备工作。

(三)金家寨等地党组织的建立与发展

1927 年 8 月，中共六安特别区委会成立，桂伯炎当选为委员。10 月，中共安徽省临委根据八七会议精神，决定在皖西大别山区反动统治较薄弱的地区，组织武装暴动，以六安为中心，划六安、霍山、霍邱、英山、寿县为第一暴动区。1928 年 1 月，中共中央巡视员尹宽来到六安，召开六安、霍山、霍邱 3 县党的活动分子会议，分析 3 县革命斗争的形势，讨论党组织的建设、农民运动和武装暴动等问题。为了加强对 3 县党组织的领导，成立了中共六霍县委，选举王逸常为书记，周范文、周狷之、桂伯炎、吴干才为委员。这次会议统一了六霍地区党的领导，有力地推动了皖西党组织建设和武装起义等工作的开展。会后，桂伯炎回到家乡金家寨、古碑冲一带，与袁继安、桂杰生、许仲平等进行武装起义的准备工作。5 月，在金家寨成立了直属六霍县委领导的支部，有共产党员 11 人。8 月，在但氏祠召开党员大会，选举成立了中共六安金家寨区委会，桂伯炎为书记，袁继安、桂杰生、许仲平、詹慕禹等为委员，领导金家寨、古碑冲、南庄畈、七邻湾一带党组织开展工作。

中共六霍县委为了加强对霍山县党组织的领导，决定将中共霍山特支改组为霍山特别区委会，徐育三、刘仁辅负责西镇地区的燕子河、长山冲、漫水河等一带党组织工作。不久，燕子河地区成立两个党支部，徐育三、刘仁辅分别任支部书记，负责发动西镇地区农民武装暴动。

在开顺街、白塔畈、大岗子等地，共产党员戴铸九、杨晴轩、汪映西、李大刚（又名李立三）、袁新民、廖杰吾等也在积极开展活动，并发展了一批新党员。1928 年 3 月，成立了中共霍邱县委，杨晴轩任书记，戴铸九、袁新民、李养泉、廖杰吾、李大刚为委员。县委以下建立了 7 个支部，成为全县革命斗争的领导核心。

到 1928 年夏，金寨境内党组织有了很大发展，领导机构也都建立健全起来，以土地革命为中心的新的革命高潮正在兴起。

（四）抵制“左”倾盲动政策

八七会议关于以革命的武装反抗国民党反动派，实行土地革命的总方针是正确的，为全党明确了斗争方向。但由于中共中央对当时在总体上敌强我弱这一基本特点认识不足，不顾客观情况盲目号召各地举行秋收起义，给一些地区党组织造成了严重损失。当时的河南省委根据中央指示，限令各地举行秋收暴动。豫南特委感到秋收暴动时机不成熟，曾向河南省委报告："我们觉着一个暴动，绝对不是模模糊糊视同儿戏所能完成的。"并批评省委"没有整个地估量这次暴动的价值，似乎只是如儿戏一般叫各地放一声炮即算了事"①。"若是事前无充分准备，即刻暴动起来，至多不过杀几个土豪劣绅，一旦大军开来，我方即不能支……其结果给敌人之打击直若九牛一毛，而我方之损失正未可量。"②但河南省委对这些情况的反映根本听不进去，反而批评豫南特委是右倾机会主义。豫南特委迫于省委的压力，于1928年3月18日，在商城、固始边区的大荒坡发动了由豫南特委以及各县委参加的武装暴动，由于准备得不充分，党的骨干分子牺牲了90%。

幸存的商城县委书记蒋明华在大荒坡起义失败后，于3月21日、4月底两次分别在北七里岗和商南漆德玮家召开县委扩大会议，重新选举成立了商城县委，蒋明华为书记，李梯云、廖炳国、黄柏劲、汪涤源、马石生、钟启泰为委员。并决定由李梯云、廖炳国具体负责商南党的工作。这两次会议，都认真分析了大荒坡起义失败的教训，决定化悲痛为力量，再次举行武装暴动，会议一致认为商南地区条件较好。

---

① 《豫南特委通讯(第二号)——关于暴动问题》(1927年10月)，见中央档案馆、河南省档案馆:《河南革命历史文件汇集(市委、特委、县委文件)》(1927—1934)，1986年，第107页。

② 《豫南特委关于暴动致省委函》(1927年11月)，见中央档案馆、河南省档案馆:《河南革命历史文件汇集(市委、特委、县委文件)》(1927—1934)，1986年，第111页。

5月,河南省委又对豫南五县做了如下指示:

(1)恢复大荒坡一带的农民基础,与息县连成一片,在固息潢三县交界处,造成农民暴动的局面;(2)发动商城南乡的农民暴动,和固始及光山南部打成一片,先实现商城、固始两县的割据,再联络湖北黄安、罗田暴动势力;(3)在乡村中暴动的势力已经大规模起来时,尤其在商固两县和乡村割据已经实现,苏维埃组织普遍建立时,应立即配合各部势力,取得潢川。

商城县委接到指示后,立即在吴家店的太平山穿石庙召开商南区委扩大会议,进行传达讨论。商南区委认为省委的指示仍带有一定的盲动性。商南区委表示:对在商南地区首先发动起义是同意的,但不同意立即进行,强调一定要组织好自己的武装,做好敌人内部工作,争取、利用好一切可以利用的力量,积极准备,待机而动,不能重演大荒坡起义的惨剧。并提出了筹枪、筹款和进行农民运动、士兵运动的一系列计划。这些意见和计划得到县委绝大部分同志的同意,从而使商南起义得以有准备有计划地顺利进行。

金寨东部地区,六霍县委坚持起义条件尚不成熟,不能"无条件盲动",不宜立即举行起义。虽然六霍县委被安徽省临委批评搞"右倾"和"改良主义",但他们仍采取实事求是的态度,积极准备,稳妥推进。安徽省临委将六霍县委意见报告中央,周恩来认为六霍县委意见是正确的,才使六霍地区党组织避免了一次可能不应有的损失。

1928年10月，中共六大精神传达到金寨地区各级党组织，指出：目前党的工作不是普遍地组织起义，而是争取群众，并批评了全国一度出现的“盲动主义”。六大精神更加坚定了金寨各地党组织对武装起义“不能无条件盲动”，应“积极准备，待机而动”的指导思想。

(五)打入民团、开展士兵运动

为了使武装起义顺利进行，商南区委认为必须进行民团中的士兵工作，掌握民团枪支，为武装起义创造更为有利的条件。当时，商南地区的和、乐两区（今金寨县斑竹园、吴家店、南溪等地）有5支民团，其中驻丁家埠杨晋阶民团的势力较强，有2个中队6个班，其他还有一些豪绅地主的护庄队，枪支不多。商南区委经过研究，决定乘各民团都在积极扩充势力之机，派一部分党员骨干打进去，开展士兵运动，组织士兵哗变或起义。

1928年冬，首先由周维炯、漆德玮通过漆树仁的关系，打入杨晋阶民团，并带去2个班的武装。漆树仁之所以同意介绍漆德玮和周维炯加入民团，并带去2个班武装，目的是为了掌控杨晋阶民团，雄踞商南。还有一层意图是当时商南的果子园一带有一豪绅叫柯寿恒，他依仗其与麻城县民团团长郑其玉的连襟关系，购买了20多支钢枪，横行商南，连漆树仁也不放在眼里，正在扩充民团与杨晋阶民团对峙。漆树仁扶持杨晋阶，也是想借杨晋阶民团势力遏制柯寿恒，钳制他雄踞商南的敌手。杨晋阶轻而易举地就能扩充2个班的力量，自然十分高兴，他对崇拜已久的漆树仁更加敬重，便委任漆德玮为中队长，周维炯先为第四班班长，半月后晋升为军事教练。这样，丁家埠杨晋阶民团扩充为3个中队8个班。周维炯和漆德玮都是黄埔军校武汉分校的学生，他们到民团后，倍受杨晋阶的器重，杨晋阶委托两人全权训练民团。周维炯、漆德玮觉得这是团结士兵的好机会，他们在训练中身体力行、不打不骂，士兵的军事素质很快有了提高，纪律也一天天变好，由此两人更受杨晋阶的赏识。一次，商城县长李鹤鸣来商南视察，杨晋阶特意请他看了民团打靶，民团士兵个个成绩都很优秀，受到李鹤鸣的奖赏。李鹤鸣专门接见了周维炯和漆德玮，当得知他们一个是漆树仁的胞侄，一个是漆树仁的外甥，都受过黄埔军校的训练时，便夸奖他们是“青出于蓝”的“国之栋材”。李鹤鸣的视察，使周维炯、漆德玮的声望大大提高。不久，李鹤鸣以加强县城防御的名义，调周维炯、漆德玮及其所率领的一个中队，去县城参加县民团。杨晋阶虽然不情愿，但也不得不服从。周维炯和漆德玮认为：到县民团对掌握全县敌情、开展工作更有利，但如果他们都走了，丁家埠民团工作就无法继续开展。经过请示商南区委，决定由漆德玮一个人去，士兵从民团中抽调，原参加民团一个中队的农民武装保留一半，周维炯则继续留在丁家埠民团工作。漆德玮以保卫商南安全为由，向杨晋阶提出上述意见，杨晋阶听漆德玮说周维炯要求留下，不愿去县民团，非常高兴，便按漆德玮的意见在民团中抽调10人，由漆德玮带领参加商城县民团。周维炯留下来后，继续担任军事教练，他利用一切机会和士兵们谈心交朋友。由于他博学多识，士兵们都愿同他接近，他便以烧香结拜形式，在民团中组织了20多个把兄弟。这些把兄弟都是出身贫苦的士兵，周维炯由梁山泊聚义的故事，慢慢地讲起了穷富根源和反压迫、反剥削的道理，提高了把兄弟敢于反抗权贵的意识和阶级觉悟。1929年年初，他在把兄弟中发展了7名党员，在丁家埠居民中发展了4名党员，后成立了党支部，周维炯任支部书记。

这时，华尔忠、周发商、戴德福、郑延青、廖业琪、汪永金、徐进生、漆成楼、漆道三、周厚玉、林树生、阮绍宏等10多名共产党员也分别打入驻吴家店竹叶庵的罗志谦民团、驻白沙河福禄庵的卢迎宾民团、驻斑竹园文昌宫的岳正富民团等。他们也采用烧香结拜的形式，团结了一部分士兵，在民团中发展了部分党员。到1929年春，商南地区民团中有中共党员30多名，近200人的民团武装，党组织掌握了半数。

金家寨、古碑冲等地，中共六安六区区委桂伯炎、袁继安、桂杰生等安排部分党员打入金家寨汪东阁商团（即由商贾出资办的民团）和六保联络自卫团，共产党员袁皋甫、何子凡还通过其族户关系，分别在六保联络自卫团中担任了团长和教练，掌握了自卫团实权。白塔畈党支部派共产党员汪志来打入霍邱警备营，汪志来后来当上了排长。

共产党员打入敌人内部，为武装起义创造了更为有利的条件。

二、立夏节起义与红三十二师的诞生

(一)立夏节起义的全面胜利

1. 成立中共商罗麻特别区委

农民运动的不断发展,沉重地打击了反动统治阶级。地主豪绅纷纷向县城逃跑,并向国民党政府告状,说乡下老百姓受共产党鼓动都反了,要求派兵镇压。

当时,仅商城南乡(今金寨县汤家汇、南溪、斑竹园一带)逃到商城告状的土豪劣绅就有60多人。商城县长李鹤鸣虽然较为开明,但对共产党的公开活动不能不管,便派县民团大队长王继亚在县城清查。由于叛徒告密,1929年2月2日,在商城巡视的中共豫南特委书记余锡珍被捕,接着,中共商城县委书记李惠民,委员马石生、钟启太也被捕。国民党商城县政府又组织"清乡队"下乡巡查,2月14日至19日,在关王庙、白沙河一带农协会员有80多人被捕,共产党员徐义达、肖登银、夏仕国、吴承早、邢传禄、李春荣等惨遭杀害。

3月13日,中共豫南特委和鄂东特委在光山县柴山保(今河南新县)举行联席会议。鉴于商城县委遭破坏,商城南乡局势越来越严峻的情况,会议决定先发制敌,立即举行武装起义。为便于指挥，豫南特委考虑商南和鄂东接壤，该地党组织原来就与商罗麻特别支部有联系，便将商南党组织委托给鄂东特委就近指挥。鄂东特委派徐子清、徐其虚、卢玉成、萧方等到商南帮助工作，并把商城南部、罗田北部、麻城东部划为特别区。4月6日，在吴家店太平山穿石庙召开商南各地党员干部会议，选举产生了商罗麻特别区委员会，书记徐子清，委员徐其虚、李梯云、萧方、周维炯，负责领导商南地区武装起义。中共商城县委委员李梯云、廖炳国鉴于商城县委遭破坏的实际情况，在南溪易氏祠举行党的活动分子会议，成立了中共商城临时县委，书记李梯云，委员漆禹源、徐其虚、徐子清、詹谷堂、周维炯、王泽渥、张德山，负责领导商城县党的工作。

2.举行立夏节起义

中共商罗麻特别区委成立后，鉴于敌人"清乡"形势日益紧张的情况，5月2日，特别区委再次在太平山穿石庙召开紧急会议，决定立即发动商南武装起义。为了麻痹敌人，起义时间定在立夏节(当年阴历是三月二十七日，阳历是5月6日)晚上。因为立夏节当天，地主老财们都要庆贺一番，敌人也要大吃大喝过节，便于行动。

决议形成后，特别区委于5月4日在关王庙墨园高氏祠召开商南各支部书记会议，宣布立夏节起义决定，讨论具体行动计划，成立起义指挥部。徐子清、萧方、周维炯、徐其虚担任行动指挥，廖炳国、漆先棣负责通信联络，总指挥部设在斑竹园桥口的王家下湾。起义分两种形式进行:在有民团的地方,由打入民团的共产党员和当地农民协会武装夺取民团枪支,发动民团起义;没有民团的地方,召开农民协会会员大会,或宣布农民起义,或镇压当地恶霸地主。指挥部根据起义点分散、交通不便等情况,对各个起义点的行动又做了具体安排。会议对起义形势也做了详尽分析,认为胜利的关键在于民团起义的胜利,多处民团有我们的同志做内应,成功的可能性是很大的。会议特别强调了丁家埠民团起义胜利的重要性,只要丁家埠民团起义成功了,整个起义就有了基础。计划各地起义后,立即召开群众大会,张贴标语进行宣传,使人民群众了解共产党的主张,安定社会秩序。然后,各路起义队伍会师斑竹园,建立工农红军革命队伍和人民政权,进行土地分配。

会议结束后,与会人员星夜返回各地,进行紧张的起义前准备工作。周维炯肩负的使命重大,回到丁家埠民团后,秘密召开党支部委员会议,传达会议精神,研究起义行动计划。决定趁立夏节晚宴的机会,将团总杨晋阶、队长张瑞生和团丁们灌醉,夺枪起义。其他各起义点也都召开了支委会、支部会,传达贯彻会议精神,研究起义的具体行动方法和步骤。

5 月 6 日晚,在大别山腹地的商南地区,一场惊天动地的革命行动开始了!

丁家埠民团顺利起义　5 月 6 日早晨,周维炯向队长张瑞生建议:停止一天训练,叫弟兄们打扫卫生、整理内务,找商民们摊派酒菜，过立夏节。张瑞生欣然同意，早操后，周维炯布置大家打扫卫生，整理内务，并叫共产党员周发商、田继美等把所有的枪支都挂在正厅的墙上，以便收缴。到吃晚饭时，在老盐店阎九老爷家打麻将的团总杨晋阶尚未回来。周维炯对杨晋阶迟迟未回很不放心。但事到如今，只得按计划行事。集合吃饭时，周维炯故意以田继美“迟到”为由，“罚”他站 3 根香的岗，要他和 4 个农民党员负责警戒，并向他们交代：如果杨晋阶回来，以听不清口令为由，将其击毙。并将情况立即通知萧方，要他到老盐店监视杨晋阶。宴席开始后，每张桌子都安排有党员，负责向团丁们劝酒。周维炯和队长张瑞生坐在一桌，开宴时，他首先提议祝张瑞生步步高升，要大家向张瑞生敬酒，团丁们齐声附和。接着，周维炯又是发财酒又是长寿酒，轮番地敬酒，张瑞生来者不拒，越喝酒兴越浓，又提出要和大家猜拳。经过一阵车轮战，张瑞生已经是酩酊大醉，被周维炯安排两个党员扶到寝室躺倒，缴了他的手枪。其他团丁开怀畅饮，喝到二更时分，个个醉烂如泥，倒头便睡。周维炯见时机已到，便下令动手。同志们立即控制了正厅，将所有枪支全部收缴，将张瑞生捆绑起来后，叫醒团丁们集合训话，宣传共产党的主张，宣布民团起义。团丁们大多是贫苦农民，平时对周维炯就十分敬重，见枪支已全部被缴，队长张瑞生也被绑起来，领导起义的又是他们崇拜的周教练，除个别要求回家外，都拥护起义，跟共产党闹革命。就这样，一枪未发，丁家埠民团顺利起义了。

萧方接到周维炯报告，得知杨晋阶在老盐店未回的消息后，十分重视。假如杨晋阶有什么阴谋，将产生不堪设想的后果。他立即带领华尔忠、廖家堂等 8 名共产党员，化装成做生意的商人，赶到老盐店“住宿”。杨晋阶当时正在和阎九老爷等几个阔佬在西厢房打麻将，有 4 个护兵在店堂里赌牌九。萧方、廖家堂冲进西厢房，两支盒子枪对准杨晋阶，命令他举起手来，将其捆绑。阎九老爷等吓得呆若木鸡，不敢乱动，在店堂里赌牌九的 4 个护兵也同时被华尔忠等缴了枪。

▲ 图为丁家埠民团驻地旧址——大王庙，也即立夏节起义旧址（现为全国重点文物保护单位）

杨晋阶的家在汤家汇，有配备 10 支钢枪的护庄队，商城县“清乡”委员卢士达也住在他家。丁家埠民团起义后，周维炯立即率领 20 多人，以送信给杨晋阶为名，喊开了杨晋阶家的大门，将其老婆和"清乡"委员卢士达捉住，缴获了全部枪支，就地处决了卢士达。

与丁家埠几里之遥的李集商团的一个班，在打入商团当兵的共产党员漆承楼的领导下，与丁家埠民团同时起义成功。

南溪农民暴动成功 立夏节前一天，共产党员詹谷堂、袁汉铭、漆禹源等召开了南溪各支部书记会议，决定组织农协会员，在立夏节的晚上到南溪火神庙集会。立夏节午夜，200多名举着红旗，拿着火把、大刀、土铳的农协会员和明强小学的一部分师生，集会于火神庙。詹谷堂在会上宣布南溪农民暴动，建立农民政权——农民委员会，群众鸣枪、放炮庆祝胜利。詹谷堂还即兴写了一副对联贴在火神庙大门上，上联：赤帝本威灵，应教普天赤化；下联：红军初暴动，试看遍地红花。

当夜，暴动队伍打了碾子湾的陈玉丰、黄鹤湾的林亚东等10多户土豪，分了他们家的粮食。

攻打竹叶庵 吴家店竹叶庵驻有罗志谦民团30多人。立夏节午夜，徐子清、廖业琪、汪永金带领农民武装50多人，将竹叶庵围住，罗志谦稍作抵抗，便乘混乱逃跑了，住在楼下的10多名团丁举手投降。住在楼上的几个团丁不断从楼梯口向下打枪顽抗，徐子清命人放火。楼上敌人一听要放火，一个个把枪从楼梯口丢了下来，全部投降了。

攻打福禄庵 白沙河福禄庵驻有卢迎宾民团20多人。徐其虚、郑延青率领30多名农民自卫军午夜赶到，和白天已埋伏在山上的共产党员杨珂领导的20多名农民自卫军，将福禄庵包围。在打入民团当兵的共产党员冉绍宏打死站岗哨兵之后，农民自卫军一拥而进，打死4人，卢迎宾逃跑，剩余团丁全部当了俘虏。

攻打文昌宫 斑竹园文昌宫驻有岳正富民团的一个班。立夏节早晨，共产党员毛月波就率领农民自卫军在周围山上埋伏，夜间乘民团赌钱之机，一拥而进，岳正富逃走，团丁全部投降。

徐王庙民团投降 沙堰徐王庙驻有岳正富民团的另一个班。在解决文昌宫民团的同时，李梯云带领沙堰农民自卫军30多人在打入民团内部的共产党员徐先甫的带领下，以给岳正富送信为名，喊开了大门，包围了敌人寝室。李梯云大喊："我们是农民自卫军，岳正富已向农民自卫军投降了，要你们也立即投降。你们要不投降，都休想活命！"团丁们听说岳正富已经投降了，自己又被包围，只得缴械投降。

活捉罗维楚 沙堰泰山集的大地主罗维楚，曾任国民党河南省党部委员，是斑竹园一带最反动的官僚政客，经常向商城县政府秘报农民协会活动情况，并到处鼓动豪绅地主对抗农民协会，骂李梯云是"乱国贼子"，立夏节当晚也被捉捕。

西河农民起义 西河农民协会在赵瑞祥等领导下，在立夏节午夜，100多名农协会员集会，宣布起义，成立了西河农民委员会，逮捕了大恶霸地主杨满齐和其他6户大地主，没收了他们家的粮食。杨满齐及其老婆、儿子拿着火枪、刀矛反抗，被暴动队伍当场击毙。

包家畈处决"张阎王" 包家畈也是一个暴动点。在共产党员漆耕圃、宴八凤、夏长言、吴庆延等领导下，当夜集合农协会员100多人宣布暴动。分三路捉了当地张绪清等10名豪绅地主，没收了他们家里的粮食、衣物。对号称"张阎王"的恶霸地主张绪清，开了公审大会，判定当场枪决。

商南地区反动武装在立夏节晚上，除了柯寿恒民团20多人逃跑外，绝大部分被消灭，一批罪大恶极的豪绅地主也被镇压。商南的和、乐两区基本上被党组织领导的革命武装所控制。

起义胜利后的第二天，各集镇和道路旁边的墙壁、树干上都贴上了标语，宣布共产党领导的立夏节起义胜利了。各地召开群众大会，宣传共产党的政策，成立农民委员会，打土豪、分田地，广大群众无不欢欣鼓舞。

立夏节起义，一夜之间获得了全面胜利，经验非常可贵：(1)党组织本身的坚强团结，步调一致，坚决贯彻执行八七会议和六大精神，走武装斗争的道路。(2)吸取了黄麻起义和大荒坡起义的经验和教训，从实际出发，抵制了八七会议后党内出现的"左"倾盲动政策，做好了充分准备，适时而动。(3)农民运动开展得深入广泛，有坚强的农民武装做基础。(4)士兵工作做得较好，变起义阻力为起义助力。立夏节起义实质上是农民暴动和士兵起义相结合的武装起义。(5)上层开明人士统战工作做得较好。这一条在当时来说是十分可贵的，说明商南党组织的成熟，敢于团结而且善于团结一切可以团结的人，为革命斗争服务。比如：商南大士绅漆树仁、徐朗山较为开明，他们的子、侄亲戚中很多是共产党员，也是立夏节起义的重要领导成员。商南区委机关的重要会议，很多就是在漆树仁家召开的。鄂东派往商南参与领导起义的徐子清、徐其虚，就是利用宗族关系，住在徐朗山家里进行革命活动的。1929 年春，正值商南起义积极准备的时候，商城一些豪绅地主向南京国民政府罗列了一大批共产党员的名单，漆树仁首当其冲，但由于漆树仁和当时的商城县长李鹤鸣交往很深，社会声望又高，未被怀疑。当河南省政府派清党干员钟渔柯来商城调查时，漆树仁专门召开“欢迎省府委员大会”并从中周旋，对党组织进行掩护，党组织由此免遭重大破坏，起义准备工作得以顺利进行。

立夏节起义的胜利是继黄麻起义之后，鄂豫皖边区又一次取得胜利的武装起义，极大地鼓舞了鄂豫皖边区党组织和人民群众开展武装斗争的信心和决心，增强了积极性和主动性。

3. 成立红三十二师和巩固起义成果的决策

为了巩固起义成果，加强政权和红军建设，安定社会秩序和民心，立夏节起义后第三天，即 1929 年 5 月 9 日，各路起义大军会师斑竹园，举行建军大会，按照上级指示的红军番号，成立了中国工农红军第十一军第三十二师（这是在金寨地区成立的第 1 支主力红军队伍），下辖第九十七团、第九十八团和特务营、炸弹队。师长周维炯，副师长漆德玮（因尚在商城民团任中队长故未宣布），师党委书记徐其虚，党代表徐子清，政治部主任李梯云。第九十七团团长萧方，第九十八团团长郑延青，特务营营长姚弟圃，炸弹队队长廖肇炎。会议根据群众要求，镇压了罪大恶极的国民党河南省党部委员罗维楚及几名反动分子。

徐子清、徐其虚、周维炯、李梯云等在文昌宫举行了工作会议，并做出如下决定：

(1)积极和鄂东红三十一师联络，共同开辟鄂豫边区根据地。(2)积极向东发展，和皖西党组织取得联系，支援皖西地区武装起义，建立红三十二师的东方屏障。(3)在南溪黄鹤湾设立商城县临时办事处，作为临时革命政府，负责县、区、乡政权建设的筹备和有关苏维埃政府政策的制订、宣传工作。办事处主任徐其虚，副主任詹谷堂。(4)在花堰忠和祠(后迁至南溪林氏祠)设立学兵团，由漆海峰负责扩大红军和训练红军骨干。(5)在小河界牌冲、果子园徐氏祠设立军需处和医院，在佛堂坳建立兵工厂，由王少怀、周维升和漆远松负责后勤供给和医院筹备工作。(6)没收地主枪支弹药，扩充红军和农民自卫军武装力量。(7)镇压少数罪大恶极的反动分子，安定社会秩序。(8)发动农民协会，分发地主豪绅的粮食等浮财，救济贫苦百姓，安定群众生活。(9)宣布当年庄稼谁种谁收，不交租课，鼓励群众安心生产，秋后进行土地分配。(10)过去官府所规定的苛捐杂税和贫苦农民所欠地主租课、利贷，一律废除。

同时，中共商城临时县委成员和红三十二师师团负责人带领红军队伍，分赴各地宣传红军宗旨，收缴地主枪支。整个商南地区立即掀起了一个以建立政权、收缴地主枪支、扩大红军、打土豪、斗地主、分地主浮财为主要内容的革命高潮。特别是“废除苛捐杂税和租课、利贷;当年庄稼谁种谁收,不交租课,秋后进行土地分配”,解除了几千年来套在农民头上的枷锁。广大农民群众拍手叫好,纷纷开展拥军、参军活动,表示对党和红军的感激之情。

(二)开展反“清剿”斗争、创建豫东南革命根据地

商南地区的反动统治阶级对立夏节起义的胜利和红三十二师的建立感到一片惊慌,纷纷向蒋介石发电告急,要求派兵“进剿”红军。逃亡到商城县城的商南士绅余建中、余开英、余开进、余习之、陶隆焕等10人联合起来向蒋介石发电求救。国民党固始县南区区长李显诒、国民党商城县指导委员会也给蒋介石发电告急。

1. 打败商城民团的“进剿”

一封封发往蒋介石的电报,使蒋介石坐卧不安,他便命令信阳“绥靖”公署派兵“进剿”,“绥靖”公署又命令商城县长李鹤鸣限期“剿灭”红军。李鹤鸣和县民团(亦称保安大队)大队长王继亚虽然对红军十分惧怕,但上司命令不得不听。经过一番密谋,决定“先文后武”,先派中队长漆德玮去商南找周维炯劝降招安,并要漆德玮告诉周维炯,如不接受劝降,即刻派兵“进剿”。他们认为漆德玮精明强干、能说善辩,是他们提携和信任的亲信,又与周

维炯是表兄弟和同学关系，一定能马到成功。可他们万万没想到，漆德玮本身就是共产党员，并已被任命为红三十二师副师长。漆德玮听说商南立夏节武装起义胜利和红军建立的消息，日夜思念着回到红军队伍中来，更好地为人民的解放事业奋斗。正当他苦于无法脱身时，得知李鹤鸣、王继亚要派他回商南劝降，他心里十分高兴。但漆德玮又怕李鹤鸣、王继亚对自己怀疑，派他回商南是"欲擒故纵"之计，漆德玮便向李鹤鸣、王继亚建议，由他带部分武装，若劝降不成，就伺机将周维炯干掉，而后派兵"进剿"。实际上，他的打算是，万一有什么变故，凭他带的这些人，也可拼杀出来。他的建议得到了李鹤鸣、王继亚的同意，便率领了由他发展的3名党员和5名把兄弟，各带手枪一支，于5月12日凌晨向商南进发。为了防止万一，一行9人分两组前进，出城走了20里，未发现李鹤鸣、王继亚有什么诡计，两组才慢慢缩短距离，急速前进。中午时分，顺利到达南溪，受到了周维炯等红军领导人的热烈欢迎。漆德玮正式就任红三十二师副师长。

李鹤鸣、王继亚听说漆德玮是共产党员，并就任红三十二师副师长，自知失策，便决定派兵"进剿"。5月16日，王继亚率领百余人枪，分两路从狗脊岭、挥旗山向南溪扑来，当晚分别驻扎在南溪的吴氏祠和余富山土地庙，准备进攻已转移到大埠口一带的红三十二师。红三十二师得知后，立即部署兵力迎战，决定先消灭余富山土地庙之敌，吸引吴氏祠的敌人来援，然后各个击破。当晚，萧方率第九十七团百余人秘密包围了驻在余富山土地庙的两个排敌人，漆德玮则指挥第九十八团一部在土地庙和吴氏祠之间的上坳埋伏打援，周维炯率特务营在陡岭作为预备队。午夜，萧方率领第九十七团摸掉了驻土地庙敌人的岗哨，向土地庙猛攻，敌人措手不及，除10多人逃跑外，被俘40人、缴枪48支。驻在吴氏祠的王继亚听到余富山方向的枪声，立即率部来援，在上坳受到漆德玮率领的第九十八团迎头痛击，周维炯预备队也从左侧攻来，王继亚部溃不成军，逃回县城。

李鹤鸣、王继亚"进剿"红军失败，已经够惨痛了，可地方豪绅还不断地向他们上司控告："县长李鹤鸣、队长王继亚，始而秘不发兵、养痈遗患，继商、固人民再三申请，继亚不得已带队进剿，孰知该队兵士毫无纪律，行至溪中保南溪一带，肆行抢劫、所过一空……一闻匪至，各自奔北……狼狈回城……"[①]不久，李鹤鸣、王继亚均被其上司革去了职务。

打败商城县民团"进剿"后，由商南逃往麻城的柯寿恒民团和麻城郑其玉民团、商城亲区的顾敬之民团、金家寨的汪东阁民团、麻埠的朱盂功民团、燕子河的黄英民团，多路民团纷纷向南溪、丁家埠、斑竹园等红军所在区域进攻。红三十二师和农民赤卫军进行了英勇的抗击。尤其在长岭关到松子关和汤家汇到银山畈两线，日夜都有战斗，红军和赤卫军在前线英勇作战，广大群众纷纷组织担架队、慰劳队，运子弹、抬伤员、送饭送菜，并在丁家埠设立

---

① 《商城豪绅戴鸿兵、徐思贤、程维煌给蒋介石的控告电》，1929年7月，现存中共金寨县委党史办公室。

了临时医院，地方医务工作者主动献药献技，治疗伤员。妇女会还组织妇女到前线慰问，帮助战士缝补衣服。儿童团站岗放哨、盘查行人、侦察敌情，潜入敌人驻地贴标语、散传单。经过1个多月的苦战，终于击败了各路进攻之敌，保卫了起义地区的胜利果实。

2. 粉碎敌人的三次"会剿"

红三十二师打败了商城县民团"进剿"后，商城县官绅地主更加惊恐，有的跑到信阳，有的跑到南京，请求国民政府派兵"进剿"红军。这时，蒋介石也感到大别山红军势力越来越大，并非地方民团能够对付得了。适逢他与桂系军阀战争得胜之时，其内部暂时呈现稳定的局面，他便命令湖北、河南、安徽三省边区军阀向鄂豫边区红军"进剿"。从1929年6月至10月连续发动三次"会剿"。

第一次"会剿"名曰"罗李会剿"。从6月26日开始，湖北敌独立第四旅罗霖部2个团和夏斗寅部第十三师的补充团，河南潢川、光山暂编第二旅李克邦部和光山反动红枪会共数千人对鄂豫边区的红军进行"会剿"。当时红军兵力与敌相比虽然薄弱，且武器装备简陋，弹药缺乏，但红军与人民群众和地方赤卫军同仇敌忾，采取敌进我退、敌走我扰、避实击虚等战术，不断给敌人以沉重打击。特别是地方赤卫军"封锁消息，断敌粮道，打击敌人小股部队，入晚则土炮轰鸣，呐喊四起，彻夜不绝。敌军食不饱、睡不宁,疲困不堪,不两日即黯然退走”[1]。这次“会剿”除鄂东黄安、麻城、光山等部分地区受到不同程度损失外,商南地区基本没受到损失,且接收了敌溃兵42人并携带步枪42支投诚。河南李克邦部吴云山1个连起义,被编为红三十二师第一〇〇团,吴云山任团长。

粉碎“罗李会剿”后,为了进一步加强党组织、红军和根据地建设,密切党群、军群关系,7月18日,中共信阳中心县委给商城县委发出了指示信,共23条。主要有以下几个方面内容:

(1)关于党的领导方面。要统一党的组织,加强党的领导,正确运用党的方针政策,反对一切不正确的倾向;办好党校,培养骨干,充实党的指挥机关;加强党的保密工作,严防党内出现小团体组织;加强党在群众和红军中的政治宣传工作,通过农会和各种群团组织,指导和发动群众参加斗争,防止包办代替或用命令方式去指导群众斗争。

(2)关于红军方面。目前红军的任务主要是摧毁豪绅地主的武装力量;红军是人民的军队,所以要教育红军指战员自觉地执行党的政治路线和群众路线,反对个人独裁和单纯的军事观点,反对只顾党而不顾及群众的思想。

(3)关于党在农村中的阶级路线。依靠贫农、雇农,团结中农,中立富农,打击豪绅地主及其反动武装,坚持执行对小商人和

---

① 中国工农红军第四方面军战史编辑委员会:《中国工农红军第四方面军战史》,北京:解放军出版社,1989年,第50—51页。

自耕农的正确政策，保护他们的利益；农村中的革命政权是农会，应提高农会对革命的指导力量；发展农民赤卫队，肃清反动势力，巩固赤色区域；组织经济委员会，统一管理群众所得到的经济利益，党不要任意动用，更不准谁得谁用；要有计划地发展工人运动，密切赤色和非赤色区域的联系，发展革命区域。

这些既全面又具体的指示，对党的组织和红军建设，对开辟豫东南革命根据地，进行反“会剿”斗争，都具有极其重要的指导作用。

第二次“会剿”是从8月上旬开始的。这次“会剿”是由蒋介石嫡系部队第一师师长刘峙指挥的，鄂豫两省的夏斗寅、李克邦军阀各一部及皖西敌第五十六师1个营，对豫东南和鄂豫边区红军进行“会剿”。因“会剿”主力是鄂豫两省军阀，故称“鄂豫会剿”。

8月10日，夏斗寅部第十三师第三十九旅及其补充团，在麻城、罗田民团配合下，分别由松子关、长岭关、铜锣关由南向北，向红三十二师进攻。红三十二师和地方赤卫军，在麻王冲、吴家店、佛堂坳、南溪、汤家汇、火炮岭等地，利用山熟、路熟、人熟的有利条件，英勇抗击，歼敌补充团一部，缴枪50多支、子弹3000多发。16日，皖西敌第五十六师1个营向南溪猛进，李克邦、顾敬之部亦由北向南攻来，妄图和夏斗寅部第三十九旅将红三十二师包围于南溪、大埠口、葛藤山一带，进行决战。红三十二师和赤卫军奋起抗击。但由于敌人兵力集中、装备好、子弹充足，红军和赤卫军难以取胜，而且与这么多敌人在根据地作战，群众牺牲很大。商城县委和红三十二师党委决定，由詹谷堂等率领地方赤卫军坚持斗争，红三十二师向外线转移，将敌人引出根据地，再寻机歼敌。

红三十二师离开根据地后，詹谷堂率领农民赤卫军昼伏夜出，虽然歼灭了一些敌人，但经不住敌人大兵团"驻剿"，赤卫军受到了很大损失，詹谷堂也在葛藤山与顾敬之民团作战时负伤被俘。敌人施尽了严刑，要詹谷堂交出党组织名单，交出农民协会武装，遭到詹谷堂严词拒绝。最后被敌人用铁丝穿其胳膊游街，多次陪斩，詹谷堂誓死不屈。牺牲的前夜，他用自己的鲜血在监狱的墙上写下了"共产党万岁"5 个大字。第二天敌人来提审时，发现他已停止呼吸，敌人又将其尸体拖出枪击示众。这次战斗，不幸牺牲的还有詹广仁、林承恩、徐义林、漆德屿、漆学濂、罗少西、廖家斗等 20 多人。

敌人在根据地找不到红军作战，就拼命摧残人民群众，并扶持地主豪绅建立了"铲共团""还乡团""编练队"等反革命武装，进行搜山、"清乡"、查户口，逮捕红军家属和农民协会骨干。夏斗寅部在柯寿恒民团带领下，挨户搜捕，每天都有很多人被杀害。敌人用摊派的办法，每天要各保送 20 名共产党人，不送拿保长是问，少送 1 人，交银圆 100 块。柯家大院成了杀人场。敌人还规定：凡共产党员、红军家属、农民协会骨干者，房屋烧毁，财产抢光；青年妇女一律捉捕，卖往湖北、河南，使红军断绝繁衍。

汤家汇是李克邦和顾敬之杀人的大本营，在当地"还乡团"

"铲共队"的带领下,他们四处搜捕,凡认为"有共产党嫌疑者,一律铡死"。顾敬之大肆叫嚣:"要在商南开人肉案子!"两把铡刀,每天都要铡死10多人。

敌人的大屠杀,并没有吓倒商南党组织和人民群众,他们采取坚壁清野的办法,对付敌人"清乡"、抢掠;采取小股游击的办法,打击分散之敌;采取声东击西的办法,疲劳敌人,调动敌人,寻机打击敌人;采取白天化装杀民团走狗,夜间"摸瓜"杀土豪劣绅。敌人对这些活动,毫无办法,最后连吃粮也成了问题。夏斗寅的第十三师一名叫叶蓬的团长向其上司报告鄂豫边区情况:"民众完全赤化,小股军队到了境内,则红军、赤卫队与民众群起而攻,四面受敌;大部军队到了境内,或略事抵抗,数十里逃窜一空,粮食、牲畜、衣物一并带走。军队每到一地,宿营无地,采买莫由,问路无人。屯驻,则所守之境土为空地,保护谁来?宣传,则所发之文告为虚纸,警劝谁去?'清乡',则无户口可查;自卫,则无人可组;若云自首,其来归者绝无一人……"[①]可见当时敌人之窘境。

红三十二师跳出根据地后,在麻城北部的八字门楼与徐向前领导的红三十一师汇合,配合当地的农民赤卫军,开展游击战,歼灭了敌人很多小股部队和地方民团。在围歼敌新集据点时,连打4天,虽未攻下,但消灭了敌人不少有生力量。进攻商南的敌人发现红军主力在新集,9月12日,全力向新集扑去,可红军围攻部队

① 中国工农红军第四方面军战史编辑委员会:《中国工农红军第四方面军战史》,北京:解放军出版社,1989年,第53页。

早已撤出，敌人又扑了空。9 月下旬，进犯之敌便各自退回，嚣张一时的“鄂豫会剿”又宣告破产。

红三十二师从新集撤出后，立即回师商南，与地方党组织领导的赤卫军，以迅雷之势横扫“铲共团”“还乡团”“编练队”及地方民团，镇压豪绅地主，缴获各种枪支 200 多支。并在詹谷堂牺牲的南溪召开有数千人参加的追悼大会，设灵堂祭奠死难烈士。会上，很多烈士家属控告敌人和豪绅地主杀害、摧残人民群众的罪行，当场处决了 10 多名罪大恶极的反革命分子。周维炯的小舅漆藏洲时任河南省某厅处长，漆藏洲随河南军阀回乡倒算，参与迫害红军家属，他也被周维炯逮捕处决。

其他各地也都召开了类似的群众大会，控诉敌人的罪行，向敌人讨还血债，处决了一批反革命分子。人民群众深受鼓舞，掀起了参军参战的热潮，红三十二师很快发展到近 400 人，农民赤卫军也有很大发展。

第三次“会剿”是从 1929 年 10 月初开始的。这次是以河南信阳之敌徐源泉的第四十八师和湖北夏斗寅的第十三师为主力，对鄂豫边区根据地进行的“会剿”，故史称“徐夏会剿”。这次“会剿”先天不足，徐源泉兵力进入根据地没几天，即被蒋介石调往信阳参加中原大战。夏斗寅的 1 个团进入根据地，即遭红军和赤卫队迎头痛击。夏斗寅这个“围剿”红军的老牌军阀在前两次“会剿”中都吃了大亏，这次一开始就出师不利。他见徐源泉兵力回调，怕当替死鬼，也溜回湖北去了。“徐夏会剿”胎死腹中。

红军初创时期，兵力少，装备差，之所以能粉碎敌人的三次“会剿”，主要是红军能从敌强我弱的实际情况出发，采取了避强击弱的作战方针，和广大人民群众、赤卫军密切配合，开展广泛的游击战争。在敌以强大兵力疯狂向根据地“进剿”时，红军和赤卫军则采取敌进我退、敌东我西，与敌人绕圈子，疲劳敌人；敌人据地固守时，红军和赤卫军则在其周围昼夜袭扰；敌人分进合击时，红军就找空子打击敌人，趁机跳出包围圈，转移到敌人后方，打击敌人后卫部队，消灭地方民团；敌人进行“搜剿”和“清乡”，红军就掩护群众带着衣物、粮食、牲畜向深山老林等安全地方转移，并选择险要位置，部署兵力，打击敌人，拦截敌人后续部队；敌人行军时，群众冒充地主老财为其带路，红军和赤卫军适时阻击。如“徐夏会剿”中，敌人向挥旗山等方向寻找红三十二师主力作战时，赤卫队员刘再如、徐立志化装成地主为敌带路，故意向长岭关方向走，刚到长岭关，即遭红军和赤卫军阻击，毙敌30多人。刘再如、徐立志趁机藏入密林溜走，敌人不敢逗留，被迫撤离苏区。

3.初步形成豫东南革命根据地

三次反“会剿”的胜利，为豫东南革命根据地的形成奠定了基础。反“鄂豫会剿”胜利后，中共商城县委和红三十二师党委，为了革命形势继续向前发展和巩固根据地，9月底在南溪林氏祠建立了商城县工农革命委员会，廖炳国任革命委员会主席，负责重新建立健全农民协会，进行层层选举，建立区、乡、村苏维埃政权。不到半个月时间，商南地区一、二、三、四、五区区、乡苏维埃政权相继建立起来。

区、乡苏维埃政权的建立,初步形成了以南溪、斑竹园、吴家店为中心的纵100多里、横70多里的豫东南根据地。

苏维埃政权建设期间,正是桂花飘香的金秋时节,又是谁种谁收的丰收季节,人民群众欢欣鼓舞、玩灯唱戏,庆祝人民政权的诞生。共产党员、佛堂坳模范小学校长罗银青创作了以歌颂苏维埃建设为内容的《八月桂花遍地开》的歌词,配以当地流传的欢乐明快的《八段锦》民歌曲调,在苏区广为传唱,后来流传到全国各根据地。

4.解放商城县城、建立县苏维埃政府

正当商城南乡苏维埃政权建设蓬勃发展的时候,河南南五县民团与国民党暂编第二旅李克邦部为争夺势力范围,在商城、潢川、信阳、固始边区展开混战。12月17日,商城县县长宋慎也率大部分民团赴潢川参与混战,商城城防由留下的一个中队和红枪会会首花尚之负责,总共不到400人。城内党组织及时将这一情况报告给中共商城县委和红三十二师党委。商城县委和红三十二师党委经过研究,认为这是夺取商城的大好时机,决定攻打商城。

商城是一座有500多年历史的古城,砖石结构的城墙有两丈多高、一丈多宽,相当坚固。4个城门的城楼上,每处都有1个班人守护。城墙上每隔2丈远就有一个向外射击的炮眼,白天、夜晚都有敌兵巡逻,易守难攻。所以,商南立夏节起义后,很多豪绅地主都躲进城里。县长宋慎率大部分民团走后，敌人防守更加严密，除了加强城墙巡防力量外，4 个城门都配了双岗（2 名团丁站在城门外，2 名红枪会会众站在城门里），天没黑就关闭城门，禁止行人出入。这样他们仍感到不保险，没几天，东、西、北门白天也不开，只开南门，还用铁链和木桩连着，只留个两人进出的口子。这些情况被红三十二师探明。师党委认为，这是红三十二师成立以来首次攻打县城，只能胜不能败。经过反复研究后决定智取，抽调 16 名精干的红军战士化装成豪绅地主和贩卖油条、柴草的穷人，先消灭南门岗哨。第一〇〇团隐蔽在南门前面的树林里，待南门岗哨消灭后强占南门。第九十七团攻西门，第九十八团攻东门，特务营攻北门，以南门枪响为号，一起总攻。12 月 24 日夜，红三十二师冒着漫天大雪向商城进发，天亮前，分别隐蔽进入预定位置。

12 月 25 日清晨，生意兴隆的南关，不少行人正在陆续进城，化装的红军战士也慢慢向城门靠近。守城的敌兵虽对穷人凶神恶煞般地呵斥，但对穿长袍马褂的豪绅地主，却又点头哈腰、笑脸相迎。几位化装成豪绅的红军战士已混进城门，而化装成挑柴草的红军战士却被拦住，要搜身检查。正在这时，化装挑柴草的红军战士周发商与买柴的富商发生口角，敌岗哨便过来盘查。周发商怕事情败露，便伸手在柴草捆里掏出手枪，当即将前来盘查的敌兵击毙，已化装入城门的红军战士立即掏出手枪，将其他 3 名站岗的敌兵打倒。隐蔽在南门前面树林里的第一〇〇团战士听到枪声，一拥而上，顺利冲进城去，城楼上的敌兵还没弄清怎么回事，便被冲上去的红军消灭。与此同时，进攻东、西、北门的第九十七团、第九十八团和特务营，也都冲进城里，守城门的红枪会和民团团丁，没想到大清早红军会从天而降，有的还未起床就当了俘虏。守卫县政府的 2 个排团丁和红枪会 100 余人在红枪会首领花尚之的指挥下，拼命抵抗，但很快被红军火力压制下去，死伤近半。花尚之等乘混乱之际，翻城墙逃跑。其余敌人在红军“缴枪不杀”“优待俘虏”的喊话声中纷纷缴枪投降。战斗仅 1 个小时就胜利结束，毙俘守敌 300 多人，缴枪 100 多支。

商城被攻占后，红军立即做出 5 条决定：

(1)保护工商业正当经营，并贴出安民告示；(2)逮捕一切逃往城里的豪绅地主；(3)没收县政府一切库存钱粮；(4)砸开监狱，释放被关押的人民群众；(5)用缴获的枪支，装备第一〇一团。

商城党组织很快成立了纠察队，胡攻非任队长，宣传红军的决定和宗旨，维持社会秩序，清查户口，搜捕政府官员和各地逃来的土豪劣绅 200 多人，没收了县政府和不法地主、官商的财产。广大劳苦群众兴高采烈、奔走相告，敲锣打鼓、鸣放鞭炮，张贴标语、欢迎红军。四乡农民也纷纷抬着慰问品，进城慰问红军，各种反映红军传奇的赞歌，到处传唱。

原设在汤家汇的商城县委和县工农革命委员会也迁到商城办公。商城县委和红三十二师党委决定成立商城县苏维埃政府，镇压逃往城里的罪大恶极的反动分子，将缴获的粮食、布匹、食盐救济贫苦百姓。

12月27日，全城张灯结彩，工农商学兵各界群众，从四面八方涌进县城，在官井街操场举行商城县苏维埃政府成立大会。会场锣鼓喧天、鞭炮齐鸣，口号声、歌声响彻云霄。经主席团提名通过，选举张德山任县苏维埃政府主席。

会后，由红军战士和宣传队表演了《八月桂花遍地开》《歌唱红军》等文艺节目，镇压了梁洞民、谭振武、阮步朝、江革非、余福珍等10多名罪大恶极的豪绅地主和反动分子，分发了一大批粮食、食盐、布匹给贫苦群众。

县苏维埃政府成立后，又成立了军事、土地、财经、文化、粮食等委员会，具体负责扩军，分配土地，建立金融和消费合作社，建立剧团、报社、印刷厂等工作。同时还成立了县工会、共青团、妇女会、少年先锋队、童子团等组织。

1930年1月1日，中共中央巡视员郭述申到达商城，当晚召开县委和红三十二师党委联席会议，讨论今后的工作方针和开展游击战争等问题。会议决定调学兵团进城和第九十八团共同守城，第九十七团往亲区游击，第一〇〇团往余集游击，待消灭周围反动民团后，再召开县委、师党委联席会议，制定土地分配方案，进行土地改革。

1月2日，在县城举行了军事检阅，红军战士雄赳赳、气昂昂地列队通过了主席台。检阅后，由中共中央巡视员郭述申作了关于国际国内形势和今后红军任务的报告，号召广大红军战士“要紧密地和工农群众斗争联系起来，无情地摧毁豪绅地主阶级反动势力，更刻苦、更勇敢地去完成红军的任务”[①]。

会后，红三十二师各部分头出发，开展游击战争。1月15日，县委和师党委联席会议在商城召开，出席代表140多人，主席团由县委书记孔文彬、师党委书记郭天民、县团委书记刘和清和红军代表廖业琪、廖炳国5人组成。大会议程：中央巡视员报告、党务报告、县委报告、师党委报告、提案审查委员会报告等。各种报告结束后，在讨论政治决议案和组织决议案时，外来的同志和当地的同志发生了分歧，极个别人，离间地方同志和外来同志关系，鼓动扣留审查外来同志（包括中央巡视员郭述申），造成了外来同志出走事件。会议停止了1天后又继续进行，通过选举，产生了新的县委，书记孔文彬，候补书记李梯云，委员李声武、陈慕尧、廖炳国、袁汉铭。

1月26日，商城县委和红三十二师党委派张德山、廖业琪等人前往鄂豫边特委处汇报工作，鄂豫边特委指示：“坚决分配土地”，“巩固苏维埃区域”，“一面加紧境内群众武装与游击部队取得联系，一面打通商、光路线，与三十一师取得联络”。不久，鄂豫边区党代会、工农兵代表大会的精神也传达到商城，商城县委和红三十二师党委在鄂豫边特委领导下，按照鄂豫边区第一次党代表大会和第一次工农兵代表大会所通过的各项决议，开展根据地

---

① 《郭树勋巡视河南商城情况给中央的报告》（1930年2月19日），见中央档案馆、河南省档案馆：《河南革命历史文件汇集》甲4（上），1983年，第262页。

的各项建设。

2月9日，李克邦的暂编第二旅向商城进攻，商城县委鉴于红军大部已向外游击，为避敌锋芒，撤出县城，回商南汤家汇办公。敌人进驻城里一日数惊，只驻了1个星期便退回潢川去了，商城县委又回到商城办公。3月15日，敌第四十五师戴民权部进攻商城，县委再次退出，仍在汤家汇办公。从此，汤家汇便正式成为商城县和豫东南革命斗争的指挥中心。

中共中央对商城党和红军的斗争给予了很高的评价。中央在《告商城县全体同志书》中指出：

> 中国大革命运动，自资产阶级背叛以后，就遇着重大的失败，反革命的统治加紧向革命势力进攻，白色恐怖传遍中国全境。而商城的党和同志们，能在艰苦的环境下面积极地奋斗，从分粮抗租的斗争，发展到地方暴动，并且在斗争中，建立起工农武装的红军队伍，于不久以前，还占领敌人的反动统治的中心，解除了地主阶级许多武装，扩大了党的影响。这些英勇斗争的事迹和刻苦工作的精神，中央表示无限的欣慰和敬意。

商城的解放和红军的大发展，使国民党反动派大为震惊，连河南省政府主席韩复榘也惊慌不已，他们纷纷向蒋介石发电哀告求援。

但这时的蒋介石，正忙于和冯玉祥、阎锡山中原大战，任凭下面叫破嗓子，也无暇顾及。此时，红三十二师发展到500多人，农民赤卫军发展到5000多人，豫东南根据地扩展到东接皖西，南临鄂东罗田，西抵商城，北连固始的广大地区。

在红三十二师反“会剿”斗争、创建豫东南根据地不断取得胜利的时候，6 月 11 日，鄂东北特委和由豫南特委改组的信阳中心县委在光山柴山堡举行了第二次联席会议，决定将原由鄂东北特委代管的商南党组织和红三十二师交归商城县委领导。商城县委和红三十二师直属信阳中心县委领导。但若有紧急问题时，鄂东北特委可直接指挥商城县委。会后，中央巡视员郭述申给商城县委写信，除传达上述决定外，还对商城的工作做了如下指示：

(1)积极扩大红军，扩大游击战争区；(2)努力打破横在鄂东北及商城之间的军事障碍；(3)加紧红军的训练工作；(4)设法做好民团群众中的组织工作；(5)肃清乡村中的反动势力；(6)在非军事区域中，依然要积极利用日常生活斗争口号发动群众；(7)扩大群众组织，并使他们武装起来；(8)乡村政权的建立，可以学习鄂东北的经验。

6 月底，信阳中心县委特派员陈孤零、团代表何平和商城县委书记陈慕尧等根据联席会议精神，到商南接收党组织和红三十二师。在接收过程中，红三十二师师党委书记徐其虚和党代表徐子清两人对联席会议的决定持不同意见，坚持要建立鄂豫皖特别区，不愿接受信阳中心县委的接收工作。信阳中心县委委员陈孤零和商城县委以“用特区组织非法名义，反对联席会议”等罪名，杀了徐子清，徐其虚被开除党籍、扣押，后亦被处死。7 月 9 日，中共商城县委向中央写了《关于处置鄂豫皖特区问题给中央的报告》，请信阳中心县委传达中央，详细地介绍了贯彻联席会议和处理徐子清、徐其虚的情况。7 月 18 日，信阳中心县委给商城县委指示信，认为商城县委的做法是正确的，“中心县委同意”①。

10 月，信阳中心县委和鄂东北特委组织特别委员会，审查上述事件，“反对以非常手段来做错误的惩罚”，给陈孤零留党察看1 年的处分，“给商城县委以书面警告”。② 此后，商城县委和红三十二师师党委便在信阳中心县委直接领导下开展工作。

三、六霍起义和红三十三师的诞生

(一)南庄畈六保联络自卫团起义

在 1929 年 5 月 6 日商南立夏节起义前，六安、霍山、霍邱等地在中共六安中心县委领导下，武装暴动也在积极准备之中。

当时与丁家埠毗连的南庄畈(时属六安六区，今属金寨县)，驻有六保保董汪建青主持的六保联络自卫团 30 多人。1928 年春，中共六安县委委员桂伯炎和六安六区区委负责人袁继安为了

① 《信阳县委关于下达给商城县委的指示信向中央的报告》(1919 年 7 月 18 日)，见中央档案馆、河南省档案馆:《河南革命历史文件汇集》甲 8，1983 年，第 191 页。

② 《中央巡视员郭树勋巡视豫南的报告》(1929 年 10 月 22 日)，见中央档案馆、河南省档案馆:《河南革命历史文件汇集》甲 4(上)，1983 年，第 189 页。

掌握自卫团武装，通过袁姓族长袁树棠、袁化才和汪建青的嫡亲关系，在汪建青扩充民团时，保荐曾在笔架山农校和六安三农学堂读书的共产党员袁皋甫到自卫团。由于袁皋甫既善于团结士兵，又善于结交上司，深受汪建青信任，他不久便担任了自卫团团长。为了壮大组织力量，袁皋甫又以提高军事素质为由，向汪建青建议，聘请他的三农学堂同学、曾在黄埔军校学习过的何子凡（共产党员）担任军事教练。何子凡到自卫团后，一面和袁皋甫抓军事训练，一面对士兵进行爱国家、爱人民的教育，在士兵中发展了汪庆植、胡家林、袁成林加入共产党，成立了党支部，袁皋甫任支部书记。

商南立夏节起义胜利后，中共六安六区区委即派袁继安、袁成林前往商南，邀请红三十二师支援六保联络自卫团起义。当时的红三十二师也正打算向皖西发展，接通与六霍地区党组织的关系，策应六霍起义。袁继安、袁成林向红三十二师介绍了六保联络自卫团情况后，双方经过认真研究，决定伺机逮捕汪建青，强迫他命令自卫团缴械。5 月 18 日晚，汪建青因家事未回自卫团。袁继安一面要袁皋甫、何子凡控制住部队，一面迅速派袁成林将情况报告给红三十二师。周维炯师长当夜率领红三十二师第九十七团赶到南庄畈，和六区农民自卫军包围了汪建青的住宅，将其活捉，要他命令自卫团缴械。狡猾的汪建青推托说，团长袁皋甫、教练何子凡都不听他指挥，队伍不在他手里，表示没有办法。就在这时，红军和六区游击队已将自卫团包围，袁皋甫、何子凡命令士兵们不准乱动，由他们向汪建青报告，与红军交涉。正当汪建青向周维炯推托时，袁皋甫、何子凡前来要求汪建青命令自卫团缴械。汪建青见推托不掉，只得老老实实命令自卫团向红军缴械。周维炯当即向自卫团士兵讲话，指出自卫团士兵绝大多数是被迫当兵的穷人，红军是共产党领导的军队，是为穷人打天下的，动员大家参加红军，共同闹革命，不愿干的也不强勉。当时除汪建青的几个亲信要求回家外，自卫团 30 多人全部起义，和六区赤卫军 100 多人一分为二，一部分编入红三十二师补充团，袁皋甫、何子凡分任正、副团长，一部分编成了六区游击队，桂伯炎任队长，袁继安任党代表，桂杰生任副队长。

5 月 20 日，红军和六区游击队进攻金家寨守敌汪东阁商团。由于有共产党员朱少轩做内应，红军和游击队很快攻入城内，经过半小时激战，活捉了商团副大队长余传宗和汪东阁之弟汪三少，以及在立夏节起义中捉获后又潜逃到金家寨的丁家埠民团团总杨晋阶，缴枪 20 多支，汪东阁率残部溃逃至麻埠，皖西重镇金家寨被胜利攻克。

(二)流波农民暴动

流波是皖西大别山区的又一重镇。商南党组织在 1928 年夏即派共产党员曾昭布以做铜匠为名，在这里与共产党员吴江、黄安仁、陶光明等发展党的组织，秘密建立农民武装，准备武装暴动。1929 年春，镇上有六安保安团第三团队朱孟功部 1 个排驻守。吴江、曾昭布、黄安仁曾计划于 1929 年 4 月初进行暴动，夺取敌人枪支，成立工农政权。但由于起义计划泄密，暴动前敌人清查户口，将农民赤卫军骨干王作沛、王作亮等逮捕，后经多方营救，得以保释，第一次暴动未能成功举行。商南立夏节起义胜利后，曾昭布和吴江、黄安仁等准备再次发动武装起义，指挥部设在吴江家里。由于进出人多，引起敌人注意。流波乡长陈云德派乡警章仁政不断以串门为名到吴江家里监视。5 月 17 日晚，吴江、黄安仁、陶光明和赤卫军负责人江祝三等人在吴江家里“吃酒”，研究暴动具体事宜，章仁政又闯了进来。吴江连忙恭请章仁政上座喝酒，章仁政推辞不过，刚坐下，就被江祝三拦腰抱住，吴江上去缴了章仁政的枪，厉声道：“你要放老实些，我们的事你要是睁眼不管，今天饶你活命，你要是不识时务，我们也只能不客气了。”章仁政无法，只得交代说他是受乡长陈云德之命来暗中监视的，如果大家能放他，他愿意以全家的性命担保，不坏大家的事。吴江便命人将章仁政押往苏口禁闭起来，并要章仁政写信给陈云德说，吴江没有不轨行为，自己到外地贩烟土去了，1 个月后方回。

5 月 18 日，曾昭布回商南向红三十二师报告了流波武装暴动的准备情况，要求派兵支援。因当晚红三十二师要支援六区自卫团起义，便议定在自卫团起义后，红三十二师即向流波游击，支援流波暴动。5 月 20 日，周维炯率红三十二师和六区游击队攻克金家寨后，21 日凌晨赶到张冲，与吴江、黄安仁、陶光明组织的农民赤卫军汇合，兵分两路，南北夹攻，中午将流波乡公所和朱孟功团匪30多人包围。经过短暂战斗后，乡长陈云德被活捉。因陈云德罪大恶极，当即被枪毙。战斗毙伤敌10多人，另10多人突围逃跑，缴枪10多支。5月22日，在流波召开有千余人参加的群众大会，成立了流波农民协会和流波游击队。陶光明任农民协会主席，吴江任游击队长，下辖3个分队，共60余人。会后，举行了游行示威。

（三）起义军攻打麻埠镇

1929年11月8日，六安第三区（今六安市裕安区独山镇）数千农民起义，攻打独山自卫团，占领了独山镇。12日，成立了六安第三区工农革命委员会和军事指挥部，准备进攻麻埠，在独山到麻埠一带建立革命根据地。

"17日下午，由总指挥鲍益三，副指挥张某、黎某及党代表高某同志率领游击队全部，长枪60余支，盒子枪8架，政治工作人员9人，赤卫队2300余人，分三路围攻麻埠，鲍、黎担任中路，张、王分任两翼。"[①]

当时，麻埠有国民党六安保安团第二团队170余人，凭险固守。起义军与敌激战4小时，一部占领敌后方要地梁山寨。但由

① 《六安县委报告——独山暴动后六安的政治、经济、军事情形》（1929年12月4日），见中央档案馆、安徽省档案馆：《安徽革命历史文件汇集》第四册（上），1987年，第30页。

于"赤卫队的土枪和刀矛敌不过敌人的快枪、盒子枪，败退下来"[①]。其他起义军进攻未能得手，占领梁山寨的起义军也无法坚持，撤退到东香火岭。19日下午，进攻部队汇集龙门冲，将当地大豪绅张汉卿家的粮食、衣物分给贫苦百姓，并以龙门冲作为进攻麻埠的基地，一面继续组织起义军进攻麻埠，一面派人去商南邀请红三十二师前来支援。红三十二师决定26日前来与起义军夹攻麻埠之敌。在这期间，"每天都有两三千土枪及徒手的农民围着麻埠猛攻。他们当时发出一种口号，不攻下麻埠，誓不生还"[②]。后因驻六安的陈旅向麻埠增援，红三十二师也未能及时赶到，围攻麻埠的起义军被迫撤退。

攻打麻埠的战斗，虽然未取得胜利，但数千农民起义军凭着土枪、大刀、长矛将敌围攻达4天之久，这也说明农民起义军确实是一支能战斗的队伍。

（四）金家寨、七邻湾农民举行暴动

为了使六霍地区武装起义广泛开展，11月9日，中共六安中心县委通知六安各区和邻近各县，立即组织大规模农民武装暴动。六安六区的游击队和农民自卫军在六安县委委员桂伯炎、袁

---

① 《六安县委报告——独山暴动后六安的政治、经济、军事情形》(1929年12月4日)，见中央档案馆、安徽省档案馆:《安徽革命历史文件汇集》第四册(上)，1987年，第31页。

② 同上。

继安的领导下，准备再次攻打汪东阁商团，发动金家寨、古碑冲、七邻湾一带农民武装暴动，建立苏维埃政权。

汪东阁商团在5月20日被红三十二师和六区游击队赶出金家寨后，在麻埠、杨家店一带盘踞，和六安保安团朱孟功、杨松山相互勾结，招兵买马，扩大武装力量，商团发展到近200人枪。6月下旬，汪东阁商团又返回金家寨，称王称霸，但由于曾遭红三十二师和六区游击队的打击，他们晚间不敢在城里住宿，经常住在古碑冲、龙井沟、龚家祠堂等地。11月16日晚，汪东阁商团住在龚家祠堂的消息被六区游击队探知。队长桂伯炎集中六区游击队和农民赤卫军300多人，冒雨向龚家祠堂进军，午夜将敌人包围。游击队员余克兴、李祥林摸掉了敌人岗哨，赤卫军点燃了装在煤油桶里的爆竹冒充机关枪，桂伯炎一声“冲”，游击队、赤卫军大喊“红军来了，缴枪不杀”，一齐冲进祠堂里。住在龚家祠堂里的80多个敌人全部被俘，缴枪60多支。狡猾的汪东阁当晚带着部分亲信住在离龚家祠堂1里多远的龙井沟，一听枪声便逃跑了。第二天，中共六区区委在金家寨镇中心的帝王庙召开群众大会，区委书记袁继安宣布六区农民暴动胜利，成立六安六区农民协会，主席袁继安，改六区游击队为六区游击大队，大队长桂伯炎，党代表桂杰生。18日，七邻湾在共产党员朱盛元、王立贵等领导下，农民自卫军武装暴动，在关帝庙召开群众大会，成立了农民委员会，朱盛元任主席，王立贵、刘平荣、王大章为委员。会后，开展了清理地主财产和分地主浮财的斗争。

(五)西镇农民暴动

西镇区是当时霍山西部山区的统称,包括今金寨县燕子河、长岭、闻家店、两河等地和霍山县漫水河一部分。该地区党组织和农民协会建立较早,群众基础好,是六霍县委武装暴动的重要区域,“西镇如失败,在六霍就无根据地训练红军,将来的军事发展更加困难”①,说明西镇地区战略地位十分重要。但西镇的反动统治势力是很强的,“豪绅的势力比全霍(山)任何地方豪绅都要稳固。他们在政治方面有西镇事务所,在军事方面有西镇自卫团,在经济方面有西镇经济维持会,在发行纸币流通方面,全县的行政都必须经过他们的同意,他们有时还不受县政府的管辖。他们对革命团体可以说是最有计划最厉害的”②。由此可见,西镇地区反动统治不但在本地区很强,而且还能左右县政府。因此,六安中心县委对西镇地区武装暴动极为重视。霍山县委书记喻石泉和六安中心县委书记舒传贤均深入到燕子河检查武装起义的准备工作,经过反复研究、认真分析,一致认为:

(1)六安的古碑冲、南庄畈及霍山的流波农民起义的成功,对西镇人民是个很大的鼓舞,农民协会有强烈的起义要求;(2)当年

① 《六安县委军事报告(第一号)》(1930年2月12日),见中央档案馆、湖北省档案馆、河南省档案馆、安徽省档案馆:《鄂豫皖苏区革命历史文件汇集》甲4,1985年,第52页。

② 《霍山县委关于经济、政治等情况的报告》(1930年4月17日),见中央档案馆、湖北省档案馆、河南省档案馆、安徽省档案馆:《鄂豫皖苏区革命历史文件汇集》甲4,1985年,第172页。

秋季收成大减，人民群众有强烈的对抗租课斗争的要求；(3)由于减息和抗租抗税斗争的深入开展，政府财政困难，反动统治阶级实力空虚；(4)军阀混战，敌人内部矛盾重重，客军和政府保安团及当地民团互相倾轧，争夺势力范围；(5)商南红三十二师雄踞金家寨，并与西镇党组织联系，准备东征；(6)西镇是全县农民运动开展较早的地区，有丰富的斗争经验；(7)西镇党组织力量占霍山全县近四分之一，领导力量较强，并有一支训练有素的100多人的农民赤卫军，完全有力量领导西镇地区武装暴动。

为使暴动胜利成功，要取得商南红三十二师支援。霍山县委和西镇区委“派高起同志前往接洽”，后又“派高起和少数同志担任红三十二师响(向)导”[①]，邀请红三十二师配合农民赤卫军进行武装暴动。

但西镇地区的敌人也在磨刀霍霍，准备向党组织和农民协会进攻，“指明燕子河一带可杀的有190多家”[②]。1929年11月19日，以霍山县西镇事务所民团队长陈先觉为首，召开西镇各绅董会议，决定在全区逮捕共产党人和农民协会骨干。这个消息被西镇党组织探知，即飞报红三十二师，请求支援。红三十二师师长

① 《霍山县委关于经济、政治等情况的报告》(1930年4月17日)，见中央档案馆、湖北省档案馆、河南省档案馆、安徽省档案馆：《鄂豫皖苏区革命历史文件汇集》甲4，1985年，第173页。

② 《霍山县委关于经济、政治等情况的报告》(1930年4月17日)，见中央档案馆、湖北省档案馆、河南省档案馆、安徽省档案馆：《鄂豫皖苏区革命历史文件汇集》甲4，1985年，第158页。

周维炯当日率红军 80 多人，向燕子河飞奔，午夜赶到，会同徐育三、刘仁辅、高天栋等率领的 100 多名赤卫军，首先进攻十区闻家店之敌，俘敌官兵 20 多人，缴获步枪 20 多支。接着包围了楼房湾大地主余良池、燕子河大地主余良远的庄园，缴获其自卫枪支 20 多支。当夜，部队向长山冲进发，捕获在长山冲周氏祠吃逮捕共产党“同心酒”的西镇地区反动乡保长和团总王多宏等反动分子。第二天，暴动队伍向西镇地区的政治、经济中心——漫水河进攻，他们打开八区团房器械库将武器劫走，八区自卫团官兵 70 多人被俘，枪械全部被缴获。西镇事务所、经济维持会等反动机构被捣毁。当日，暴动队伍乘胜向九区回头岭、上土市、黄栗杪、深沟铺、太平畈、杨家河进发，九区民团失去抵抗，团总夏槐清的住宅被焚。

前后 3 天时间，整个西镇地区反动势力几乎全被消灭，方圆百里，都被农民武装占领。暴动队伍所到之处，人民群众欢欣鼓舞，爆竹迎接，送饭送菜，亲切慰问。地主豪绅纷纷逃往霍山县城。西镇暴动的胜利，沉重地打击了反动势力。人民群众翻身做了主人，编歌赞颂。

由于西镇地区战略地位重要，六安中心县委十分重视巩固西镇暴动胜利的成果。决定把西镇作为皖西根据地的中心进行建设。为统一西镇地区的领导，在燕子河建立了西镇地区革命委员会，负责各乡、村政权建设。不久又在闻家店成立了霍山县第六区苏维埃政府。乡、村苏维埃和青年、妇女、少先队、儿童团等组织也都陆续建立起来，"并派多数同志担任群众组织和宣传工作"，进行没收地主财产和清剿残余反动势力。"自西镇暴动以后，赤色区域的一（切）行政，都在苏维埃政权指挥之下"。[①] 西镇人民真正成了自己的主人。

为了加强革命武装建设，"在军事上，把所有武装完全集中于西镇，一方面牵制敌人对西镇的进攻，一方面扩大西镇军事力量，准备在西镇建立根据地，训练红军"[②]。把暴动后的农民赤卫军扩充到 360 人，分为 60 个小队，成立总指挥部，徐育三任总指挥，刘仁辅任副总指挥。

西镇地区人民政权、革命武装的建立和发展，给反动派以致命的打击。"西镇的豪绅大都跑在霍城内，他们唯一的办法，只有哀求独立旅和自卫团进剿西镇。当时独立旅因兵力薄弱未敢深入，后西镇残余自卫团勾结英山自卫团，侵霍边境 3 次都被打退，而城内自卫团进驻道士冲……被我打败。彼方死 8 人，伤 7 人，而我得长枪 17 支，衣服、用具多件，且彼方总指挥秦华轩亦受伤

① 《霍山县委关于经济、政治等情况的报告》（1930 年 4 月 17 日），见中央档案馆、湖北省档案馆、河南省档案馆、安徽省档案馆：《鄂豫皖苏区革命历史文件汇集》甲 4，1985 年，第 158 页。

② 《六安县委军事报告（第一号）》（1930 年 2 月 20 日），见中央档案馆、湖北省档案馆、河南省档案馆、安徽省档案馆：《鄂豫皖苏区革命历史文件汇集》甲 4，1985 年，第 52 页。

败回城内。”①

西镇地区武装暴动的胜利，为皖西根据地建设提供了极为有利的条件。1930 年 1 月，中共六安中心县委和中共霍山县委都迁驻西镇闻家店的灵岩寺办公，领导皖西地区革命斗争的开展。

（六）白塔畈农民暴动

白塔畈（时属霍邱县南四区管辖，今属金寨县）既是当时中共霍邱县委书记杨晴轩的家乡，又是他和共产党员李大刚、汪映西、潘荣初、袁新民、台传铸、台传钧等秘密活动的阵地，也是霍邱县武装暴动的重点区域。1929 年夏，当地已发展了 51 名党员，建立了党的总支部委员会，汪映西任总支书记，并成立了 100 多人的农民自卫军。潘荣初在白塔畈小街开办名为“天元公”的商店作为武装起义的联络点。

当地反动势力，除了霍邱县警备营一个排由排长顾少山带领驻在白塔畈街上外，还有王家老楼大地主王子敬组织的 60 多人的护庄队，有钢枪 50 多支，岗楼上还有 4 门土炮。王子敬的两个儿子都在外面做官，因此王子敬在当地是“有钱、有人、有枪”的实力派，在霍邱县也很有声望。白塔畈暴动只要解决王子敬的地主武装就是胜利。

---

① 《霍山县委关于经济、政治等情况的报告》（1930 年 4 月 17 日），见中央档案馆、湖北省档案馆、河南省档案馆、安徽省档案馆：《鄂豫皖苏区革命历史文件汇集》甲 4，1985 年，第 173—174 页。

中共霍邱县委对组织白塔畈暴动准备得很充分。一是有一支由县委直接掌握的农民自卫军,二是王子敬的外甥潘荣初、女婿徐礼玉都是共产党员,平时就住在王子敬家里,他们发展了部分长工为农协会员。

1929 年 12 月 20 日,霍邱县委决定夺取王家老楼,举行武装暴动。当晚,100 多名农民自卫军由杨晴轩、李大刚等率领,分别隐蔽在王家老楼四周山林里,潘荣初、徐礼玉通过活动,将岗哨完全控制在农协会员手里,并摘去了碉堡上的风铃。只有看吊桥的岗哨王少祥是王子敬的亲信,由农协会员储茂廷和王老假对付。汪映西、台传铸率领 30 多名农民自卫军阻击可能由白塔畈来援的顾少山警备队。午夜 12 点,杨晴轩在外面燃起一把松枝为号,和吊桥岗哨王少祥拉家常的储茂廷、王老假一见火光,便将王少祥抱住捆了起来,喝令道:"今晚楼里有事,要放人进来,不准你管,不然你性命难保。"随即放下吊桥,杨晴轩、李大刚率领农民自卫军一拥而进,顺利地收缴了护庄队的 50 多支钢枪和 18 箱子弹,捉住了王子敬。潘荣初、徐礼玉对王子敬说:"你老人家不要害怕,我们都是共产党,会保护你老人家安全的。"王子敬一看自己的女婿、外甥都是共产党,枪也被缴了,无可奈何。

夺取了王家老楼后,杨晴轩、李大刚立即率领部分农民自卫军攻打白塔畈顾少山警备队。顾少山一听枪响,便带队伍向叶集方向逃跑。这时,霍邱县驻大固店警备营的 1 个排,由排长汪志来(共产党员、汪映西的哥哥)率领哗变,赶来白塔畈,参加了暴动队伍。当晚又拿下了雷家大圩子和地主金耀山的护庄队，得钢枪10多支。

白塔畈暴动是中共霍邱县委直接领导的第一次武装暴动。为巩固暴动胜利成果，白塔畈和六安、霍山及商南地区的革命武装和根据地连接起来，互相呼应。12月23日，在白塔畈王家老庄子召开群众大会，镇压了罪大恶极的地主金耀山，成立了霍邱县第一区苏维埃政府，汤正铎任主席，吴忠池任区委书记。农民自卫军和汪志来哗变武装编为霍邱县游击队，活动于霍邱、六安、商城三县边区。

（七）红三十三师在流波建立

六霍地区武装起义的不断胜利，各级苏维埃政权的陆续建立，革命武装的逐渐扩大，令国民党反动派感到害怕不安，急忙调军队向六霍地区革命武装进攻。六霍地区革命武装力量尚未统一，又未受过正规训练，虽然不断给进攻之敌以沉重打击，但也受到了不少损失，牺牲了一些领导武装起义的骨干。中共六安中心县委鉴于当时的严峻形势，认为“在严厉的白色恐怖下，除了武装抵抗外，别无出路”，尤其“革命群众都引颈望着红军来援助他们”。[①] 于是在1月6日召开组建红军的会议，决定将六霍起义现

① 《六安县委军事报告（第一号）》（1930年2月20日），见中央档案馆、湖北省档案馆、河南省档案馆、安徽省档案馆：《鄂豫皖苏区革命历史文件汇集》甲4，1985年，第53页。

有的武装改编为红军，即将中心县委自己掌握的一部分武装改为安徽红军第一游击纵队，由冯小山任纵队长；将西镇起义的武装改编为安徽红军第二游击纵队，由徐育三任纵队长。并根据商南红三十二师常来麻埠、流波一带游击的情况，准备在麻埠、流波、闻家店一带建立军事指挥中心，以便于在闻家店办公的六安中心县委能够指导整个六霍地区的武装斗争和根据地建设。

1月20日，中共六安中心县委在流波召开安徽红军第一纵队、第二纵队和六安六区游击大队党团组织负责人和县委常委联席会议，研究红军建设和六霍根据地的开辟等工作。会议一致认为，六霍革命武装虽然组建了红军游击纵队、游击大队，但还没有统一的指挥中心。应该建立像鄂东、豫南那样的红军建制，以便统一领导、统一指挥。“当场同志都主张成立红军第三十三师”，“推定县委书记夏唯宁（即舒传贤）改编各部队”。[①] 舒传贤便主持将安徽红军第一纵队、第二纵队和六区游击大队改编为中国工农红军第十一军第三十三师。由合肥特别区委派来的军事干部徐百川任师长，张建民任政治部主任（数日后由英山县委书记姜镜堂接任）。下辖第一〇六、第一〇七团。第一〇六团由第一游击纵队和六安六区游击大队改编，团长冯小山，副团长高天栋，党代表余爱民（即詹慕禹）；第一〇七团由第二纵队改编，团长徐育三，

---

① 《六安县委军事报告（第一号）》（1930年2月20日），见中央档案馆、湖北省档案馆、河南省档案馆、安徽省档案馆：《鄂豫皖苏区革命历史文件汇集》甲4，1985年，第53页。

副团长李锡三，党代表孙能武（即汪维裕）。全师200多人，其中党、团员40多人。师部除设有政治处外，还设有参谋、军务、军需、副官等处。这是在金寨地区成立的第2支主力红军队伍，也是继鄂东、豫南后在皖西地区建立的第1支工农红军。

红三十三师成立后，“因为想予统治阶级一个重大打击，树立红军声威，同时可以扩大我们的武装，因为只有霍山统治阶级武力比较薄弱，而且集中在城内，适合我们的条件”①。1月30日凌晨，红三十三师在红三十二师和霍山游击队、赤卫军的配合下，分三路攻克霍山县城，救出在押犯50多人，赶跑了敌县长甘达用。此役“虽无大胜利，但政治影响扩大了，威吓统治阶级实在不小”②。人民群众深受鼓舞。

为了打通皖西根据地和豫南根据地通道，红三十三师成立后立即和红三十二师联系，“两师组成了前敌总指挥部，周维炯和徐百川为正副指挥”③，红军向麻埠、独山等地敌人进攻，首先袭击驻麻埠的六安保安团朱盂功第三团队。因在此之前已有2000多人的农民武装连续4天进攻被打退，敌人甚为嚣张，认为又是农民武装进攻，未加严防。但这次是红军主力进攻，“麻埠守敌三百余

---

① 《六安县委军事报告第一号》（1930年2月20日），见中央档案馆、湖北省档案馆、河南省档案馆、安徽省档案馆：《鄂豫皖苏区革命历史文件汇集》甲4，1985年，第54页。

② 同上。

③ 中国工农红军第四方面军战史编辑委员会：《中国工农红军第四方面军战史》，北京：解放军出版社，1989年，第69页。

人一经接触，全部溃败”[1]，后分多路突围逃跑，红军缴枪30支。接着红军进攻独山自卫团，又缴枪16支。周维炯、徐百川在回师麻埠后，得知敌英山自卫团一部窜犯到流波，立即率部围歼，敌人闻风而逃，缴枪十几支。至此，独山、麻埠、流波一带敌人基本被肃清，皖西和豫南两块根据地连成了一片。

红三十三师的建立，和鄂东红三十一师、豫南红三十二师形成了掎角之势，对开创皖西根据地和形成统一的鄂豫皖根据地具有极其重要的意义。

（八）鄂豫皖边区根据地的形成

1930年春，蒋介石正在酝酿与冯玉祥、阎锡山等军阀展开大规模的中原大战，抽不出兵力进攻根据地红军，这给鄂豫皖边区革命发展创造了极为有利的时机。商城县委命令红三十二师向东发展，与红三十三师共同开辟豫皖边区根据地。两支红军合力作战，打了很多胜仗。4月6日，红三十三师第一〇七团在团长徐育三、党代表汪维裕的率领下，和潜山工农革命军进攻英山县城，沿途攻打了很多自卫团，于4月8日攻克英山县城，建立了英山县革命委员会。4月7日，霍山东北乡的数万群众，在当地党组织领导下，举行武装暴动。红三十二、三十三师奋起驰援，打败了敌

① 中国工农红军第四方面军战史编辑委员会：《中国工农红军第四方面军战史》，北京：解放军出版社，1989年，第69页。

自卫团、自卫队，东北乡解放，建立了人民政权。4月12日，红三十二、三十三师与潜山工农革命军联合，再次攻打霍山县城之敌，与敌激战12个小时，敌人溃败不堪，此战毙敌200多人，缴枪80多支，敌霍山县长甘达用仅带出30余名残兵逃走。血债累累的自卫队队长秦华轩负伤后被活捉，应群众请求，枪决后悬头示众1天，副队长桑世炳在战斗中被红军击毙。战后审判并处决了2名反动的西班牙神甫，释放了监禁的政治犯。4月下旬，红三十二师和红三十三师配合潜山工农革命军向潜山活动，攻克水吼岭，成立了中共潜山县革命委员会，改潜山工农革命军为红三十四师。

到1930年4月底，鄂豫皖边区根据地已初具规模。皖西方面，在六安、霍山、霍邱、英山、潜山5县毗连地区，形成了东起淠河，西接商城，南抵金家铺、水吼岭，北到白塔畈、丁家集，南北200多里，东西100多里，人口40多万的革命根据地；豫南方面，建立了南起松子关、长岭关，北到段集，西到大木厂、东岳庙，东与皖西根据地连接，横竖约150里的根据地，人口也近40万；鄂东方面，也建立起纵横170余里的根据地。鄂豫皖苏区斗争进入了一个新的阶段。

第三章

★★★★★

苏区的建立与发展、保卫与坚守

（1930 年 3 月—1937 年 7 月）

一、第一次、第二次反“围剿”斗争的胜利

（一）七邻湾会议及其重要意义

为了加强皖西根据地建设，把武装斗争、根据地建设、土地革命紧密结合起来，巩固和发展根据地的各项事业，中共六安中心县委于 1930 年 3 月 21 日至 25 日在六安六区七邻湾关帝庙召开了所辖六安、霍山、霍邱、英山、寿县（因交通受阻缺席）、合肥 6 县党的负责人和红三十三师领导人联席会议，到会 17 人，中共六安县委委员兼六区区委书记袁继安参加了会议。各县负责同志报

告了工作，会议“依照中央最近的通告及六县经济政治和群众的革命形势”[①]，总结了“过去的一切斗争经验”，提出了“动员六县全党同志推进六县的革命高潮”[②]的总任务。会议“对各项重要问题均有详细的决议案”[③]，决议案共9项：

(1)接受中央反对机会主义反对派之决议的决议案；(2)政治任务决议案；(3)六县工作计划决议案；(4)群众工作决议案；(5)军事问题决议案；(6)宣传教育工作决议案；(7)纪律问题决议案；(8)秘密问题决议案；(9)对六县共产主义青年团工作决议案。

“以上多种决议案均有较详细的文字叙述”[④]，这些决议案规定了各项具体任务。

党在政治上的任务共8项，主要是加紧领导群众开展武装斗争，进行土地革命，扩大苏维埃区域，壮大红军力量；扩大党的政治宣传，争取广大人民群众围绕在党的周围等。

党在组织上的任务共14项，主要是加强党的无产阶级意识，克服小资产阶级和农民意识；扩大党的无产阶级基础，吸收工农

---

① 《六安县委关于六县联席会议情况给中央的报告》(1930年4月13日)，见中央档案馆、湖北省档案馆、河南省档案馆、安徽省档案馆:《鄂豫皖苏区革命历史文件汇集》甲4，1985年，第127页。

② 《六霍六县联席会议关于政治任务的决议案》(1930年4月1日)，见中央档案馆、湖北省档案馆、河南省档案馆、安徽省档案馆:《鄂豫皖苏区革命历史文件汇集》甲4，1985年，第95页。

③ 《六安县委关于六县联席会议情况给中央的报告》(1930年4月13日)，见中央档案馆、湖北省档案馆、河南省档案馆、安徽省档案馆:《鄂豫皖苏区革命历史文件汇集》甲4，1985年，第127—128页。

④ 同上。

同志参加党的指导机关，实行干部工人化、党员军事化；切实训练工农干部，提高党员政治水平；密切党群关系；密切党团关系等。

党在工人运动中的任务共7项，主要是发动工人开展斗争，争取工会公开的活动；建立农村中雇农工会的组织，并加强对农会的领导，注意城市工人与乡村农会的联系工作等。

党在农民运动中的任务共9项，主要是加紧组织农民武装，领导农民群众开展日常斗争，以走向更大的政治斗争，直至武装起义；苏维埃地区应采取各种方式鼓动农民群众起来执行目前的一切革命任务等。

党在游击战争与红军中的任务共13项，主要是扩大红军武装；扩大游击战争的范围及赤色区域；游击战争必须与城市工人斗争相结合，从游击战争中训练士兵，在士兵中扩大党组织；加强党的领导，坚决执行土地革命等。

此外，在兵运、青运、妇运等方面，也都做了具体规定。

这次联席会议，是在皖西地区土地革命战争正在趋向高潮的形势下召开的，尽管会议所做各项决议还不够完善，并提出了一些“左”的主张，如“加紧反对国民党各派及第三党”和“执行中央最近指示反富农政策”等，但总的说来，各项任务的部署都是正确的，决议规定的工作方法、斗争方式也是正确的。这些任务的提出使皖西根据地各项工作走向了正轨，对皖西革命运动顺利健康发展具有非常重要的意义。

(二)六安六区工农兵代表大会的召开及其贡献

为了贯彻七邻湾会议精神，会后，参加会议的中共六安中心县委委员、六区区委书记袁继安和六区区委就着手筹备在金家寨召开六区工农兵代表大会，准备建立苏维埃政府，落实七邻湾会议各项任务。“所有筹备委员均能负责向群众宣传苏维埃之意义，筹备会决定选举方法和条例”[①]，负责起草大会决议案草案，4月13日，代表大会正式召开。

会议期间，中共六安六区区委袁继安和桂伯炎做了国际、国内形势和皖西革命斗争形势的报告，传达了六县联席会议精神，对土地分配、雇农工资、手工业工人工资、贫雇农所欠豪绅地主的债务以及森林保护和分配等一系列关系到贫雇农、工人具体利益的问题，进行了广泛深入地讨论，通过了《土地政纲实施细则》《雇农工资办法》《手工业工人办法》《债务办法》《森林办法》等决议案。

六安六区苏维埃政府建立以后，立即帮助各乡建立乡村苏维埃政权，不到1个月时间，全区13个乡和大部分村苏维埃政权都建立起来并着手进行土地登记和分配工作。与六区毗连的七区麻埠，在六区苏维埃政权建设的鼓舞下，于6月中旬也召开了工农兵代表大会，七区苏维埃和下属各乡苏维埃政权也都建立起

① 《六安县委报告(第五号)——关于最近工作情况》(1930年4月17日)，见中央档案馆、湖北省档案馆、河南省档案馆、安徽省档案馆:《鄂豫皖苏区革命历史文件汇集》甲4,1985年，第145页。

来，并成立了七区游击大队，保卫土地分配工作的开展。

六区工农兵大会形成的各项决议案及其各项工作开展的经验，很快被推广到整个皖西地区，各地纷纷召开工农兵代表大会，进行苏维埃政权建设和土地分配工作。

(三)鄂豫皖边特委和红一军的成立

1930年3月，中共中央为了统一鄂豫皖边区党组织和红军的领导，准备将湖北省的黄安、麻城、黄冈、孝感、罗田(后增应山、安陆)，河南省的商城、光山、固始、潢川、息县(后增罗山)，安徽省的六安、霍山、英山、霍邱、颍上、寿县、合肥等县划为鄂豫皖边特别区，成立中共鄂豫皖边特别区委员会，统一领导特别区党的组织。3月20日，中央巡视员曹大骏在湖北黄安箭厂河召开鄂豫皖边区党员代表和红军领导干部会议，组建了中共鄂豫皖边特委。特委由郭述申任书记，委员23人，中共商城县委书记李梯云为委员。将原来鄂豫皖边区的红十一军改为红一军，其原所辖第三十一、三十二、三十三师分别改为红一军第一、二、三师。改编后的红一军军长许继慎，副军长徐向前，政治委员曹大骏，政治部主任熊受暄。同时成立了红一军前敌委员会，由军长、政治委员、副军长、各师师长和2名党员士兵组成，曹大骏任书记。3个师的领导人分别是，第一师师长徐向前兼任，政治委员戴克敏，参谋长刘英；第二师师长漆德玮，政治委员王培吾，参谋长漆海峰；第三师师长周维炯，政治委员姜镜堂，副师长萧方。后又成立了独立旅(这是在金寨地区成立的第3支主力红军队伍），旅长廖业琪。6月，为了加强政权建设，在河南光山王家湾召开鄂豫皖边区第一次工农兵代表大会，选举成立了鄂豫皖边特别区苏维埃政府，甘元景当选为主席。至此，统一领导鄂豫皖边区的党、政、军组织建立起来，标志着鄂豫皖苏区的形成和新的革命时期的开始。

1930年5月，以蒋介石为一方，冯玉祥、阎锡山、李宗仁为另一方的军阀大混战，主要在河南、山东、安徽三省爆发，鄂豫皖边区之敌大部分被外调参战，根据地的敌人势力减弱。红一军成立后，即向鄂豫皖边区之敌广泛出击。6月中旬，漆德玮、周维炯分别率红二师、红三师向独山、麻埠、流波等地敌人进攻，歼敌六安自卫团杨松山部第三团队100多人。接着向霍山县城的敌潘善斋部新编第五旅和地方反动武装进攻，第三次攻占霍山县城，歼敌1000多人，俘敌副旅长及以下官兵700多人，缴获大量枪支弹药。7月上旬，红一军在燕子河集合，稍作休整，准备再次攻打英山的敌韩杰旅。12日，红军向英山疾进，13日，红二师和红三师共同向驻英山金家铺的敌1个团进攻，将其包围歼灭于狮子坳，驻英山之敌前来援助，亦被全歼，韩杰率残部逃走。此役歼敌1800多人，缴获很多，红军再次攻占英山县城。

1930年7月，在闻家店办公的六安中心县委根据上级指示，组织成立了中国工农红军中央独立第一师编制委员会，在燕子河以皖西地方武装和红一军第三师的一个连为基础，成立了中央独立第一师（这是在金寨地区成立的第4支主力红军队伍）。

红二师、红三师南下作战，连战连捷，深受广大人民群众拥戴，到处都有欢迎人群来送饭菜、水等，慰问红军。红军回商南驻防时，斑竹园、丁家埠等地组织妇女慰劳队，一次就捐赠军鞋 450 双，并帮助红军缝补衣服；少先队组织宣传队，到军营里表演文艺节目，和红军联欢；南溪、汤家汇苏维埃政府给红军送来肥猪 14 头、大米 15 担，并组织担架队，随红军作战；古碑冲、南庄畈、燕子河一带也送来了大量慰问品，如燕子河妇女会主任袁大桂专门组织了做鞋队，一次就送来军鞋 500 双。各地还掀起了参军参战热潮，红二师和红三师原共有 800 多人，很快发展到 1800 多人。六霍边区游击武装和农民赤卫队发展到 3 万多人。

(四)李立三"左"倾盲动错误对金寨地区的危害

正当鄂豫皖苏区快速发展之时，李立三"左"倾盲动错误影响了全党。鄂豫皖苏区深受影响，金寨地区因此也受到了严重干扰。

1930 年 6 月 11 日，李立三主持的中共中央政治局会议通过了《新的革命高潮与一省或几省的首先胜利》的决议，决定发动"以武汉为中心的全国总暴动"。为此，中央军委长江办事处和中共长江总行动委员会，要求鄂豫皖苏区的党和红军"迅速发动武汉周围的地方起义"，"切断平汉路以进逼武汉"，要求红一军在 8 月 1 日前扩大到 3 万人。

中共鄂豫皖边特委与红一军为贯彻中央指示，于 8 月中旬合并组成“京汉特别区行动委员会”。为了组织“以城市为中心的地方暴动”,“打到武汉过中秋”,把各级党、团组织和群众团体合并,成立各级行动委员会,各地方武装、赤卫队、少年先锋队统一编为红色补充军,县、区游击队扩充到红军中。商南在县委书记李梯云的主持下,在汤家汇将商城党、团组织合并成立了5人行动委员会,工会、农民协会、共青团等群众团体都行动起来,参加到行动委员会中。8月下旬,红一军3个师经商南在四顾墩会合,9月中旬,北上作战,执行切断平汉铁路的任务。由于敌人集中防御,虽在广水、信阳、光山、罗山等地打了一些胜仗,但红军自身牺牲也很大,根本实现不了切断平汉路的任务。

9月中旬,红一军在平汉路沿线作战,损失较大。10月中旬,红一军在光山召开全军第一次党员代表大会,改组前委,整编部队。将第一师3个团合并为2个团,第二、三师合编为第二师,第三师番号暂时取消。

在皖西地区,中共中央军委巡视员朱瑞亲自督阵,成立了六(安)英(山)霍(山)行动委员会,制订了六英霍总暴动计划。为了强化行动委员会组织,党、团组织都停止活动,统一于总行动委员会,行动委员会一面是党的组织,一面是政权的组织。为了扩大红军武装,一支枪也要集中到红军中去,地方武装全部编入主力红军。强调加强主观力量,少顾客观形势,毕其功于一役,凡有党组织的地方都要暴动起来,配合以武汉为中心的全国总暴动。将皖西地方武装和部分红军主力编入中央独立第一、第二师,坚持根据地斗争，虽兵员有6000多人，但枪支弹药十分缺乏，武器大都是土铳和刀矛，部队又未经过作战训练，且是仓促集结，战斗力很弱。

皖西红军离开根据地向平汉路活动，给敌人向苏区进攻以可趁之机。六安驻敌潘善斋部新编第五旅，纠集六安、霍山的自卫团和颍上、寿县、合肥的红枪会、黄缨会等反动道徒共5000多人，向苏区大举进攻。仓促组成的中央独立第一、第二师，虽拼死抵抗，苦战月余，也未能遏制敌人的进攻。独立师牺牲惨重，很多红军和革命家属、基层干部惨遭杀害。9月初，中共六安中心县委为保存有生力量，率领独立第一师和逃难群众数千人向鄂皖边区金家寨、南溪一带转移。敌人很快尾追而来，向燕子河、流波、麻埠、金家寨、南溪进攻，独立第一师与敌苦战数日，终因弹药不足接连败退，“由闻家店、燕子河失守，一直到七邻湾、金家寨失去，独立师和赤卫队及苏维埃区域的工作同志和避难同志、群众两三千，全部退到商城南部”[①]。最后又向鄂东转移，整个皖西根据地“几乎完全塌台，军事上只留很少部分”[②]。豫皖边区仅有南庄畈、丁家埠、斑竹园、银山畈、泗道河、关王庙、河坪等小部分区域未被敌

① 《舒传贤关于六安中心县委工作情况给中央的报告》(1930年12月10日)，见中央档案馆、湖北省档案馆、河南省档案馆、安徽省档案馆:《鄂豫皖苏区革命历史文件汇集》甲4,1985年，第222页。

② 《皖西北特委报告——关于苏维埃、工会、红军、青年团以及宣传、妇女等工作的综合情况》(1931年6月)，见中央档案馆、湖北省档案馆、河南省档案馆、安徽省档案馆:《鄂豫皖苏区革命历史文件汇集》甲1,1985年，第121页。

人占领。

敌人所到之处，立即武装地方反动势力，在县设立“清共委员会”“剿共总队部”，区、乡设立“铲共团”“清共队”，颁发“清共条例”“自首条例”，血腥屠杀共产党人和革命群众。“凡当地人他行，先要报告局子，经局子发通行证然后才行。若家中来了亲戚朋友，要到局子报告，经查如认为通共，处全家死刑”。“各局可随意杀人”，“刑法极其残忍”，将革命群众成批地“拉去杀，砍头、腰斩、活挖心”。“各区剪头妇女未活一人”，“有的被强奸、做妾，有的被卖出”。“十一二岁的小姑娘，即运往蚌埠、正阳、合肥等地，卖给妓院做妓女”。“七区麻埠……群众牺牲了200余人，妇女被掳去400左右……六区金家寨被掳去妇女约百人”。六霍反动统治阶级收编土匪和大刀会时公开说：“没有老婆的各人尽量拉好了……猪、牛、用具你们尽量搬完。”他们专门组织抢掠队“拉猪、拉牛、拉妇女”。“在革命中心区……长山冲、独山、闻家店、燕子河、七邻湾、金家寨等地，都没有男女老幼，男女三分被他们杀了……十分之七逃的逃，投红军的也有。”[①]

但是，敌人的疯狂屠杀，并未吓倒苏区人民，他们誓死不屈，与敌人斗争到底。燕子河妇女主任袁大桂，被敌人剥光衣服吊在屋梁上，要她交出共产党干部，直到被敌人用火钳捅死，她也一字

---

① 《舒传贤关于六安中心县委工作情况给中央的报告》(1930年12月10日)，见中央档案馆、湖北省档案馆、河南省档案馆、安徽省档案馆：《鄂豫皖苏区革命历史文件汇集》甲4，1985年，第237页。

未吐。驻金家寨的八大民团,逮捕了60多名共产党员、革命干部和红军家属,每天都对他们严刑拷问,有的还被拉去多次陪斩,但他们没有一个人屈服,最后全体就义。

闻家店、南溪、斑竹园、丁家埠等地党组织不断地组织小股游击队,打击敌人。丁家埠共产党员廖少先、彭元礼、陶龙祥、陶登旺组织了一支20多人的"摸瓜队",用土枪、大刀,经常在夜间进入"清乡队""铲共团"等小头目家里,或将其处死,或警告其不准残害革命群众。地主廖祥和因经常给"铲共团"送信,参与杀害红军家属,被"摸瓜队"队长廖少先捉住,将其吊死在曾家坳路旁的大树上,身上挂一条白布,写着"反共分子的下场"。

"左"倾盲动政策的推行,在革命队伍内部也造成了极坏影响。在组织上,由于实行反富农政策,使很多出身地主和富农家庭的党、团员和革命干部被清出。在土地分配中实行"没收富农一切土地",而在划分富农阶级时,政策过"左","反富农就反到中农,有一点剩余也是富农,也是要反对的"①。又损害了一部分中农利益,使中农发生动摇,造成土地分配上的极大混乱。1930年9月下旬,在瞿秋白、周恩来的主持下,中共六届三中全会召开,李立三"左"倾盲动错误被纠正,并向鄂豫皖边特委指示,目前在全

① 《鄂豫皖特委曾中生给中央的报告——特区政治经济形势,反"围剿"斗争,苏维埃运动,土地、军事问题、党务、工运、农运、青运、兵运、财政等情况》(1931年2月10日),见中央档案馆、湖北省档案馆、河南省档案馆、安徽省档案馆:《鄂豫皖苏区革命历史文件汇集》甲2,1985年,第207页。

国还没有直接武装暴动的形势，根据地党组织的中心任务是，巩固根据地的发展，加强红军，巩固红军，进一步建设苏维埃政权，深入土地革命，纠正损害中农利益的土地分配政策。并对红军的发展方向、根据地建设和红军的统一领导问题，做了具体规定，改过去红一军直属中央领导为“一切集中于特委指挥之下”。11月，上述指示传达到鄂豫皖苏区，李立三“左”倾盲动错误得以纠正。11月28日，中央派来的曾中生与郭述申商定，成立了鄂豫皖临时特委，曾中生任书记，根据中共六届三中全会精神，具体部署了鄂豫皖苏区各项工作任务，使整个苏区重新走上正确发展的道路。

红一军离开后，皖西根据地遭到了极大破坏，中共六安中心县委领导同志与独立第一师转移到商南地区。10月中旬，商城行委与红一军独立旅举行联席会议，研究根据地失陷后的斗争问题。会议决定，由舒传贤带领六安赤卫队回皖西。后又派秘书长薛英到黄麻地区找到红一军，报告皖西情况。11月下旬，红一军前委派萧方率黄麻补充营到商南地区，与军属独立旅、中央独立第一师大部合编，重建了红一军第三师（这是在金寨地区成立的第5支主力红军队伍）。

(五)鲜花岭大捷和第一次反“围剿”的胜利

鄂豫皖临时特委根据中共六届三中全会精神，撤销了原来成立的各级武装暴动行动委员会，恢复了党、团、群众团体组织，进行根据地的恢复和各项建设的准备。移驻商南的中共六安中心县委在舒传贤率领下，带领部分地方武装回皖西进行恢复根据地的斗争。正在这时，蒋介石和冯玉祥、阎锡山、李宗仁等军阀的中原大战以蒋介石得胜而告终，国民党内部出现了暂时稳定的局面，蒋介石便利用中原大战收罗的大量的冯玉祥、阎锡山、李宗仁等军阀部队充当“围剿”主力，对各苏区红军进行了第一次大规模“围剿”。当时在敌“鄂豫皖三省边区绥靖督办公署”督办李鸣钟指挥下向鄂豫皖苏区“围剿”的敌人有8个师近10万人。“围剿”的计划是，第一步对根据地进行“圆箍式”包围；第二步以主力突入根据地并占领集镇，控制交通要道，寻找红军主力作战；第三步分区“清剿”。12月初，敌军部署完毕后，开始向苏区“围剿”。敌情虽然严重，但由于鄂豫皖临时特委正确贯彻执行了中共六届三中全会精神，反“围剿”和恢复根据地斗争都得以胜利进行。

鄂豫皖临时特委和红一军面对敌人进攻的严峻形势，决定一方面以地方武装和广大人民群众相结合，开展广泛的游击战争，迫使敌人不敢冒进和分散敌人“围剿”兵力；另一方面集中红军主力，突破敌弱点，歼灭敌人有生力量，以扭转整个局面，恢复和发展根据地。当时，活动在鄂东的红一军采取主力出击、突然袭击的战术，歼灭了很多敌人。新洲一战，歼敌第二混成旅的2个团，缴获了大量军需物资，红军士气大振。

12月中旬，红一军得悉皖西失陷、损失惨重的报告，决定远程奔袭，首先歼灭金家寨之敌，收复皖西根据地中心金家寨。当时金家寨驻有敌第四十六师的1个营和朱孟功、杨松山、王大花鞋

(霍邱一枪会女头目)、罗子成等 8 个民团,共 1600 多人,天天四处"清乡",奸掠焚杀,仅柳林湾一处,就被他们杀害了 150 多人。

为了打好收复皖西根据地的第一仗,歼灭驻金家寨之敌,红一军先派部分武装进行侦察,在当地党组织的帮助下,很快摸准了敌人的火力配备和活动规律。军部决定远程奔袭,打敌人一个措手不及。12 月 12 日晚,红一军第三师在周维炯的率领下由新洲经滕家堡向金家寨疾进,13 日晚,红军将金家寨包围,14 日凌晨,向敌人猛攻。驻敌除第四十六师的 1 个营是正规部队外,其余都是乌合之众的土匪武装,只知烧杀抢掠,战斗力很弱,而且他们根本没想到红军犹如神兵天降,会突然出现,虽然拼力抵抗,但只 1 个多小时,红军"攻克金家寨,全歼守敌第四十六师 1 个营和反动民团共千余人,缴获步枪千余支、短枪 300 余支和迫击炮 2 门"[①]。红军收复金家寨,基层干部、红军家属和四乡群众欢天喜地,前来帮助红军打扫战场,送来烧好的猪肉和大米饭、糍粑等,慰劳红军。

皖西重镇金家寨之敌被红军歼灭,国民党六安、霍山县政府一日数惊,接连向安徽省政府主席陈调元告急。陈调元得悉,大为震惊,急令第四十六师、警备第二旅向皖西金家寨进攻红军,敌"鄂豫皖三省边区绥靖督办公署"督办李鸣钟亦令第三十一师的 1 个旅由商城向金家寨进发,令新编第二十五师的 1 个旅由潢川

---

① 中国工农红军第四方面军战史编辑委员会:《中国工农红军第四方面军战史》,北京:解放军出版社,1989 年,第 113 页。

向叶集方向进攻,企图合围红军。

红一军鉴于上述敌之“围剿”态势,遂将主力集中于麻埠地区,准备见机歼灭敌人一部,粉碎敌人的合围战术。12 月 29 日,敌第四十六师分左、中、右 3 路向麻埠进犯:中路第一三八旅由苏家埠经独山前进;右路第一三六旅第二七一团,由六安韩摆渡经石婆店前进;左路第一三七旅及警备第二旅 1 个团,由霍山经诸佛庵前进。红一军探悉敌之行动后,决定先打中路之敌,挫敌锐气。30 日,以红一军第一师第一、三 2 个团与第二师第四团迎击中路之敌于东香火岭(今金寨县麻埠镇鲜花岭),部队午夜开进,埋伏于两侧山林。中午,敌先头 1 个团小心翼翼地向东香火岭开来,全部进入红军埋伏圈后,遭红军两面夹击,敌顿时混乱不堪,稍作整顿后,向红军反扑。由于敌人数量少,又处于不利地形,经 4 个小时激战,大部被歼灭。其后卫 1 个团一听先头团被歼,便向东溃退,红一师第一、三 2 个团奋起猛追,敌被包围于东香火岭以东的同兴寺,激战 1 个多小时,亦被全歼。与此同时,敌右路之第二七一团进至西香火岭,被红二师第四团迎头痛击,溃不成军,团长柏心山被活捉, 溃逃之敌被追击 20 余里,大部被歼。

就在红一军主力与敌中、右路军作战时,敌左路军第一三七旅及警备第二旅 1 个团乘隙向红一军军部麻埠进攻,麻埠外围据点几乎全部被敌占领,敌一部已冲入镇内。红一军军长许继慎率军部直属队和机关人员英勇抵抗,并急调红一师回援。正当双方战斗激烈时,红一师赶到,地方游击队、赤卫军近千人也赶来参战。敌人腹背受敌，惧被红军歼灭，便溃败而逃。东、西香火岭战斗胜利结束，共歼敌3个团，击溃3个团，毙俘敌团长等官兵3000多人，缴获长短枪1700多支，迫击炮10多门和电台1部。

红一军在香火岭战斗后，留1个团以麻埠为中心恢复皖西根据地，主力继续向豫南进击，沿途歼敌第三十师的1个团后，移驻商南，又截击了拟进攻金家寨未果而向商城回窜的敌彭国桢旅1个团。鄂东地方赤卫军和在鄂豫边区活动的红十五军协同作战，也歼灭了大量的敌人。

由于红一军广泛出击，各地方游击队、赤卫军英勇参战，进犯之敌又都非蒋介石之嫡系，他们惧怕被歼，一部分退出根据地，一部分只待在边区少数县城里，不敢出头。到1931年1月，受李立三“左”倾盲动错误危害而遭失陷的鄂豫皖边区根据地全部恢复，国民党所谓的第一次“围剿”宣告破产。

1931年1月中旬，红一军与蔡申熙率领的红十五军在商城长竹园会师。随后，两支红军队伍开往麻城福田河，遵照中央的指示，合编为中国工农红军第四军。军长旷继勋，政治委员余笃山，参谋长徐向前，政治部主任曹大骏。原红一军第一师与红十五军第一团合编为第十师，师长蔡申熙，政治委员陈奇，副师长刘英；原红一军第二师与红十五军第三团合编为第十一师，师长许继慎，政治委员庞永俊，副师长周维炯。红四军全军共约1.25万人，游击队、赤卫军等地方武装发展到6万人。

为了加强皖西工作，肃清皖西地方反动武装，红四军派独立团到皖西活动，在中共六安中心县委领导的革命武装的密切配合下，在土地岭、闻家店、长山冲、燕子河、流波一带消灭了陈调元预备军的1个营和潘善斋新编第五旅的2个团。独立团由开始的500多人发展到1500多人，2月初，奉党中央指示，独立团在麻埠扩编为中国工农红军中央教导第二师（这是在金寨地区成立的第6支主力红军队伍），萧方任师长，王效亭任政委，下辖2个团，并建立了随营学校和医院。

鉴于国民党在第一次反"围剿"中惨遭失败，红四军采取进攻策略，主动出击，寻机歼敌。3月初，红四军连续在李集车站、柳林车站和双桥镇，歼敌第十二师、第八十二师和第三十四师共7000多人。特别是双桥镇战斗，俘敌师长岳维峻等官兵5000多人，缴获各种枪支2000多支、迫击炮10门、山炮4门。

双桥镇战斗是第一次反"围剿"后又一次大胜利，苏区军民欢欣鼓舞，掀起了建军、建政和打土豪、分田地的高潮。

（六）中共皖西分特临委、军委等领导机构在金家寨成立

第一次反"围剿"胜利后，中共鄂豫皖临时特委为了统一皖西党组织的领导，1931年1月20日，在金家寨召开了由中共六安中心县委成员、皖西各县委及商城县委负责人、红四军前委负责人参加的联席会议，会议决定，撤销中共六安中心县委，成立中共皖西分特临时委员会和鄂豫皖特区临时苏维埃东方办事处。

中共皖西分特临委指导六安、霍山、英山、霍邱、寿县、合肥、

舒城、桐城、潜山9县工作。为便于指挥，又鉴于商城和皖西接壤，与豫南分特委“因交通阻隔，不能与它发生关系，同时六霍商苏区在客观上需要有统一的政权与军事指挥机关”①，将商城县也暂划归皖西分特临委指导。皖西分特临委由姜镜堂、余道江、杨晴轩、薛英、曾泽明5人组成常委会，姜镜堂任书记。

东方办事处由余道江、曾泽民、杜旭凯、张德山、薛英组成执行委员会，行使苏维埃政权职能。

皖西分特临委军委也同时成立，姜镜堂任主席，曾泽民任副主席，吴荆赤、胡植民、毛正初任委员，负责军事指挥。

皖西分特临委、军委和苏维埃东方办事处，均设立于金家寨，指挥皖西各项工作的开展。皖西地区党、政、军领导机构的建立，对皖西地区土地革命斗争的发展，具有极其重要的意义。会议对政治、组织、军事都提出了具体任务。政治方面，纠正了李立三“左”倾盲动错误，加强党的领导，建立、完善和巩固各级苏维埃政权，进行土地分配；组织方面，纠正过“左”的党、团、群众团体合一的错误，在加强党的建设的同时，加强共青团等各种群团组织建设；军事方面，在巩固根据地的同时，积极进行反对敌人再次“围剿”的准备。此次会议使皖西党组织明确了前进的方向。

2月初，中共鄂豫皖临委又召开了扩大会议，正式成立了中共

① 《皖西分特委关于分特成立经过及红军在皖西活动情况的报告》(1931年1月23日)，见中央档案馆、湖北省档案馆、河南省档案馆、安徽省档案馆:《鄂豫皖苏区革命历史文件汇集》甲4,1985年，第260页。

鄂豫皖特委和军委，曾中生任特委书记兼军委主席。会议对巩固和建设根据地、进行反“围剿”斗争的准备等各项工作，做了详细研究，提出“巩固阵地与加强红军为党的第一任务”。并总结了第一次反“围剿”的经验，分析了形势，认为“敌人的包剿是革命力量的发展所必然的事……如果党的策略正确而且能坚决执行的话，就能冲破敌人的包剿”。必须“充分发动群众战争，并集中精锐来突击敌人”。[①] 这些决定，对皖西，对整个鄂豫皖苏区建设都具有重要意义。2月中旬，驻六安之国民党第四十六师，在共产党员魏孟贤、柴洪儒等策动下，有2个营起义。他们毙敌警备第二旅旅长陈奇思，伤第一三八旅旅长陈中孚，部队冲出六安县城，进入麻埠苏区，后被编入中央教导第二师，魏孟贤任参谋长，柴洪儒任第一团第三营营长。2月底和3月上旬，教导第二师多次痛击前来窜犯苏区之敌。据当时的战绩报告记载：3月11日，教导第二师在英山金家铺将潘善斋旅一营兵力整个缴械。3月12日，攻占英山县城，得步枪800余支，驳壳枪60余架，手提10余架，击毙敌团长潘友三并团副、营长10余人，俘虏士兵800余人。3月24日，教导第二师于麻埠歼灭了六安民团第一、二、三、四团队及其游击大队，敌岳盛暄部某团被击溃，缴得步枪1000余支，驳壳枪50余架，手提8架，马克沁机关枪2挺，子弹等军用品无数，并获匪首数十名及俘士兵百余名。4月，教导第二师和鄂东警卫第二团奉

① 中国工农红军第四方面军战史编辑委员会：《中国工农红军第四方面军战史》，北京：解放军出版社，1989年，第119页。

命合编为红四军第十二师，师长许继慎，政治委员庞永俊，周维炯升任第十一师师长。

为了加强鄂豫皖边区工作，1931 年 3 月，在今金寨县后畈村的黄氏河建立了六（安）英（山）霍（山）罗（田）商（城）五县边区苏维埃政府，主席廖炳国，领导五县边区根据地建设，负责五县之间的联络。

（七）第二次反“围剿”的胜利

正当鄂豫皖苏区恢复和发展之际，3 月中旬，蒋介石又开始了对鄂豫皖苏区第二次“围剿”的部署，限令 5 月底完全肃清鄂豫皖苏区的红军。敌人鉴于上次“圆箍式”的“进剿”“清剿”失败的教训，这次采取“追堵兼施”的战术，向红军进攻。追、堵、围部队合计 12 个师，约 13 万人。其计划是，第一步合击新集、七里坪，“肃清”鄂豫边区的红军；第二步转向皖西，追、堵并进，“围剿”红军主力。

4 月上旬，敌各追、堵、围部队开始向根据地进犯。由于当时红军主力在豫南作战，敌军便以 7 个团的兵力向皖西根据地猛攻，13 日侵占独山，14 日侵占诸佛庵，15 日侵占麻埠，伺机进攻皖西根据地党、政、军首脑机关所在地金家寨。

面对皖西根据地的紧急形势，皖西分特临委一面组织地方革命武装，开展游击战，打击入侵之敌；一面急报鄂豫皖特委，请求派红军主力回援。鄂豫皖特委命令在霍邱的红十二师和在商南的红十师、红十一师一部急往麻埠、金家寨，开展反“围剿”斗争。4月25日，红十师加上红十一师的2个团猛攻独山之敌，红十二师进占东、西香火岭，于麻埠外围阻敌援兵。地方游击队、赤卫军3000多人也奋起参战，经过半日激战，歼独山敌2个团，毙俘2000多人，缴枪2000多支。麻埠、诸佛庵之敌惧怕被歼，于当日下午逃往霍山县城。敌重点“围剿”皖西红军的计划随之破产。

主力红军在皖西反“围剿”取得胜利后，留红十二师在皖西活动，其余由军部率领西进，在新集以北的浒湾以及黄安的桃花镇、十里铺一带歼灭了大量敌军。其他敌军惧怕被红军歼灭，到5月下旬陆续撤回原防地。蒋介石限令5月底“完全肃清红军”的第二次“围剿”又告失败。

(八)中共皖西北特委和军、政、群团机关在金家寨建立

为了进一步建立健全皖西党、政、军指挥机关和革命群众团体等领导机构，4月18日，皖西分特临委在金家寨召开扩大会议，参加会议的有分特临委委员和皖西各县党组织负责人。中央派来担任鄂豫皖苏区领导工作的沈泽民(后为鄂豫皖省委书记)出席了会议。会议传达了中共中央六届四中全会精神，改原来的皖西分特临委为皖西北特委，除直接指导六安、霍山、霍邱、潜山、商城县外，还领导皖北(寿县)中心县委和皖西(合肥)中心县委所辖的15个县，以及河南的息县、固始、新蔡3个县。特委共22人组成，其中常委5人：方英(书记)、杨晴轩(组织部部长)、薛英(宣传

部部长)、吴保才和姜镜堂。并决定创刊《红旗》《火花报》,作为皖西北特委机关刊物。4月下旬,皖西北特委在金家寨召开第一次扩大会议,这次会议是全面分析研究皖西北工作的重要会议,通过了会议决议案,决议案绝大部分是正确的,对皖西北苏区的巩固和发展具有重大意义。

5月2日,皖西北特委妇女委员会在金家寨成立,岳凌云任书记,委员有袁信一、罗惠兰、陆秀文。接着,皖西北各县妇女会相继成立。

5月5日,皖西北革命军事委员会在金家寨成立,主席王平章。

5月初,皖西北特区工农兵代表大会在金家寨召开,9日,选举成立了皖西北特区苏维埃政府,吴保才任主席。同时成立了特区苏维埃所属机关,并成立了特区苏维埃银行和造币厂,铸造银币、铜币,印刷布币、纸币。

5月30日,皖西北特区总工会代表大会在金家寨召开,成立了皖西北总工会。下设宣传部、组织部、青工部、工纠部(领导工人纠查队),负责日常工作。

上述组织,在金家寨成立不久,即迁往麻埠。当时,驻麻埠的特区机关有皖西北军区指挥部、政治保卫局、财政委员会、粮食委员会、皖西北苏维埃银行、供销合作社、经理处、没收委员会、接济委员会、邮电局、彭杨学校、军区干部学校、干部文化学校、俱乐部、第三医院等。麻埠成了当时皖西北政治、军事、经济、文化的中心。

二、金寨苏区的政权、群团机关和武装的建设

由于当前革命斗争的基本任务是反“围剿”，因而整个苏区的政权建设出现建立、发展、停止、被破坏和再建立、再发展的情况。

（一）政权建设

金寨苏区是皖西苏区的中心区域。1931 年 1 月，皖西苏区的党、政、军、群领导机关在金家寨、麻埠办公。各级党组织对人民政权建设十分重视。但由于敌人不断地对苏区进行“围剿”，苏区政权出现了建立、转移、被破坏和再建立、再发展的反复过程。特别是金寨地区，属于豫皖边区 5 县分治，上述过程尤为明显。同时，在各个历史阶段，政权形式也有所不同：大革命时期，人民政权形式是农民协会，在农村实行“一切权力归农会”。武装起义胜利后，初期是农民委员会、工农革命委员会，然后才是苏维埃政权。“苏维埃一经成立，所有农民协会、革命委员会一概取消，一切权力归于苏维埃。”“苏维埃是民众的政权，苏维埃的组织必须

经过代表大会或群众大会选举，绝对禁止由党部指派。”①

金寨地区的党组织，从领导人民群众向国民党反动统治阶级进行武装斗争开始，就重视人民政权的建设。六安六区（金家寨）建立苏维埃政府筹备处时，印发的《建设苏维埃政府宣传大纲》即明确而又形象地指出：“现在我们暴动，打土豪，杀劣绅，不仅是把富人打倒就算事，我们还要把富人用来杀穷人的一把刀夺过来，拿在穷人手里，这样才能永远不受富人欺，苏维埃政权也就是从富人手中夺过来的一把刀。”

大革命时期，金寨境内党领导的农民协会，就具有人民政权的性质。当时的农民协会号召力非常强，从减租减息到抗租抗税，惩治不法劣绅，一切都是农民协会说了算。广大农村出现了“一切权力归农会”的局面。

1929年5月6日，商南地区立夏节武装暴动胜利后，5月10日，在南溪黄鹤湾成立了商城县工农革命委员会办事处，行使临时革命政府权力。6月上旬，在斑竹园建立了商城农民委员会，农民委员会除了行使大革命时期农民协会权力外，还要管理地方治安、筹措红军给养和扩军等，形同地方政府。

从1929年9月反“鄂豫会剿”胜利到1930年8月，这是金寨境内第一次苏维埃建设时期。在史河以西的商（城）固（始）地区，

① 《鄂豫边第一次全区代表大会苏维埃问题决议案》（1929年12月2日），见中央档案馆、湖北省档案馆、河南省档案馆、安徽省档案馆：《鄂豫皖苏区革命历史文件汇集》甲2，1985年，第25页。

1929年9月，在南溪成立了商城县工农革命委员会，县以下7个区、64个乡都建立了苏维埃政府。在史河以东的六霍地区，从1929年5月到1929年年底，在取得六霍起义胜利后，在金家寨一带建立了六安六区革命委员会，下辖七邻湾、古碑冲、南庄畈等13个乡苏维埃政府；在燕子河成立了西镇革命委员会（1930年2月成立了霍山六区苏维埃政府），下辖闻家店、方家坪等8个乡苏维埃政府；1930年6月中旬，六安七区（麻埠）工农兵代表大会召开，成立了杨店、庆桥等6个乡苏维埃政府，紧接着成立了中共六安七区委员会；流波苏维埃政府下辖苏口、黄畈、青山、汤店、奶奶庙、水磨滩6个乡苏维埃。

1930年秋，李立三"左"倾盲动错误影响到鄂豫皖苏区，红军主力离开根据地，向平汉线出击，配合以武汉为中心的全国总暴动。敌人趁根据地空虚，疯狂进攻，各级苏维埃政府遭到了破坏。1931年初，随着第一次反"围剿"的胜利，原有的苏维埃政权又恢复和发展起来。如在白塔畈（霍邱一区）建立了霍邱县革命委员会，重建了霍邱一区苏维埃政府，下辖船板冲、龚店、仙花、芮大圩、灌集、大岗、乳香台、简家冲等乡苏维埃。霍邱二区的小南京、开顺街一带也建立了苏维埃政府。从此，金寨地区苏维埃政权建设日臻完善。鄂豫皖省委向中央报告商城苏区"几占商城农村全部"，"六安六区金家寨、七区麻埠……皆为苏区"，"霍山六区闻家店、四区流波……皆为苏区"，"霍邱一区白塔畈、二区上磊子……

皆为苏区”①。

中共各级党委对苏维埃建立的要求极为严格，从代表数额分配、代表成分、选举办法、苏维埃政府的职权等，都规定得十分具体。县苏维埃设主席、执行委员会，下属机构有秘书处、土地委员会、经济委员会、粮食委员会、交通委员会、政治保卫局、军事指挥部。区、乡苏维埃也设有相应专职委员。村设主席和 3 至 5 人组成的委员会，办理日常工作。

(二)群团建设

在苏维埃政权建立的同时，各级群众团体组织也随之建立起来。

1. 工会

1930 年前，由于革命斗争主要是在农村，仅有些分散的手工业工人参加农会活动，因而工会组织建设没有普遍开展。1930 年春，随着各级苏维埃政权的建立，金家寨、麻埠、燕子河、汤家汇、白沙河、吴家店一带建立了区级赤色工会，组织领导集镇和农村手工业工人开展革命活动。第一次反“围剿”胜利后，1931 年 5 月，皖西北特区总工会成立大会在金家寨召开，出席会议代表有 52 人，代表六安、霍邱、霍山、商城 4 县 12570 名工人。商城县总

① 《沈泽民关于皖西北情况给中央政治局的综合报告》(1931 年 5 月 23 日)，见中央档案馆、湖北省档案馆、河南省档案馆、安徽省档案馆：《鄂豫皖苏区革命历史文件汇集》甲 1，1985 年，第 21 页。

工会设在汤家汇，下设 8 个区工会，区以下设有 15 个支分会。县、区工会设有“工会纠察队”。

2. 农民协会

各级苏维埃政权建立前，各级农民协会实际上起了各级政权职能作用。各级苏维埃政权建立后，又建立了各级贫农团(村为贫农小组)。农民协会虽然存在，但主要任务由贫农团执行，成为贫农团成员的条件很严格，多是由工作积极，政治历史清白，作风正派的雇农、贫农组成的。贫农团的任务是在同级苏维埃政府领导之下，贯彻和监督党和苏维埃政策、法令的执行，保护贫、雇农合法权益。贫农团配合各级土地委员会审定阶级成分，没收地主土地、财产，征收富农多余土地、农具，进行土地分配。

3. 共产主义青年团

金寨地区共青团组织是随着党组织发展而发展的，始终起着党组织有力助手的作用。1929 年立夏节起义和六霍暴动后，随着各级党组织系统的完善、各级苏维埃机关的建立与健全，共青团组织也随之有系统地建立起来。1929 年 7 月，在南溪林家下湾成立了共青团商城县委员会，书记徐乾。少共皖西北特委还在麻埠办了《团的建设 ABC》，指导共青团建设，各级共青团工作都非常出色。“无论在参加红军与地方武装作战方面，无论在后方捍卫及参加苏维埃政权各种建设方面，青年起着很大作用，而且表现得非常积极。”①

共青团十分重视少年先锋队工作。少年先锋队和儿童团(又称劳动童子团)已成为广大苏区站岗放哨、文艺宣传的一支重要力量。当时的金家寨成立了童子团团部,各乡设立中队部,村设小队部。“少先队员有 1700 人之多,劳动童子团有 6000 多人……少先队、劳动童子团均有相当的训练,他们对于革命也有相当的认识和信仰,并且能热烈地拥护苏维埃和红军。在戒严时期,他们对于苏维埃的帮助更大,如检查人口等。尤其少先队都热烈地要参加红军,喜欢用钢枪。”“一师编制委员会接收补充一师的新兵 200 人,令少先队选送……一批运来 500 人,而一师不能容纳,故令彼 300 人仍回少先队……有的急得流泪……”②可见少先队成了名副其实的红军后备军。

4. 妇女会

妇女会是广大苏区劳动妇女自己的组织。广大妇女在苏维埃各项工作中,起着非常重要的作用。商城县妇女委员会始建于南溪,后迁至汤家汇,有 9 人组成。她们经常为苏维埃政府扩军做宣传,送子、送郎参加红军,宣传婚姻自由和男女平等,反对包

① 《鄂豫皖苏区第二次代表大会关于劳动青年决议案》(1931 年 7 月),见中央档案馆、湖北省档案馆、河南省档案馆、安徽省档案馆:《鄂豫皖苏区革命历史文件汇集》甲 3,1985 年,第 25 页。

② 《舒传贤关于六安中心县委工作情况给中央的报告》(1930 年 12 月 10 日),见中央档案馆、湖北省档案馆、河南省档案馆、安徽省档案馆:《鄂豫皖苏区革命历史文件汇集》甲 4,1985 年,第 233 页。

办、买卖婚姻和收童养媳，帮助烈、军属代耕、代种等。她们是苏区一支强有力的骨干队伍。

5. 革命互济会（亦称赤色互济会）

革命互济会是苏维埃政府领导下的一种互助性的群众组织，主席一般由苏维埃政府主席兼任。“凡是同情革命的而愿加入者，都是会员”[①]。六安六区金家寨、七区麻埠的赤色互济会，共有会员 2.5 万多人。每个会员每月交 1 角钱互济金，区、乡苏维埃辅以少量拨款，解决贫困户和烈、军属的困难。互济会深受广大人民群众的拥护。

（三）地方武装建设

随着正规红军建设和根据地的开辟，地方革命武装也得到了迅速发展。

地方革命武装，主要是属于县、区、乡各级苏维埃领导下的武装团体。苏维埃政权建立以前，地方武装多称农民自卫军、赤卫队，政权建立后，初期称赤卫队，后称游击队、独立团等。“赤卫队分常备队（脱离生产）、预备队（不脱离生产）两种，组织系统为总队、大队、中队、分队”，“由县苏维埃或农民委员会内赤卫委员会

① 《舒传贤关于六安中心县委工作情况给中央的报告》（1930 年 12 月 10 日），见中央档案馆、湖北省档案馆、河南省档案馆、安徽省档案馆：《鄂豫皖苏区革命历史文件汇集》甲 4，1985 年，第 229 页。

指挥之”。①1931年5月，皖西北特委军委会成立后，决定赤卫队、游击队统按三三编制为赤卫军。凡年满18岁到35岁的男子，除地主、富农及有反动嫌疑分子和残疾者，均动员参加，后又扩充一部分女赤卫队员。

赤卫军是保卫根据地、进行反“围剿”斗争的一支重要武装力量，很多重大战斗，都是由于赤卫军积极参加而取得胜利的。有时主力红军转移，赤卫军便担当起根据地的全部保卫和作战任务。金寨境内各区均编有独立团、独立营，建制非常完备。

各地方武装也是扩大红军的主要来源。红三十二、三十三师的不断壮大，都是由地方武装提供兵源的。中央独立第一师、独立第二师和1931年在麻埠成立的红二十五军，绝大多数是由地方独立团、游击队改编的。

为了给迅速扩大的红军和地方武装不断补充武器弹药，红军在初创时期就成立了造枪局，修理、制造枪支弹药。1929年5月中旬，红军在佛堂坳成立了兵工厂。1930年2月，在汤家汇高家山设立了造枪局，工人都是出身贫苦、手艺精巧的铁匠、木工，后来在汉口、潢川、信阳等地又请了一部分技术工人。到年底，造枪局发展到300多人，内分修配组、兵工组、弹药组，除了修理枪械外，能造长、短枪和手榴弹、子弹。由于革命武装的发展，红军在

① 《鄂豫边第一次全区代表大会军事问题决议案》(1929年12月2日)，见中央档案馆、湖北省档案馆、河南省档案馆、安徽省档案馆：《鄂豫皖苏区革命历史文件汇集》甲2，1985年，第33页。

麻埠、江家山、瓦屋基等地也设立过兵工厂，修造枪械、子弹。

三、金寨苏区的土地分配和经济、文化、卫生事业建设

（一）土地分配

土地分配是土地革命乃至整个新民主主义革命时期的主要内容，也是几千年来人民群众最关心、最盼望改善的切身利益。只有进行土地改革，才能从根本上摧毁封建统治阶级赖以剥削人民群众的基础，人民群众才能摆脱经济剥削和政治压迫，生产力才能从根本上得到解放，革命斗争才能得到人民群众的拥护与支持。

金寨地区土地分配自立夏节起义后，就在吴家店一带小范围内进行，当时主要分配了一些较大地主的土地和祠、庙等公有土地。六霍起义胜利后，斑竹园、汤家汇、闻家店、燕子河、南溪一带，在当年庄稼谁种谁收的基础上，进行了土地分配。有的来不及分配土地，就采取大减租的办法，让农民先解除一部分租课负担。

1930 年年初，鄂豫边革命委员会制定的《土地政纲实施细则》传达到商南地区，随后，在南溪、斑竹园、双河一带开展了轰轰烈烈的土地分配运动。但这个《细则》对富农多余土地分配只在附

则中提出“愿将土地拨出归公者，当地乡农会得接受分配之”，在一定程度上保护了富农利益。

1930年4月13日，在中共六安中心县委指导下，六安六区在金家寨召开了工农兵代表大会，根据当时七邻湾乡80%的土地被只占总人口4.2%的地主、富农占有的情况，参照中共六大通过的《土地问题决议案》精神，制定并通过了《土地政纲实施细则》，共20条，其中的“没收细则”和“分配细则”更为具体，对富农“剩余之土地一律没收之”，比较客观地反映了人民群众的要求。

六安六区苏维埃政府考虑到金家寨一带山多田少，森林所有权和管理的重要性，除《土地政纲实施细则》规定“凡没收之柴山、竹园”，“得照田分配”外，还制定了《森林办法》。对森林、山场的分配、管理、使用等政策也做了科学和具体的规定。

《森林办法》不仅废除了封建森林、山场的所有权，而且规定了管理、使用、发展森林的原则，对促进森林的发展有着极其重要的意义。

六安六区的《土地政纲实施细则》和《森林办法》，不但适合六安六区金家寨一带的实际情况，也基本适合整个皖西的情况。因而中共六安中心县委立即在整个皖西地区推广实行。为了解决各地在实际执行中的问题，中心县委还编了《土地问答》发往各地，推动土地分配的健康发展。

各级党委为了切实做好土地分配工作，各级苏维埃都成立了土地委员会，由党委和苏维埃负责同志亲自领导，吸收贫农团参加来开展工作。

由于各级党委的正确领导和广大干部、群众的积极努力，金寨地区土地分配从1930年4月开始，仅1个多月时间，即全面完成了土地分配任务。当时，史河以西的斑竹园、南溪、双河、银山畈一带共11万多人分得了土地；金家寨、燕子河、麻埠、流波、白塔畈等地共13万多人分得了土地。土地宽裕的区、乡每人分得2至3亩，地少则分得1至2亩不等。当年秋季，“因分了田，群众努力生产，获得了大丰收”①，广大人民群众对党和苏维埃政府无限感激，支前、参军、参战的先进事迹不断涌现。六安七邻湾乡一次扩大红军56人，商城汤家汇乡一次扩大红军39人，泗道河乡一次扩大红军28人。吴家店太平山村漆成水一家6口人，土改前种地主7斗田（约合5亩），年收稻谷11石，交租7石，根本无法维持生活。土改后，他家分田1石5斗（约合11亩），当年收稻25石，交农业税1石，粮食吃不完，拿4石稻交合作社入股，弟兄两人参加红军，被评为“红军家庭”。

（二）经济建设

金寨地区是一个封建落后，交通闭塞，生产力水平低下，商品经济微弱，人民生活极端贫困的农业区。立夏节起义和六霍起义以后，又是国民党重点“围剿”的地区，敌人不但烧杀抢掠，而且还

① 《鄂豫皖中央分局关于鄂豫皖区情况给党中央的综合报告》（1931年10月9日），见中央档案馆、湖北省档案馆、河南省档案馆、安徽省档案馆：《鄂豫皖苏区革命历史文件汇集》甲1，1985年，第329页。

对根据地实行封锁禁运，山区土特产品不能外销，日用工业品运不进来。各级苏维埃政府建立后，为了提高生产力水平，改善劳动人民生活，除了进行土地革命，废除一切苛捐杂税和租课、利贷外，还领导人民群众积极进行经济建设。

1. 农业

各级党委和苏维埃政府对农业生产尤为重视，充分调动广大农民土地分配后的积极性，大力发展农业生产，“使苏区粮食能自己求其解决，才是巩固苏区最好的办法”。普遍制定了《生产奖励条例》，开展生产竞赛。对生产模范实行奖励，并鼓励开垦荒地，扩大粮食、瓜菜种植，对照《土地政纲实施细则》中规定，对土地耕作不力、保护不良者，进行批评，严重的收回土地。县、区、乡党委和苏维埃干部，都订有劳动制度，经常深入群众，“在共产党礼拜六这天必须号召全体委员亲自到田里去实行帮助红军公田的耕种”，领导干部一边参加耕种，一边了解生产情况。为了解决困难户种子、农具、畜力等问题，各区、乡还成立了畜力、农具、种子合作社，进行余缺调剂，帮助困难户发展生产，有力地推动了苏区农业生产的发展。

为了加强粮食储备，保证战争时期的军需民食，各级苏维埃粮食委员会都积极征收储备粮。皖西北特委为了储备粮食，专门制定了《储存粮食的决议》和《粮食收集储藏条例》。1930 年 12 月，六安六区金家寨一带区、乡苏维埃规定：一般农民每石田（相当 7 至 8 亩）征收稻谷一石（约 70 公斤）。对富农所有的稻谷，每人210公斤以内不征收，超过部分征收5%～8%。并向广大群众开展“加紧粮食储藏的宣传，使群众了解粮食储藏的作用和意义，才是冲破敌人‘围剿’破坏苏区生产有力的战略”[①]。仅六安六区1930年年底即收藏粮食6300多石，有力地支援了反“围剿”斗争。

2. 手工业

金寨境内没有现代化工业，整个加工、制作都是手工生产。为了调动工人生产积极性，各级苏维埃政府根据《劳工条例》对工人工资、福利都做了适当提高，成年工人工资“比过去增加一倍以上，唯青年工人的工资增加有两倍以上到三倍不等”。并规定“实行八小时工作制”，“每月休息三日，若有疾病，工资照发，并由雇主发给医药费”。[②] 因而传统的炼铁、制锅、缫丝、造纸、榨油、木业、篾业、刨烟、铁木农具等手工业生产有了很大发展。金家寨、麻埠、七邻湾、流波、南溪、吴家店等地手工业生产尤为活跃。三区丁家埠、五区银山畈新建了7个炼铁厂，工人180多人，日产生铁50多担，产品由经济公社和合作社代销，除供应苏区外，白区商人经常前来贩运，十分畅销。此外，一些兵工、被服、修械等军工生产项目也建立起来，直接为战争服务。

① 《皖西特委通告(第四号)——关于反对敌人第三次包围“会剿”的方针》(1931年10月5日)，见中央档案馆、湖北省档案馆、河南省档案馆、安徽省档案馆:《鄂豫皖苏区革命历史文件汇集》甲4，1985年，第471页。

② 《舒传贤关于六安中心县委工作情况给中央的报告》(1930年12月10日)，见中央档案馆、湖北省档案馆、河南省档案馆、安徽省档案馆:《鄂豫皖苏区革命历史文件汇集》甲4，1985年，第227页。

3. 商业贸易

为了搞活苏区经济，各级党组织和苏维埃政府对商业贸易都很重视。各较大集镇均办有全民所有制的经济公社，资金由政府拨给。当时皖西北特区苏维埃所在地麻埠办的经济公社规模最大，经营范围也很广，盈余都作为政府财政收入。其他较大集镇如金家寨、流波、燕子河、闻家店、南溪、双河等地都设有专营的经济公社或合作社，经营药材、茶叶、麻类等产品。金家寨的古碑冲乡即办有“红日”“先锋”两个合作社，入股户数占全乡总户数的80％，有流动资金1万多元，每月能周转2至3次，生意非常兴旺。

为鼓励私人经营，1930年3月，六安中心县委即提出“保护中小商人”“中小商人营业自由”的政策。除了对主要商品如大米、食盐定价外，一般不予干涉，税捐也只收累进税一种。“对茶商，苏维埃政府不抽捐税，好让他们到赤区来贩卖，以销售苏维埃区域的农产品，免受敌人经济封锁。”[①]由于政府鼓励私人经营，苏区经济日益活跃，“皖西北苏区的经济中心要算麻埠（六安七区）……”“外客大部分都集中在此地，小商甚发达。茶叶上市，街上挤满了四乡来往的行人”，“六区之金家寨均渐由萧条冷落而繁

① 《舒传贤关于六安中心县委工作情况给中央的报告》（1930年12月10日），见中央档案馆、湖北省档案馆、河南省档案馆、安徽省档案馆：《鄂豫皖苏区革命历史文件汇集》甲4，1985年，第228页。

盛起来了”。[1] 苏维埃政府对少数唯利是图、囤积居奇的投机奸商和捣乱、垄断市场、携资外逃的官商，进行坚决打击。1931 年春，在金家寨、麻埠、流波等较大集镇，没收了江元顺、江光茂、徐汇丰、汪德之等 40 多家不法奸商和官商的部分资产。

为了打开白区的商业流通渠道，在赤白交界处，设立“接头处”，开展赤白区贸易往来。方便白区商人向赤区运进食盐、布匹、西药、电池、煤油等商品，采购茶叶、生丝、桐油、药材、大麻、生漆、竹、木等产品。对赤白交界处运进运出的产品征收轻微的税收，有的不征税，让商人有利可得。当时苏区的食盐和部分军需物资，都是通过赤白交界的“接头处”输入的，这对打破敌人封锁起了重要作用。

4. 财政金融

根据地在废除旧的苛捐杂税后，财政收入主要是农业、工业、商业累进税。1930 年 9 月 17 日，鄂豫边特委即制定了《征收累进税问题》的通告。1931 年 10 月，鄂豫皖苏维埃政府又制订了《关于商业累进税之规定》。《征收累进税问题》通告中指出：“在推翻帝国主义、豪绅地主、资产阶级的斗争中，统治阶级除对革命在政治上与军事上的进攻外，还要用经济封锁手段企图消灭革命，使革命势力因经济困难而动摇。如断绝工农红军给养，使苏区广大

① 《皖西北特苏对鄂豫皖特区苏维埃政府的工作报告》(1931 年 6 月)，见中央档案馆、湖北省档案馆、河南省档案馆、安徽省档案馆：《鄂豫皖苏区革命历史文件汇集》甲 4，1985 年，第 419 页。

雇农、贫农等群众得不到生活上必需的便利供给……征收累进税……是帮助巩固革命势力，巩固苏维埃，扩大红军的方法。”①苏区税收政策具有鲜明的阶级性，“苏维埃政府取消国民党一切剥削劳苦贫民的苛捐杂税，实行统一的累进税”，“对工人、贫农和城市贫民不抽税”，“小康之农民、商贩所纳税者皆极轻之税（如农民，每人收获稻谷超过5石起征，每石只征5升）”，“资产愈富所抽的税愈重”。“属于禁止性质者如烟酒及各种麻醉药品，特抽重税以期减少其买卖”。② 县、区均成立有税务局，乡设税务特派员负责税收工作。“所征收的累进税，集中到县政府，以便统一支配”③。从而保证了苏维埃政府的财政收入，促进了苏区经济的发展，保障了政府和红军的供给。

为了统一币制，1930年春，苏维埃政府宣布禁止使用国民党政府中央银行的纸币，只使用铜币、银圆和中国银行、交通银行发行的纸币。1931年5月上旬，皖西北特区苏维埃银行在金家寨成立，后迁至麻埠，特区苏维埃主席吴保才兼主任。5月中旬，鄂豫皖苏维

① 《鄂豫边特委边区通告第十四号——征收累进税问题》（1930年9月17日），见中央档案馆、湖北省档案馆、河南省档案馆、安徽省档案馆：《鄂豫皖苏区革命历史文件汇集》甲2，1985年，第117页。

② 《鄂豫皖区苏维埃政府关于商业累进税之规定》（1931年10月），见中央档案馆、湖北省档案馆、河南省档案馆、安徽省档案馆：《鄂豫皖苏区革命历史文件汇集》甲3，1985年，第170页。

③ 《鄂豫边特委边区通告第十四号——征收累进税问题》（1930年9月17日），见中央档案馆、湖北省档案馆、河南省档案馆、安徽省档案馆：《鄂豫皖苏区革命历史文件汇集》甲2，1985年，第119页。

埃银行也建立于金家寨，后迁至新集。特区苏维埃银行设有造币厂，铸有铜币、银币，发行有布币、纸币。银、铜、纸、布币上都印有“苏维埃银行”“全世界无产者联合起来”的字样和地球、镰刀、斧头、五角星、谷穗等图案，设计得精美大方，在市场上流通，信誉很高。群众可用同等价值纸币、布币到苏区银行兑换铜币、银币，也可以用铜币、银币在银行兑换纸币、布币。为了和白区贸易，在赤白交界的“接头处”设立兑换点，白区货币可兑换苏区货币，便于白区商人到苏区采买，以及苏区到白区采买，发展赤白区之间的经济往来。

（三）文化宣传、教育、卫生事业的发展

1. 文化宣传

苏区各县委、区委均设有宣传部，支部中也有宣传干事，县、区、乡苏维埃设有文化教育委员会，组织领导文化宣传工作。

报刊是苏区重要的宣传工具。皖西北特委机关在麻埠办有《红旗》《火花》报，少共特委办有《青年先锋》《列宁儿童》，商城县委机关出《咆哮》旬刊。群众性的有《红日》半月刊、《红日》五日刊、《红日》画报3种。共青团商城县委和商城少共儿童局还办有《少年先锋》《共产儿童》。这些报刊内容丰富，有宣传党的方针政策和苏区党政建设、经济建设等文章，有红军英勇作战的通讯报道，有生产、支前消息，有诗歌、漫画等文艺作品等。为了方便报刊印刷，在金家寨建有文明印刷社，在麻埠建有皖西北印刷厂，在汤家汇建有红日印刷厂。开始为油印、石印，后来发展有部分木

刻活字印刷。除印报刊外,还印课本、演唱材料、布告、传单等。为了报刊发行和苏区通邮,县建立赤色邮政局,区设支局,因而特委的机关报《火花》《红旗》,商城的《红日》《咆哮》等刊物及红十二师师团的各种报纸,已经有了普及,销路逐渐增加,内容逐渐改善。

文化宣传也很活跃。1930年春,在六安六区金家寨成立了新剧团,开始30多人,年底发展到70多人;在汤家汇建有商城县红日剧团。这两个剧团都有大量自编自演的反映苏区军民斗争生活和控诉反动派罪行的戏剧、舞蹈、歌曲等节目,剧团经常深入到农村和前线演出,有很多革命歌曲一直流传到现在。当时的文艺宣传节目十分贴近群众,生活气息浓厚。每当苏区发生重大政治、军事活动时,文艺工作者、群众就会编出歌词,配上民间小调传唱、演出。

此外,各乡、村都建有宣传队和俱乐部(又称"列宁室")。宣传队是苏区文化宣传的一支重要队伍,开始只在重大节日、重要会议期间宣传演出,后来成为半脱产的宣传组织,以演讲、教唱革命歌曲,表演文艺节目为主要工作,深受群众欢迎。俱乐部备有图书、报刊、画册和锣鼓等,既是宣传阵地,也是群众娱乐场所。

2.教育

苏区教育发展也很快。从1929年秋到1931年夏,金寨境内除了建有相当于初、高级的中等学校外,大部分区、乡还建有列宁小学。中等学校包括:设在汤家汇的商城县师范学校,设在金家寨的文化模范学校,设在南溪的女子职业改进社,设在七邻湾的六安六区师资训练班、妇女速成识字所。另外还有两所军校，即由鄂豫皖特委直属的麻埠彭杨军校（为纪念革命先烈彭湃、杨殷而命名的学校）和燕子河红三十三师军事干校，在校学生近千人。区、乡列宁小学的在校学生更多，据1931年夏统计，仅六安六区金家寨就有列宁小学22所，在校学生1700多人。

苏区办学方针很明确，“苏维埃教育文化事业……必须建筑在广大工人群众身上，为培养革命的工人干部，尽量提高他们的文化知识，使他们的伟大创造能力和新的思想尽量发展，以完成整个革命任务。”“要一面学习，一面又参加生产”，“在学校所学的恰恰是工农阶级自己所要求的，真正能合实际的”。① 如汤家汇的列宁小学，很多学生后来都成为红军战士，新中国成立后授少将军衔的陈明义就是该校学生；还有廖赤见、吴尚惠、王明玉都是该校女生，后来在革命斗争中英勇牺牲，成为中国的红色英雄。

1932年1月，皖西北特委在麻埠召开赤色教师、学生第一次代表大会，进一步强调苏区的文化教育完全是为了广大工农群众的需要，反对资产阶级的专利教育。提倡每个工农群众都要读书识字。对学校教师配备和要求也很严格，要输送政治头脑清醒的干部到学校去充当教员。广泛吸收非苏区的革命的文化工作人

① 《鄂豫皖区赤色教师、学生代表大会决议案——关于教育文化事业及实现苏维埃文化教育政策》（1931年8月），见中央档案馆、湖北省档案馆、河南省档案馆、安徽省档案馆：《鄂豫皖苏区革命历史文件汇集》甲3，1985年，第125页。

才到苏区来创办学校，编制教材，吸收社会上原有的倾向革命的知识分子来校任教。为了不断提高教师水平，在金家寨、麻埠、七邻湾、汤家汇创办了师资训练班和模范学校，培养教师队伍。各级党委还根据鄂豫皖苏区文化教育委员会制定的《巡视纲要》，经常巡视、检查、指导文化教育工作。

为了使广大工农群众都能有识字机会，苏区开展了“厉行识字运动”，每个列宁小学“最低要附设工余学校一所”，吸收工农群众参加学习，“教师要明了教工农识字也是革命重要工作。除担负学校教育外，如读报班、识字班、演讲所……都要自动地热心教授”，“以提高一般工农群众的文化程度”。①

各级党委和苏维埃政府对办学经费、教师待遇和学生负担也很重视。除了“对于地主、商人及一切依靠剥削别人的分子，征收特定额的学费”外，工农分子免费教育，政府按预算拨款。教师待遇“各级苏维埃政府设法维持”，“如教师害病……苏维埃予以相当的医药费”。“教师家中的田地，地方政府要帮助代耕，或组织学生帮助耕种”。②

---

① 《鄂豫皖区赤色教师、学生代表大会决议案——关于教育文化事业及实现苏维埃文化教育政策》(1931 年 8 月)，见中央档案馆、湖北省档案馆、河南省档案馆、安徽省档案馆:《鄂豫皖苏区革命历史文件汇集》甲 3，1985 年，第 131 页。

② 《鄂豫皖区第二次苏维埃代表大会关于文化教育政策》(1931 年 7 月)，见中央档案馆、湖北省档案馆、河南省档案馆、安徽省档案馆:《鄂豫皖苏区革命历史文件汇集》甲 3，1985 年，第 20—21 页。

学校教材，大多是各级文化教育委员会和教师自编的，内容广泛而丰富，除数学、算术、自然常识外，特别强调政治和语文教育，其内容有政治理论、社会发展简史、工农联盟、武装斗争、拥军爱民、党的领导、方针政策等。由于苏区党和政府重视文化教育，各级学校为革命队伍培养了大批优秀干部，很多高级干部都是苏区学校培养出来的。老将军漆远渥、方子翼都曾在果子园乡佛堂坳列宁小学学习过，新中国成立后，他们对当年罗银青、陈觉民教唱《八月桂花遍地开花》等革命歌曲的情景，还记忆犹新。

苏区学校的师生们政治觉悟都很高，学生大部分是共青团员和少先队员。除了学习外，经常参加如站岗放哨，帮助红军家属耕种，随红军宣传等活动。在第三次反"围剿"的苏家埠战役中，六安六区就组织了300多名学生一边到前线慰问演出，一边向敌人喊话瓦解敌人。洪学智将军还清楚地记得少先队员喊话的一些内容，如用喇叭筒向敌军喊：

"老乡老乡，莫要打枪，本是穷人，理应反蒋，为蒋卖命，为的哪桩，红军围困，铁桶一样；老乡老乡，赶快缴枪，如愿回家，发给光洋，如要哗变，红军有赏……"

少先队员都很机智勇敢。赤城二区桐岗冲列宁小学四年级学生杜志强，是赤城县委交通员。一次他送省委书记沈泽民去商城时，他自己装成卖咸鸭蛋的，要沈泽民装哑巴。进城时，岗哨盘查，杜志强连忙塞了几个咸鸭蛋给哨兵，指着沈泽民说是他舅舅，进城看病。这样沈泽民顺利到达商城，传达了省委指示。杜志强在一次给二路游击师送信时不幸被俘，敌人用尽酷刑，要他带路找游击师（师长杜昌甫是他父亲），他宁死不屈，最后被敌人杀害。六区七乡少先队员胡小五是洪家大山战斗营的通信员，他多次向战斗营传递情报，使战斗营免遭损失。一次送信，他藏在袜底的情报被敌搜出，敌团长要他带路找战斗营。胡小五将敌团长带到史河深潭上的红石岩上，乘敌团长不备，抓住敌团长皮带一起跳下岩去，与敌团长一起坠岩身亡。泗道河列宁小学宣传队一次随军到前线宣传演出，撤退时五年级女生吴尚惠被敌人逮捕，敌人在她身上搜出一本革命歌曲，问她是干什么的，她很坦然地说是列宁小学宣传队的。她被敌人打得遍体鳞伤，敌人要她带路找宣传队，她宁死不肯，最后被敌人杀害，年仅 16 岁。这些稚气未脱的少年英雄，他们的事迹在大别山区广为传颂。

3. 卫生

苏区政府对发展卫生事业、增强军民体质也很重视。金寨境内武装起义后，即开始建立红军医院，其中规模较大的有在江家山（今金寨县南溪镇余山村）的红军总院（后改为鄂豫皖红军第二后方总医院），下辖江家山闵氏祠、泗道河关门石、果子园徐氏祠、南溪吴氏祠等 6 个分院。有设在麻埠的红军第三后方总医院，下辖麻埠、杨店、张冲、地三冲、白塔畈 5 个分院，其总院、分院共有医生、工作人员、洗衣队等 300 多人。此外还有大量随军医院，又称“山林医院”，随红军活动。

1931 年，鄂豫皖苏维埃政府鉴于“苏区面积渐渐加大，需要红色专家——医生日必增多”，通知各地成立卫生院。到1931年秋，县、区、乡均成立了卫生局、医务所、赤光药社等医疗卫生机构。“各级苏维埃，各革命团体，经济公社、合作社应用很大力量设法去买药到苏区内来卖”。

为了调动医务工作者的积极性，鄂豫皖区苏维埃还制定了《优待医生条例》，要求“医生尽量适合于穷人诊病的条件”，医生待遇“由苏维埃政府规定适当的月用金”，其家属“愿意耕种者，便享有分配土地之权”，“其子弟有免费受教育之权利”。“应分配较好的房屋给医生居住，不纳租金”。“其子女害病，得完全免费住苏维埃医院”。①

由于各级党委和苏维埃政府的重视，苏区卫生事业有了很快发展。这对于支援与国民党反动派的斗争和苏区人民疾病防治，发挥了重大作用。

四、第三次反“围剿”的胜利与第四次反“围剿”的失利

(一)鄂豫皖中央分局的成立和“左”倾路线的危害

1931年1月，王明在中共六届四中全会上取得了中共中央的

① 《鄂豫皖区苏维埃政府优待医生暂行条例》(1931年9月1日)，见中央档案馆、湖北省档案馆、河南省档案馆、安徽省档案馆:《鄂豫皖苏区革命历史文件汇集》甲3,1985年，第134页。

领导地位。为了推行他的一整套“左”倾教条主义，他委派中央代表到各地建立中央分局开展“反右倾”斗争，改造地方各级党和红军，从而开始了全国性的再次“左”倾教条主义错误的统治。1931年4月中旬，中共中央政治局常委张国焘到达金家寨，视察皖西北工作，于4月底离开。5月12日，中共鄂豫皖中央分局在光山县新集正式成立，同时成立了鄂豫皖革命军事委员会，张国焘任分局书记兼军事委员会主席，掌握了鄂豫皖的党政和军事大权。

张国焘为了改造鄂豫皖苏区党和红军，在中央分局成立后，就撤销了原中共鄂豫皖特委，对红四军干部也做了大幅度调整，除军长仍由旷继勋担任外，调曾中生任政治委员，调陈定侯任政治部主任。红四军下辖4个师，各师干部：第十师师长刘英，政治委员康荣生；第十一师师长周维炯，政治委员余笃三；第十二师师长许继慎，政治委员庞永俊；第十三师师长徐向前，政治委员陈奇。

张国焘主持鄂豫皖苏区工作后，对苏区过去的工作进行了很多无端的指责，几乎全盘否定。他在《给皖西北特苏的指示信》中指责皖西北在政权建设、土地分配、“肃反”工作、扩大红军和经济文化建设等方面都有“许多严重的错误与缺点”，“红军中没有真正的党”，“党没有经常的工作”，强调“目前皖西北的改造是非常严重而刻不容缓的问题”。皖西北“最严重的危险是右倾机会主义”，应坚决“执行两条路线的斗争来健全整个领导和组织……完成实际工作中的布尔什维克的转变”，认为皖西北党、政府和红军“成分不纯”，各级苏维埃政府都混进了坏人，“不是群众建立起来的”，土地改革“形成了一贯的富农路线”。总之，皖西北的党、政、军组织和一切工作都需要重新改造，于是“左”倾教条主义错误在鄂豫皖苏区全面推行。

对于张国焘一系列无端指责和“左”倾部署，原鄂豫皖苏区党、政、军领导人曾中生、郭述申、许继慎、徐向前、周维炯、萧方等曾多次提出不同意见。但由于张国焘家长式的领导和霸权作风，他一点都没有接受，并且批评这些同志为右倾机会主义。张国焘为了实行独裁统治，还规定“红军党组织，只有自下而上的自我批评，不能在军队中发展自上而下的自我批评”。因而很多同志受到了批判、斗争或被撤销了职务，也不容他们有解释申辩的权利。

（二）南下之争和麻埠“肃反”

张国焘到达鄂豫皖苏区时，正值红军第二次反“围剿”取得伟大胜利的大好时机。党、政、军领导人多次建议，红军一部在根据地配合地方武装，攻打一些顽固地主的围寨，肃清苏区内的敌人，巩固苏区；一部向外发展，南下蕲（春）黄（梅）广（济）地区（原红十五军根据地）牵制敌人，配合中央苏区反“围剿”，同时也可以筹集到一部分军需物资，解决部队生活上的困难。这个建议无疑是正确的，但遭到张国焘的指责，说这一建议是“立三路线的残余”，强令红军全部集中到商城亲区打顾敬之围寨。红军只得放弃向外发展的计划，被迫全部集中于商城亲区，攻打顾敬之围寨。由于顾敬之等反动地主武装全部藏入深山老林，和红军打游击，加之其威胁群众坚壁清野，不准和红军接触，红军不但没有肃清顾敬之武装，而且因为大军云集，后来连吃饭都困难了。红四军领导人不得不再向张国焘陈述原来的建议。这一下更惹恼了张国焘，说现在是“揭开了立三路线的面具，来了个实际工作上的机会主义”。6月28日，中央分局召开第一次扩大会议，张国焘气势汹汹地说许继慎有“军阀土匪习气”，周维炯、李梯云等“都与国民党左派联系着”。叫嚷要“首先改造红军的成分，加紧红军中的‘肃反’工作”，“集中火力打击右倾机会主义”，并点名批评一些人是“不可救药的右派小组织分子”。会议上开除了一些人党籍，撤销了一些人职务。红四军领导人从革命大局出发，不因为张国焘的责难而气馁，更不因为张国焘高压而屈服，仍以大局为重，反复陈述在巩固苏区的同时，应向外发展，南下蕲黄广地区作战的意见，并据理力争，得到了多数人的支持。最后，张国焘不得不同意一部分红军向外发展，南下作战的方针，但对南下具体方向和兵力使用上，张国焘又制造障碍。他主张攻英山，出潜山、太湖，进逼安庆，威胁南京，并限1个月完成。这实际比一年前李立三提出的“打到武汉过中秋”的冒险计划更“左”，根本办不到。在兵力配备上，张国焘只允许第十、十一2个师各2个团和第十二师1个团南下作战。红四军军、师领导人认为只有5个团兵力，1个月之内要逼近安庆,威胁南京是不可能的,与李立三"责限两星期必占武汉"没有什么区别,但这又一次遭到张国焘的强烈批评。

红四军只得忍耐受命,接受任务后在部队中进行了深入广泛地动员,向英山疾进。8月2日即攻占英山,据当时的战绩报告记载,"敌全部缴械……得长枪3000多支,机关枪27挺,迫击炮15门,士兵踊跃投入红军者甚多……"

英山大捷后,红四军领导人曾中生、徐向前等将攻安庆和南下蕲黄广地区做了详细比较,认为安庆是国民党安徽省会,距南京国民党中央很近,紧靠长江,援助方便,且要通过400里的白色区域,只有5个团兵力,还要留1个团守城,毫无胜利的把握;而进攻蕲黄广地区,路程近,敌人防守力量薄弱,胜利较有把握,且蕲黄广又是富庶之地,可以搞到给养。据此,红四军领导人一面向中央分局报告,一面向蕲黄广地区进军。仅半个多月时间,连克浠水、广济、罗田诸城,歼敌7个团,缴获长短枪4000多支、迫击炮28门、机关枪26挺、电台1部、黄金20多斤、白银1600斤、银洋7万块以及大量军需物品。不但解决了红军生活供给,还牵制了进攻中央苏区的敌人,有力地支援了中央苏区反"围剿"斗争。

但红四军的行动使张国焘非常生气。9月1日,红四军正在将敌4个团包围全歼的紧张战斗时,连续接到张国焘的责令信,批评红四军领导人是"政治上、原则上的根本错误",是与中央分局"原则上路线上的分歧",命令红四军立即回师整顿。适逢蒋介石派特务到苏区施"许继慎、周维炯率红军接受改编"的离间计,这给张国焘剪除异己提供了口实。张国焘任命中央分局常委陈昌浩为红四军政治委员，让其携带分局命令于13日赶到回师在麻埠的红四军军部，下令撤销曾中生在红四军的政治委员职务，并在军队中进行“肃反”。

张国焘在苏区推行“左”倾错误政策，搞“肃反”运动扩大化，造成了“极为惨痛的损失”[1]。

（三）红二十五军在麻埠成立和第三次反“围剿”的胜利

在张国焘搞大“肃反”之际，蒋介石开始调动军队，先后集中15个师，进入鄂豫皖边区部署第三次“围剿”。苏区军民虽然对张国焘的“肃反”和一系列“左”倾错误政策极为不满，甚至喊出“打倒张国焘帝国主义！”但对共产党和红军的感情是极为深厚的，对敌人是深恶痛绝的。特别是九一八事变发生后，各级党委和苏维埃政府纷纷召开群众大会，控诉日本帝国主义侵略中国和蒋介石进攻苏区的罪行，号召苏区人民积极参军参战，筹集给养，进行反对日本帝国主义侵略，反对蒋介石“围剿”的斗争准备。仅金家寨、麻埠、白塔畈、斑竹园、南溪、汤家汇等地，半月之内即有1460多名青年参加红军，筹集军粮1300多石，银圆2500块，鞋袜2100多双，并组织了救护队、担架队。

此外，地方由县到村，凡年满18岁以上35岁以下男子均编成

① 中共中央党史研究室：《中国共产党历史》第一卷（上册），北京：中共党史出版社，2002年，第321页。

班、排、连、营、团、师等脱产、半脱产的革命武装，仅在霍邱一区白塔畈活动的游击队即发展到250多人枪。六安、霍山、霍邱、商城新建和扩编了4个全脱产独立团，每团1000多人。1932年3月，为了阻击六（安）英（山）霍（山）罗（田）商（城）五县边区结合部的敌人，经皖西北道委批准，将五县边区及流波一带，划为五星县，中共五星县委和五星县苏维埃政府设在燕子河。县委书记童芳堃、县苏维埃主席余良柱，并组建了县独立团，团长韩承宏（又名韩志月），政治委员杨继明，下辖第一、二、三营，全团共500多人枪。

1931年10月，为了扩大主力红军，在麻埠成立了中国工农红军第二十五军（这是在金寨地区成立的第7支主力红军队伍），军长旷继勋，政治委员王平章，下辖第七十三师共3个团，师长刘英，政治委员吴焕先。11月7日，在黄安七里坪纪念十月革命胜利14周年时，成立了中国工农红军第四方面军，总指挥徐向前，政治委员陈昌浩，下辖红四军、红二十五军，共约3万人。11月10日，红四方面军发起黄安战役，历时43天，毙俘敌1.5万余人，缴枪7000多支、迫击炮10门、电台1部。第三次反“围剿”首战大获全胜，苏区军民欢欣鼓舞，纷纷组织慰问队，慰劳红军，鼓舞士气。

1932年1月10日至20日，鄂豫皖苏区党的第一次代表大会在河南新集召开，选举成立了中共鄂豫皖省委，书记沈泽民，组织部部长高敬亭，宣传部部长成仿吾。会议对反对日本帝国主义侵略和反蒋介石第三次“围剿”等问题，进行了较全面的部署。会议期间，红四方面军组织力量发起商潢战役，向驻守在商城、潢川地区的国民党军进攻。适逢日本帝国主义在上海发动了一·二八事变，苏区军民反蒋、抗日情绪更加高涨，半个月之间，歼敌5000多人，缴枪2000多支。3月，红四方面军又集中力量向侵犯皖西之敌进攻，将敌逐步压缩围困于苏家埠一线。为了准备发起苏家埠战役，增强东线作战的红军力量，鄂豫皖军委在麻埠，将红四军第十一师第三十一团和五星县独立团合编为红二十五军第七十五师（这是在金寨地区成立的第8支主力红军队伍）。3月21日到5月8日，红四方面军发起苏家埠战役，歼敌3万多人，俘敌皖西"剿共"总指挥厉式鼎及5个旅长、12个团长等官兵1.8万多人，缴获了大量枪支弹药和军需物资，创造了红军史上的空前大捷，皖西根据地更加巩固。战役结束后，红四方面军总部决定将六安、霍山、霍邱、赤城等县独立团合编的皖西北独立第三师，改编为红二十五军第七十四师（这是在金寨地区成立的第9支主力红军队伍），完善了红二十五军的建制。6月中旬，红四方面军又发起了潢（川）光（山）战役，向龟集在潢光边区之敌进攻，歼敌万余人。至此，蒋介石发动的第三次"围剿"以惨痛失败而告终。红四方面军已发展到2个军6个师，1个少共国际团，3个独立师，共4.5万多人。各地方赤卫军、独立团、游击队发展到20万人以上。根据地发展到近4万平方公里，拥有26个县级政权，人口350万，形成了鄂豫皖苏区的鼎盛时期。第三次反"围剿"期间，皖西北中心区金寨境内基本上没有受到敌人的侵扰，因而革命和生产，以及经济文化建设更加兴盛。

(四)中共豫东南道委的建立和赤城、赤南县的划分

第三次反“围剿”的胜利,极大地鼓舞了苏区军民的革命斗志。1932 年夏,为了加强苏区党的领导和根据地建设,适应新的反“围剿”斗争,根据鄂豫皖省委指示,建立了中共豫东南道委和道区苏维埃政府。道委书记高敬亭,道苏主席张德山。8 月,豫东南道委又将赤城县划分为赤城、赤南两县。赤城县委书记方英,县苏主席杜立保;赤南县委书记漆德罗(数日后由高开文接任),县苏主席丁江城。赤城县委先驻商城,月余后,和豫东南道委、道苏机关迁驻汤家汇接善寺,赤南县委、县苏机关驻银山畈。年底,由于红四方面军主力撤离鄂豫皖苏

▲ 豫东南道区苏维埃政府旧址——汤家汇接善寺,一度作为鄂豫皖边区革命活动的指挥中心

区，鄂豫皖省委指示豫东南道委、道苏和皖西北道委、道苏合并，统称皖西北道委、道苏，道委书记郭述申，道苏主席张德山。

（五）蒋介石对第四次“围剿”的部署

鄂豫皖苏区第三次反“围剿”的胜利，沉重地打击了蒋介石反革命集团。蒋介石为了“剿灭”红军，不顾全国人民反对，继续他的“攘外必先安内”政策，在和日本帝国主义签订了卖国的《淞沪停战协定》后，立即向美帝国主义借了1200万美元购买军火，准备向鄂豫皖苏区进行第四次“围剿”。

1932年5月22日，蒋介石自任鄂豫皖“剿匪”总司令，李济深为副总司令。6月12日，蒋介石在庐山召开军事会议，确定第四次“围剿”的战略部署。

敌人这次“围剿”的战术与前三次“围剿”有所不同，采取的是“纵深配备、并列前进、步步为营、边进边剿”。“遇红军主力，则据地固守，吸引红军，集中待援围歼，击破红军主力后，则并进长追，四面堵截。”计划第一步攻占黄安、七里坪、新集、商城；第二步进占皖西北中心金家寨。由北往南，将红军主力压迫于英山以南之长江沿岸而后全歼。

敌人吸取前三次单纯军事“围剿”失败的教训，提出“三分军事、七分政治”的口号，采取重新编制保甲，厉行“连坐法”，武装地方反动势力，动员外逃的地主豪绅“回乡执政”，以配合其军事行动。

(六)张国焘“左”倾冒险主义的战略方针

尽管蒋介石指挥的第四次“围剿”形势十分严峻,但根据地有很多反“围剿”的有利条件:第一,前三次反“围剿”的胜利,部队士气高昂;第二,红军和地方武装力量雄厚;第三,弹药充足;第四,根据地扩大,回旋余地宽广;第五,全国抗日反蒋情绪高涨;第六,红军战略战术有了很大的提高,特别是积累了成团、成师的歼敌经验;第七,根据地人民支援战争,参军参战积极热情。这些有利条件,如果运用得当,第四次反“围剿”是有可能取得胜利的。

但是,以张国焘为代表的“左”倾冒险主义的领导者们,完全被第三次反“围剿”的胜利冲昏了头脑,对敌人第四次“围剿”的严峻形势做了完全错误的估计,一开始就在战略上形成被动。早在1932年1月间,在黄安战役胜利后,由于日本帝国主义进攻上海,国民党政府迁都洛阳,张国焘即宣称:“国民党主力只剩下了7个师,其余都是杂牌部队。红军现有这样的力量,已是不论多少敌人都不怕了。”2月17日,鄂豫皖省委决议还说:“国民政府迁都洛阳,一方面表示国民党由于进攻苏区与红军的失败,已经成为帝国主义所斥逐的走狗……从此在进攻苏区与红军的战场上,主要的火线,将由帝国主义所担任,而国民党的洛阳政府和其他军阀政府,只担任偏师的职务……鄂豫皖苏区的第一件大事就是我们快要和帝国主义者直接战争。”[1]准备夺取武汉，完成一省与数省首先胜利。但是徐向前说：“蒋介石的黄埔系精锐部队还没拿出来，我们打的多是些杂牌军，怎么能说面临之敌是国民党的‘偏师’呢？”[2]可是张国焘、陈昌浩、沈泽民掌握的鄂豫皖中央分局和鄂豫皖省委根本听不进去不同意见，调子越唱越高：“过去是敌人包围我们，现在是我们冲破包围去包围敌人、消灭敌人的时候了！”他们这些高调，连当时“左”倾的党中央也不能接受，批评他们是不顾事实的胡说，是绝对错误的。

张国焘盲目轻敌，对形势荒谬的估计，“忽视四次‘包剿’……对于四次‘包剿’，漫不准备”[3]，导致了完全错误的军事行动。他命令红军“坚决进攻”，“争取一省数省首先胜利”。刚刚经过数月第三次反“围剿”苦战的红军（三分之一是补充的新兵），未得到适当休整，又投入了进攻战斗。从 6 月下旬到 8 月底，红军在鄂豫皖苏区与 30 万之敌进行了数十次血战，虽然打了一些胜仗，但红军消耗也十分严重，很多部队子弹消耗殆尽，全靠大刀、石块与敌血战。9 月上旬，中央分局所在地新集被敌占领，张国焘、沈泽民

---

① 《鄂豫皖苏区省委决议——关于目前形势和党的紧急任务》（1932 年 2 月 17 日），见中央档案馆、湖北省档案馆、河南省档案馆、安徽省档案馆：《鄂豫皖苏区革命历史文件汇集》甲 2，1985 年，第 258—259 页。

② 徐向前：《历史的回顾》，北京：解放军出版社，1984 年，第 195 页。

③ 《鄂豫皖省委关于反四次“围剿”及坚持斗争情况给中央的报告》（1933 年 1 月 5 日），见《中共党史教学参考资料》第十五册，内部资料，1978 年，第 340—349 页。

等只得率分局机关和红四军主力向东转移，撤退到汤家汇、南溪、麻埠、金家寨一带与红二十五军会合。但敌人并列推进，紧追不放。红二十五军和地方武装誓死抵抗，仍遏制不住敌人进攻。张国焘等只得率分局机关在红二十五军和红四军的掩护下，向燕子河转移。9 月 20 日，皖西北的中心金家寨被卫立煌指挥的第六纵队占领。这时，张国焘才哀叹道："今天打出了一个厉害的敌人来了……红军只有打一仗没有打第二仗的力气了！"到 9 月底，鄂豫皖苏区中心区域大部被敌人占领。当时，党中央根据鄂豫皖苏区战况，曾命令张国焘率领红军"诱敌深入"，"在运动中选择敌人薄弱部分，以迅速、果断、秘密和机动求得各个击破敌人"。但此时张国焘"一见敌人后面追来，即不敢在苏区停留"[①]，已完全失去坚持根据地斗争的信心了。

（七）第四次反"围剿"的失利和红军主力撤离鄂豫皖苏区

张国焘率中央分局机关和红四方面军主力撤退到燕子河，召开了部分分局领导人会议，研究第四次反"围剿"和红军行动问题，出席会议的有张国焘、沈泽民、陈昌浩、徐向前、蔡申熙、方英、王平章。拟准备暂时向英山转移寻找新的立足点，喘息待机，再恢复根据地。可是英山之敌工事坚固，防御力量极强，根本无法

① 《鄂豫皖省委关于反四次"围剿"及坚持斗争情况给中央的报告》(1933 年 1 月 5 日)，见《中共党史教学参考资料》第十五册，内部资料，1978 年，第 340—349 页。

立足。后部队又向黄安方向转移，一路不停血战，队伍伤亡很大。红四方面军第十师政治委员甘济时牺牲，红二十五军军长蔡申熙负重伤，不久也牺牲。10月10日，张国焘又在黄柴畈召开部分分局常委和红四方面军高级干部会议，再次讨论红军去向问题。最后张国焘决定：分局率红四方面军总部以及第十、十一、十二、七十三师和少共国际团跳出根据地向平汉路以西活动，以后伺机打回根据地。留下第七十四、七十五师由省委书记沈泽民领导，坚持根据地斗争。第四次反“围剿”失利。

五、立煌县的建立及根据地军民的反“清剿”斗争

由于第四次反“围剿”的失利，中共鄂豫皖中央分局于1932年10月12日率红四方面军主力向西转移。国民党30多万军队，一部向西追击红军主力，一部继续向苏区进攻，到处屠杀革命群众，实行白色恐怖，形势极为严峻。地处皖西北中心区的金寨地区，成为敌人“围剿”的重点。根据地的人民群众和游击武装配合红军，英勇作战，为保卫根据地进行了艰苦卓绝的斗争。

（一）立煌县的建立

蒋介石在部署第四次“围剿”时，为鼓动其部属向皖西北中心

区的金家寨进攻，明令各纵队将领谁先占领金家寨，即以其名为县名，建立县治。

1932 年 9 月上旬，卫立煌率第六纵队奉命东进，占领了汤家汇，撤退到金家寨的中央分局和红四方面军主力，在张国焘率领下，再向燕子河撤退。20 日，卫立煌便轻易占领了金家寨。10 月初，蒋介石以“豫鄂皖三省剿匪总司令部”名义发出命令：“……于金家寨添设新县，即以陆军第十四军军长卫立煌之名，定名立煌县，以金家寨为县治所在地……隶属于河南省。”[①]打破省界、县界，将六安县的六区（金家寨）、七区（麻埠），霍山县的六区（燕子河），霍邱县的一区（白塔畈），商城县的和区、乐区、康区一部分（吴家店、斑竹园、南溪、汤家汇、双河等地）和固始县的长江河以南地区，分别从原属县划出，建立了立煌县。委任少将严尔艾为立煌县县长。11 月 12 日，鄂豫皖三省各派委员会同“总司令部”委员和边界各地有关县长在金家寨按照地图，决定依山脉、河流等自然形态，以江淮分水岭为界，划出立煌县疆域。12 月，县界勘定，并绘制了立煌县地形疆域图。

立煌县建立后，原安徽六安、霍山、霍邱划入地区的绅董不断上书安徽省政府，陈述立煌县距河南省会开封太远，要求改属安徽。安徽省政府也据实向南京国民政府呈报。1933 年 4 月，经南京国民政府批准，将立煌县划归安徽省。安徽省政府重新向已任

① 《内政部关于经扶、立煌建县咨河南省政府文》，见金寨县地方志编纂委员会：《金寨县志》（附录），上海：上海人民出版社，1992 年，第 796 页。

命的县长严尔艾颁发了委任命。

(二)敌人的疯狂摧残及根据地军民的反“清剿”斗争

红四方面军主力转移后,国民党豫鄂皖“剿匪”总司令部除以一部分兵力向西追击红军主力外,继续以20万重兵侵占和分割根据地,对根据地进行“清剿”和摧残。

1. 敌人对根据地的疯狂摧残

1932年10月底,进入苏区的敌人奉命于12月15日前彻底“肃清”坚持在根据地斗争的红军。国民党在苏区内到处组织“民团”“保安队”“铲共义勇队”等地方反动武装,实行灭绝人性的烧光、杀光、抢光的“三光”政策,声称“民尽匪尽”。地处皖西北根据地指挥中心的金寨地区,遭敌摧残尤为严重:金家寨附近的干部、群众被枪杀与活埋的有3500多人;古碑冲被处死与活埋的有900多人;南溪的竹畈、花园被杀害的群众和伤病员有3000多人;上楼房一次被杀害1200多人;胭脂河坪被杀害100多人……上万人被关在金家寨的变相集中营——“难民所”里,被折磨而死的不计其数。此外,还有大批的青年妇女被蹂躏、贩卖,仅白沙河梓树坪一带就有2000多青年妇女,被国民党军队卖往外地。敌军所至,火光烛天,庐舍成墟,田园荒芜,许多地方成了无人区,如松子关、挥旗山、狗脊岭一带近百里内渺无人烟。人民群众的生命财产遭到极为严重的摧残。

面对疯狂大屠杀的敌人,以共产党员为代表的革命干部、红军战士、人民群众毫不畏惧，显示出崇高的革命气节。流波区苏维埃政府主席江贤约被捕后，敌人将他钉在墙上“挂画”，他直到停止呼吸前仍不断痛斥敌人，高呼“共产党万岁”。红十二师女护士王明玉，在红四方面军撤离时，被留下坚持根据地斗争，为了抢救伤病员，不幸被俘，倍受摧残。敌人封官许愿，要她投降，遭到痛斥。最后敌人挖坑要活埋她，她昂首阔步跳入坑里，牺牲时才18岁。赤南县委妇女部部长毛绍成，红军主力撤出、赤南县委转入地下后，她担负保存县委机关全部文件的重任，因叛徒出卖被俘。她为保存党的机密，视死如归，被敌人乱刀砍死。豫东南道委常委兼妇女会主席余品英，1932年冬，在带领群众转移时，不幸落入敌手，敌人用尽酷刑，她始终不吐一字，最后被敌人杀害，年仅21岁……这样的英雄事迹举不胜举。

2. 根据地军民的反“清剿”斗争

红四方面军主力的突然撤离，留下坚持斗争的党和红军领导暂时未能统一，不能有效地制止敌人的进攻，致使鄂豫皖革命根据地大部分丧失，尚存的也被敌人分割为鄂东北和皖西北互相隔绝的两个地区数小块根据地。皖西北地区只剩下赤南县的二、三、四、五区，赤城县的一、二、三区，六安县的三区、六区和霍邱县一区的一部分。上述根据地大部分在立煌县境内。在这些尚存的小块根据地内，人民群众、地方武装和留下坚持斗争的红军队伍，团结一致，坚持进行保卫根据地的斗争，并不断取得胜利。

1932年10月1日，皖西北道委在英山土门潭召开会议，决定成立中共鄂皖工作委员会,郭述申任书记,统一领导鄂皖边区的斗争。同时成立了中国工农红军第二十七军(亦称东路军),军长刘士奇,政治委员郭述申。下辖第七十九、八十一2个师,共4500多人。红二十七军在向东行动1个月后,准备渡过淠河,返回皖西北的赤城、赤南地区。11月15日,红二十七军到达吴家店以东的包家畈时,敌第三十二师和第四十七师尾追而至,红二十七军在根据地人民群众的支援下,在包家畈同敌人激战3昼夜,终于打退了数倍于己、并有30多架次飞机支援的敌军,毙俘伤敌近千人。

11月下旬,鄂豫皖省委在黄安檀树岗召开军事会议,根据斗争形势的需要,决定撤销鄂皖工委,恢复皖西北道委,书记仍由郭述申担任。撤销红二十七军番号,重建红二十五军,军长吴焕先,政治委员王平章,辖第七十四师(师长徐海东,政治委员戴季英)和第七十五师(师长姚家芳,政治委员高敬亭),共5个团和1个军属特务营,约7000人。

檀树岗会议对于加强党的领导,统一军事指挥,集中红军力量,坚持鄂豫皖革命根据地的武装斗争起了重要作用,结束了红四方面军主力转移后根据地红军和武装力量分散、领导不统一的局面。从此,根据地的军民在中共鄂豫皖省委的领导下,开始了为保卫根据地而斗争的新阶段。

1932年12月12日,蒋介石下令对鄂豫皖革命根据地实行划区"清剿",将整个根据地划为东、西2个"清剿"区,东为"商(城)

罗(田)清剿区”,西为“经(扶)黄(安)清剿区”。“商罗清剿区”有陈继承指挥的6个师兵力,“经黄清剿区”有卫立煌指挥的7个师兵力,还有在霍山、六安、霍邱地区的2个师和1个独立旅,共15个师又1个旅,约80个团。敌人这次“清剿”的主要手段是“进剿”和“驻剿”相结合,并限令在1933年1月底以前,将鄂豫皖根据地的红军完全“肃清”。

鄂豫皖省委针对敌人兵力的部署,于12月30日在麻城大畈召开紧急会议。决定红二十五军以师为单位分开活动,一面寻机歼敌,一面扩大地方武装,会议还决定组建红二十八军,作为恢复皖西北根据地的主力红军。1933年1月上旬,红二十八军在大畈组成(仅有第八十二师),辖第二四四、二四六2个团和1个特务营,全军约3000人,军长廖荣坤,政委王平章。敌“商罗清剿区”指挥部为歼灭红二十八军,令戴民权的第四十五师进占赤城根据地的苏仙石、皂靴河、狗脊岭一线;唐淮源的第十二师由双河山、钓鱼台向悬剑山进发;宋天才的第七十五师驻赤南根据地的南溪、汤家汇、泗道河等地;郝梦龄的第五十四师除驻笔架山、椿树店、鸡冠山一线外,另一部驻斑竹园、李集。联合各师,寻找红二十八军主力决战。

1月14日,红二十八军在泗道河与敌七十五师激战,毙伤敌军官兵数百人,接着向驻在泗道河的敌七十五师发起突然进攻,激战2天,毙俘敌第四六六团团长焦克功等官兵数百人;20日和23日,分别在胭脂坳、白沙河接连杀伤敌第五十四师一部;29日,攻占敌在叶家集的军粮仓库和开顺街据点；31日，在小南京重创敌第十二师；2月6日，在双河山歼敌第七十五师1个团，之后到窑沟、银山畈等地，给敌第四十五、第七十五师以沉重打击；2月11日在石门口打击敌第十二师一部；16日，以2个团的兵力在悬剑山攻击敌第四十五师1个团，激战5小时，给予该敌以重创，后游击到白沙河、大埠口、斑竹园等地打击敌人。红二十八军在根据地广大干部群众的支持下取得一系列的胜利，迫使敌军行动迟缓、分散兵力、不敢冒进。

3月中旬，红二十八军回师商南山区，在途经大、小门坎山时，与敌第七十五师第二二四旅展开激战，歼敌数百名，红二十八军政委王平章在战斗中牺牲。全军将士誓为军政委报仇，在豹迹岩地区沉重打击了敌第七十五师，使其溃不成军。4月8日，在大畈与红二十五军会合，省委决定将红二十八军改编为红二十五军第七十三师，红二十五军加强后有1万余人。4月中旬，红二十五军接连在郭家河、潘家河、杨泗寨给敌以重创。随着时间的推移，蒋介石限定1月底“完全肃清”红军的计划，宣告破产。4月19日，蒋介石不得不又任命卫立煌为“豫鄂皖边区清剿总指挥”，继续对根据地进行“清剿”。

4月20日，中共鄂豫皖省委根据斗争形势初步好转的情况，指示皖西北道委要创建红二十八军新主力，扩大游击战争，巩固中心苏区，与鄂东北取得密切联系。于是，皖西北道委为建立红二十八军做准备，先重建了红八十二师（这是在金寨地区成立的第10支主力红军队伍),师长卢永彬(不久牺牲,由刘德利继任)、政治委员詹大列,辖第二四四团(3个营)和第二四六团(1个营)。任务是以赤南为根据地,在皖西北道委的领导下,发展豫皖边区游击战争,打通商(城)光(山)路线。红八十二师在赤南根据地转战游击,不断打击敌人,消灭反动民团,迅速成长为皖西北苏区红军主力。

为了更好地配合主力红军作战,保卫和巩固中心苏区,1932年冬到1933年年初,赤南县委在银山畈组建了一路游击师,约千人,师长李宾(后林承祥),政委高开文(后田露继);赤城县委在双河组建了二路游击师,约500多人,师长朱世生(后杜昌甫),县委书记吴代芬兼政委;六安县委在麻埠组建了三路游击师,约400多人,师长江求顺,政委洪善维;六安六区建立了洪家大山战斗营,营长方藻生,营政委方藻廷,约200人,活动在洪家大山周围的古碑冲、丁家埠、界岭地区;赤南三区建立了赤南战斗营,营长朱绍芳,200多人,活动在赤南三区、长岭关、麻城和罗田边界。这些地方武装,在县委、区委的直接领导下,配合红军主力作战,到处袭击敌军,打击地方民团。一路游击师在胭脂坳、墨园、斑竹园、丁家埠、关王庙、白沙河等地;二路游击师在双河、杨家滩、甘塘坳、东大山、大油寨、悬剑山、全军庙、叶家院等地;三路游击师在青山、莲花山等地,频繁出击,寻机歼敌。1933年1月中旬,一路游击师在师长林承祥的率领下,打击佛堂坳柯寿恒民团,毙团匪百余人,俘敌40多人。接着在松子关前的蜜蜂洞,伏击敌第四十七师的运输队，缴获敌人大批年货和饷银。1月下旬，杜昌甫率二路游击师，深入白区江店，消灭了当地民团，打开江店粮仓，将大部分粮食分给当地群众，游击师也满载而归；2月上旬，二路游击师奔袭武庙集，俘虏敌第七十五师运输队1个排，缴枪40多支，子弹1万多发，并获得24捆棉布，2000多斤食盐。1933年4月13日，敌第四十五师师长戴民权带1个团的卫队前往金家寨，杜昌甫率二路游击师在双河附近的胡家店、牛王庙一带歼其大部，戴民权带着残部逃走。1933年6月中旬一天夜晚，国民党立煌县党部书记陈白英在莲花山召开全县联保主任会议，部署"清剿"任务。参加会议的有95名反动骨干，还有1个连的警卫队守卫。三路游击师乘其不备，突然袭击，打垮了警卫队，生俘陈白英，其余反动人员全部在顽抗中被击毙。

由于红军和地方武装进行广泛的游击战争，调动敌人，疲劳敌人，使红军变被动为主动，终于打破了敌人的划区"清剿"计划。

3.革命根据地的部分恢复

敌人划区"清剿"被粉碎后，为重新调整部署，变更战略，暂时由进攻转入防守。皖西北以赤城县、赤南县为中心的根据地得到部分恢复。苏区党组织抓紧时机，加强根据地建设。第一，恢复苏维埃政权，深入开展群众工作，稳定群众情绪。第二，整顿党的队伍，加强党组织的建设，吸收在斗争中涌现出的先进分子入党，恢复和健全共青团、妇女会、少先队等，组织他们带领群众进行对敌斗争。第三，抓紧地方武装的建设，根据地各区、乡普遍建立游击队或游击小组，广泛开展游击活动，配合红军主力打击敌人，并源源不断地补入红军。第四，恢复经济。由于敌人的疯狂摧残及经济封锁，根据地的经济和人民群众的生活极端困难。各级党委领导群众，在“边战斗，边生产”的口号下，一手拿武器，一手拿锄头，积极恢复和发展生产，重建家园，共渡难关。第五，认真做好边沿地区和白区的群众工作，加紧赤白区群众的团结。在白区群众的保护下，跑反在外的群众陆续返回家园。

战争的胜利，根据地的恢复，生产的发展，使根据地形势逐渐好转，群众的革命热情重新高涨起来，纷纷投入到参加红军、建设政权和发展生产的热潮中，对敌斗争出现了良好局面。

六、第五次反“围剿”斗争的曲折

蒋介石的“清剿”计划未能得逞，1933 年 5 月，他又任命刘镇华为“豫鄂皖三省边区剿匪总司令”，将鄂豫皖根据地以潢（川）麻（城）公路为界，划为东、西两区，纠集 14 个师又 4 个旅计 82 个团的兵力，进行第五次“围剿”。

（一）开始时的形势与围攻七里坪的严重损失

敌人这次“围剿”是以鄂东北地区为进攻重点，兵力达 8 个师又4个旅，共53个团，企图首先消灭红二十五军主力，摧毁鄂东北革命根据地，然后集中兵力摧毁皖西北根据地。在皖西北地区有敌王均第七师、唐淮源第十二师、戴民权第四十五师、上官云相第四十七师、宋天才第七十五师第二二四、二二五旅及郑廷珍独立第五旅、宋世科独立第四十旅等。此外，还有商城的顾敬之匪部及保安团(队)等地方反动武装。这些部队大都部署在赤城、赤南、金家寨等中心区的外围。

在鄂东北地区，鄂豫皖省委错误地估计了形势，红军在恢复苏区的斗争中打了几个胜仗，他们便认为：由于红军大规模地开展游击战争，“已经使国民党遭受严重打击”，敌人“已走入失败的地位”。由此盲目地要求红二十五军实行以夺回中心城市为目的的“反攻”，进行大规模的围攻七里坪战役。在战役期间，省委又继续推行“左”的政策，对持不同意的同志则视为反革命，在红二十五军和地方部队中进行“肃反”，部队中人人自危、士气低落，连副军长徐海东也受到批判。结果苦战43天，万余红军减员过半，剩下的6000多人也由于军粮奇缺、疾病蔓延，体力极度虚弱，战斗力严重消耗，难以坚持，不得不撤出阵地。七里坪战役的失败，不仅使红军和鄂东北根据地受到极大损失，更助长了敌人第五次“围剿”的嚣张气焰。

(二)皖西北地区形势的继续好转

在皖西北地区，以赤南、赤城为中心的根据地，从1933年夏初取得反“清剿”斗争胜利后，形势一直在顺利地发展着。活动在鄂东北的鄂豫皖省委忙于指挥向敌人大举反攻，无暇顾及皖西北道委工作。因而，赤南、赤城根据地在皖西北道委的领导下没有受到省委“左”倾冒险主义的影响，而是根据整个边区敌强我弱的实际，采取灵活机动的战略战术到处打击敌人，不断取得胜利。红八十二师于5月5日在皖西北根据地中心区桃树岭歼敌第十二师第七十团1个营；28日，转到杨家滩与敌第十二师护送军粮的第七十二、第六十八2个团各1个营遭遇，激战2个多小时，歼其1个多营，缴获大批的粮食和物资。一路游击师活动于商城亲区、麻城三河口、罗田僧塔寺等地；二路游击师活动在商城丰集，固始樟柏岭、段集、黎集，霍邱叶集地区；三路游击师在六安骆家庵、石婆店、独山、龙门冲，霍山诸佛庵地区活动。他们袭扰敌人，镇压反动分子，根据地不断巩固，粮食物资也较丰富，武器弹药、服装给养亦较充足。在“肃反”中，皖西北道委和赤南、赤城县委能执行正确政策，基本上没有发生过“左”的现象。从而保护和调动了军队及地方广大党员干部的革命热情，军民同心同德，英勇奋斗，保持和发展了根据地的革命斗争。

1933年7月17日，敌人的第五次“围剿”全面开展。敌“剿匪总司令”刘镇华在新集亲自指挥，实行分进合击的战术，继续向鄂东北根据地进攻。皖西北地区的敌人也正在加紧准备，寻找红军主力作战。8月上旬，皖西北道委获悉敌第十二师第三十五旅第七十二团2个营押运1个师的给养，军需物资装满了70多对毛排，约有五里路长，由史河逆水而上，运往金家寨。皖西北道委立即集中红八十二师和一、二、三路游击师，在陈家寨的朝阳山下做战斗动员，准备在大龚岭、上磊子、梅山一带截击敌给养。地方党组织和苏维埃政府发动了数千群众，带着运输工具和红军一起于16日晚行动，17日拂晓，部队到达大龚岭、上磊子、梅山一带，隐蔽在史河两岸的山林里。17日中午，国民党军押运的毛排进入包围圈，在刘德利师长的指挥下，红军和游击队猛冲下山，一起向敌人射击，敌人遭此突然袭击，惊慌失措，被围在大龚岭到梅山之间，乱成一团，除少数逃跑外，大部分被歼，俘虏100多人。战斗结束后，红军和群众欢呼跳跃，积极搬运战利品。缴获大米140多万斤及大批军服、猪肉、油盐、罐头、香烟等物资。红八十二军等接着又在石八地、佛堂坳、穿石窿等地打击敌人，截敌运输，缴获一大批粮食、军服等物资。这些战斗，不但打击了敌人，更重要的是解决了根据地的部分军需民用。

由于运输经常被截，敌人加强了押运兵力，且事先派侦察队侦察，运输时又派尖兵探路。红军也随之改变方法，利用伪装战术，穿上敌人的服装，以接运为名，把运输队引到指定地点，消灭敌人，截获物资，连连取胜。

(三)皖西北中心区保卫战的失利

自7月17日敌人在鄂东北进行“围剿”以来，红二十五军与鄂东北独立第六、第七游击师等地方武装，同敌人进行了50天的鄂东北中心区保卫战。由于鄂豫皖省委对敌人第五次“围剿”的意图和实力做了错误的判断，以内线单纯防御保护根据地中心区、保卫秋收作为第五次反“围剿”的基本方针和任务。结果导致了鄂东北中心区保卫战的失败，省委不得不决定红二十五军转移到皖西北根据地进行休整。

1933年9月5日，鄂豫皖省委率领红二十五军转移到商南山区，在南溪与红八十二师会合。当时，皖西北中心区——赤南、赤城根据地的形势比较稳定，红二十五军在这里既能得到休整，又壮大了赤南、赤城根据地的武装力量。

“剿匪总司令”刘镇华得悉红二十五军转移到皖西北，立即将前线指挥部移到商城西南的沙窝集，并将在鄂东北的第七十五师第二二三旅、第六十四师第一九〇旅和第五十四师调往商南山区，同时调第六十四、第六十五2个师的部分兵力到潢(川)麻(城)公路北段，调第三十一师到南溪外围，严密封锁红二十五军回归鄂东北的要道，妄图全歼红二十五军于皖西北地区。

9月10日，敌第四十五、第七十五师由北，第六十四、第五十四师由西，第四十七师由南，第七、第十二师由东同时发起进攻，合围商南地区，妄想摧毁皖西北中心区，消灭红军主力。虽然敌人重兵压境，敌强我弱，但根据地群众基础好，部队士气高。如果鄂豫皖省委能采取灵活机动的游击作战方针，是有可能粉碎敌人进攻的，但是省委并没有吸取鄂东北中心区保卫战失败的教训，仍然采取内线单纯防御的方针，进行皖西北中心区保卫战，命令红军构筑工事，和敌人打防御战，拼消耗。13日，敌第四十五师第一三三旅首先进攻双河山，企图占领南溪。红二十五军英勇抗击，杀伤敌300多人。14日，敌第七十五师第二二四、二二五旅在飞机的配合下，向瓦屋基阵地攻击，妄图进犯汤家汇。红二十五军翻山越岭赶到瓦屋基，与红八十二师一起同敌人血战1天，将敌主攻部队第二二四旅击溃。但敌第二二五旅从东、西两侧围攻过来，红军退到大门坎山，在汤家汇及其东北一带高地设防，并给进攻之敌的先头团以重创，打退了敌人的进攻。16日，敌第四十五师占领了双河山，红二十五军又东调，收复了双河山。但敌第七十五师乘红二十五军东去，于19日以2个团的兵力向汤家汇进攻，红二十五军主力又立即将阵地交给二路游击师，急忙由双河驰援汤家汇前线，经激烈的争夺，暂时击退了敌人的进攻。

红二十五军往返数次奔走于双河山和汤家汇之间，虽经艰苦奋战击退了敌人，并给敌以一定的杀伤，但部队十分疲劳，陷入苦于应付的不利境地，未能有效地遏止敌人的进攻。正当红二十五军主力准备抗击敌第七十五师更大规模进攻时，敌第六十四师第一九〇旅迂回到红二十五军的侧后方，使红二十五军主力腹背受敌，不得不于23日撤出汤家汇，向根据地外围转移。敌人占领了关王庙、汤家汇、双河山、桃树岭、南溪等地，皖西北中心区保卫战失败了。

9月26日，鄂豫皖省委书记沈泽民在大埠口陈氏祠召开省委会议，由于兵员损失严重，弹药缺乏，会议决定红二十五军再度缩编(7月中旬已撤销红七十三师番号),全军缩编成2个师,仅3000多人。会议根据敌主力转移到皖西北的情况,决定红二十五军返回鄂东北,皖西北仍由红八十二师和各路游击师等地方武装坚持斗争。27日,红二十五军由大埠口出发。10月2日拂晓前,由黄土岗到泗道河之间通过公路时,遭敌第三十一师第九十三旅阻击。省委书记沈泽民和军长吴焕先率红七十五师大部、红七十四师一部约2000人通过后,天已大亮,敌调第九十二旅伙同第九十三旅实行南北夹击。红二十五军副军长徐海东及后续部队1000多人被截断于路东。从此,红二十五军被分割在鄂东北、皖西北2个地区,第五次反"围剿"斗争进入到更为艰难的时期。

(四)红二十八军在南溪吕家大院重建和葛藤山大捷

皖西北中心区保卫战失败后,根据地大部被敌人占领,红八十二师和一、二、三路游击师只得转移到敌后打游击,避开敌人的正面进攻。皖西北道委、道苏等党政机关也分头转移到大山区。道委书记郭述申带一部分人员跟随红八十二师行动,另一部分人员由道苏代主席吴代儒带领,先在赤南县牛食畈、墨园、胭脂坳等山区活动,后转移到赤城县熊家河、杨桃岭、鸡冠石等大山区隐蔽活动。苏区群众也都坚壁清野,躲到深山老林里。敌人采取分进合击、步步为营的战术,苏区的全部集镇、大村庄、通道口等都驻扎部队,进行"驻剿",还派出机动部队进行"搜剿"。同时,麻城的郑其玉、商南的柯寿恒、商城的顾敬之等匪部,也都倾巢出动窜进苏区，和“围剿”之敌一起，大肆烧杀抢掠。残酷的敌人将搜捕到的群众进行集体枪杀或活埋，还有很多群众被敌人抓到金家寨、商城县集中关押，折磨致死，有不少村庄都绝了户。赤南、赤城这块老苏区又遭到一次近似第四次反“围剿”后的浩劫。

鉴于红军和根据地受到严重损失，1933 年 10 月 11 日，皖西北道委书记郭述申在南溪的吕家大院主持召开会议，分析当前的严重形势，讨论武装斗争的方针等问题。会议决定重建红二十八军（这是在金寨地区成立的第 11 支主力红军队伍），军长徐海东，政治委员郭述申（兼），辖第八十二、第八十四 2 个师，原第八十二师建制不动，师长刘德利，政治委员詹大列；第八十四师由红二十五军未过黄麻公路的部队组成，师长黄绪南，政治委员周化贤。2 个师各辖 3 个营，共 2300 多人。并决定第八十二师由郭述申率领在赤南根据地坚持斗争，第八十四师由徐海东率领到熊家河、金刚台一带活动。会议还根据徐海东的提议，制定了不打消耗仗，不与敌人硬拼，积极向外线游击，寻机歼灭敌人，夺取敌人物资，补充红军的正确方针。11 月初，红八十四师在二路游击师的配合下，在熊家河石门口歼敌独立第四十旅 1 个团，俘敌 1000 多人（教育后释放），缴获长短枪 800 多支，迫击炮 3 门，大衣 700 多件，改善了部队的装备。11 月下旬，在南溪、汪家大湾、界岭一带打游击的红八十二师，北上熊家河，与红八十四师会合，以熊家河为依托，向北开展游击斗争。先在狗脊岭和铁炉冲，歼敌第四十五师 2 个团又 1 个连。12 月 14、15 日，袭击了吴桥、段集，然后又攻进黎家集，3次歼敌500多人，缴获棉布600多匹、棉花2000多斤。接着部队占领了叶家集，全歼守敌400多人，又得到大批缴获。红军占领叶家集后，敌人不敢在公路上通行，红军便在固始以南、赤城以北的大片地区，发动群众，打击民团，捕杀反动分子，进行苏区的恢复和建设工作。

1934年2月初，红二十八军返回赤南葛藤山区。“剿匪总司令”刘镇华又组织第四十七、第七十五、第六十四、第六十五4个师向赤城、赤南根据地进攻。2月6日，在火炮岭以南的朝阳山一带，红二十八军与敌激战，第八十二师师长刘德利壮烈牺牲(梁从学继任)。为避敌锋芒，红二十八军离开葛藤山，先后去六安的大、小马店以南和固始的南部山区活动。3月初，红二十八军回到熊家河，敌第六十四、六十五师和第四十五师1个旅及独立第四十旅尾追而来，分四路向熊家河合击。激战1天后，红二十八军突围南下到古碑冲一带。3月10日，在古碑冲打垮敌独立第五旅1个团和立煌县民团的进攻，毙敌50多人，俘敌62人，敌旅长郑廷珍和立煌县长易智周受重伤后逃脱，缴获迫击炮1门，重机枪2挺，长短枪百余支及大量弹药。12日晨，红二十八军又进抵葛藤山，驻南溪的敌第五十四师第一六一旅倾巢来犯。在徐海东军长的指挥下，红二十八军以少胜多，仅战斗1个多小时，歼敌1000多人，并活捉敌代理师长刘书春等官兵130多人，缴长短枪172支，手提机关枪8挺，子弹5万多发。葛藤山反击战是皖西北根据地第五次反“围剿”斗争的一个重大胜利，极大地鼓舞了根据地军民。葛藤山战斗胜利是以诱敌深入战术取得的。当时，红二十八军以1个连兵力对南溪之敌佯攻，且战且退，当退到葛藤山簸石沟的伏击圈内时，红二十八军主力四面杀出。刘书春系保定军校出身，被活捉后，徐海东军长审问他时，他还高傲地问徐海东是保定军校还是黄埔军校毕业的。徐海东军长说："我没进过保定军校的门，也没听过黄埔军校的课，我是青山大学毕业的。"刘书春不解地问："鄙人孤陋寡闻，未知青山大学设在何处？"徐海东诙谐地指着四周大山说："大别山就是我的学校！"刘书春顿时领悟，低下了头。

葛藤山战斗后，红二十八军北上商南金刚台、余子店一带。3月24日，转向南溪地区，与敌第四十七、第五十四、第七十五师等部展开激战，毙伤敌400多人，红二十八军第八十四师师长黄绪南在战斗中壮烈牺牲。

红二十八军组建5个多月以来，由于采取了符合实际的斗争方针，进行灵活机动的游击战、运动战，取得了一系列的胜利，坚持了皖西北地区的反"围剿"斗争。赤城、赤南根据地得到恢复，形成了敌占集镇、我占乡村的局面。

(五)蒋介石调兵遣将与红军反"围剿"斗争的继续

1934年2月底，蒋介石又一次调整对鄂豫皖边区第五次"围剿"的部署，委任张学良为"豫鄂皖三省剿匪副总司令"，自任"剿匪总司令"，调张学良东北军王以哲的第六十军、何柱国的第五十七军共9个师，于4月中旬陆续到达鄂豫皖地区。加上原“围剿”之敌，总兵力达16个师又4个独立旅，共80多个团。

活跃在鄂东北的红二十五军为了和皖西北的红二十八军取得联系，东进皖西，4月16日，在汤家汇的豹迹岩与红二十八军会师。根据省委决定，将红二十八军重新编入红二十五军，军长徐海东，政治委员吴焕先，政治部主任郭述申，下辖第七十四师（由红二十八军第八十二师改编，师长梁从学，政治委员姚志修）和第七十五师（由红二十八军第八十四师及红二十五军第七十五师合编，辖第二二三、二二四团，师长丁少卿，政治委员高敬亭），全军3000多人。与此同时，省委还决定将三路游击师和原红二十八军第二四四团1个营及军属特务营，改编为新的红八十二师，师长林维先，政治委员江求顺，下辖3个营和1个手枪队、1个交通队，共1000多人，归皖西北道委领导，在皖西北地区坚持斗争。

当时皖西北地区有敌第三十二师1个团驻立煌县城到吴家店一线，专事运输；第十一路军1个旅驻立煌县城；另2个师及1个旅驻霍山和六安的交界处，即麻埠、流波一带；戴民权1个师驻霍邱；东北军2个师分别驻固始、商城。此外，还有商城顾敬之、麻城郑其玉、赤南柯寿恒、燕子河黄英等反动民团及一些地主武装。

当时的皖西北苏区共计有赤城县3个区、赤南县4个区、六安县2个区。武装力量有赤南县的一路游击师，师长林承祥，200多人，活动于余子店、枫香树、木梓店、僧塔寺一带；赤城县的二路游击师，师长杜昌甫，近300人，活动于霍邱、固始、商城以北敌占区；

新改编的三路游击师，师长高开文，近400人，活动于六安、霍山、霍邱地区。各路游击师活动在敌据点之间，打击反动民团及地主武装，镇压土豪劣绅，筹粮筹款。

豹迹岩整编后，红八十二师在完成了掩护红二十五军返回鄂东北地区的任务后，于4月20日打下长竹园，22日袭击四顾墩，24日在苏仙石攻打地主围寨，歼灭民团200多人，缴枪200多支。

6月下旬，当皖西北和鄂东北地区军民对敌斗争不断取得胜利的时候，国民党又策划新的“围剿”。张学良制订了从7月1日到10月10日的3个月“围剿”计划，投入兵力15个师又3个旅，共70多个团。将鄂豫皖根据地划为6个“驻剿区”和1个“护路区”，皖西北为第一、第二“驻剿区”，另外用2个师又6个团组成4个“追剿队”。6月底部署就绪。

鄂豫皖省委根据敌人新的“围剿”计划，按照党中央《给鄂豫皖苏区的军事训令》，改变了以往“夺回中心城市”和单纯防御保卫根据地的方针，决定红军主力在避实击虚的原则下，设法消灭孤立、薄弱之敌。抽调几个善于打游击的连队，在主力外围行动，迷惑、牵制敌人，为主力创造战机；地方武装大部在老根据地打击敌人，小部向外发展游击战争；开展群众工作，继续巩固与扩大鄂东北、皖西北根据地。

7月初，敌人开始了“围剿”行动。

红八十二师在歼敌顾敬之民团200余人后，又于7月上旬，在一、二、三路游击师配合下，攻占了燕子河、西界岭、金家铺、流波等据点，给地方反动武装以沉重打击，使赤城、赤南、六安3块根据地得以坚持。7月中旬，红二十五军在罗山县长岭岗给敌东北军第一一五师以毁灭性的打击。8月初，红二十五军南下，中旬到达赤城根据地熊家河，在皖西北军民的配合下活动于商城、六安、英山之间，不断歼灭敌人。9月4日，红二十五军采取出其不意的远距离奔袭的战术，攻占了敌人的后方太湖县城。这一战影响很大，鼓舞了周围几个县群众的斗争，并在英山、太湖交界的陶家河建立起纵横30余里的游击根据地。至此，敌人的3个月"围剿"计划随着时间的推移宣告破产。

▲ 红二十五军军部旧址——何氏祠

11月11日,鄂豫皖省委在光山县花山寨召开第十四次常委会,讨论程子华带来的中央军委副主席周恩来的指示,决定率红二十五军北上。16日,省委率红二十五军离开了鄂豫皖根据地,开始长征。蒋介石对鄂豫皖根据地进行的第五次"围剿",以期消灭红二十五军的计划也随之落空。

七、三年游击战争的开展与坚持

中共鄂豫皖省委率领红二十五军长征后,作为皖西北中心区的金寨地区革命形势日趋严峻。在生死存亡的关头,皖西北道委重建了红二十八军。根据地的革命队伍在各级党组织领导下,配合新的红二十八军,坚持进行游击战争。

(一)根据地内的敌我形势

1934年11月中旬,国民党以18个团的兵力向西尾追红二十五军,同时以56个团的兵力在鄂豫皖根据地大肆砍伐树木,广修碉堡,设置封锁线,进行"清剿",采取快速部队"追剿"和据点"驻剿"相结合的战术。

敌人除军事"清剿"外,还采取增设保甲,实行"移民并村,十户连坐",广设暗探,严密封锁等办法,强化反动统治,实行"民尽匪尽”的“三光”政策。汤家汇周围百里之内，敌人用铡刀铡死近万人；在柳林湾、丁家埠活埋了数千人；金家寨的难民所里被折磨至死的人不计其数。敌人还在苏区进行杀人比赛，各种酷刑闻所未闻。但是，久经考验的苏区军民，并没有被敌人的暴行所征服，在艰难困苦的日子里，与敌人进行着英勇斗争。

当时，皖西北地区仍然保存着赤城、赤南县部分苏区和六安县三区、六区以及霍山县六区等几块革命根据地，这几块革命根据地，绝大部分在今金寨县境内。

中共赤城县委和县苏维埃政府领导的苏区，位于苏仙石、杨山、熊家河、杨家滩、金家院子、双河山、皂靴河一带，辖 3 个区 8 个乡。在这里坚持斗争的有县党政机关和警卫队 50 多人、二路游击师 200 多人、二区游击队约 100 人、红二十五军留下的苦工队 90 多人及 2 个战斗连 100 多人、1 个医院（二分院）和 70 多名伤病员。

中共赤南县委和县苏维埃政府领导的苏区有 4 个区，在江家山、银山畈、西河桥、南溪、墨园、胭脂坳、吴家店、斑竹园一带，南北长达 80 里，东西宽有 40 里。有县党政机关 30 多人、一路游击师 200 多人、赤南战斗营近百人以及红二十五军留下的 1 个医院（一分院）和部分伤病员。

六安六区以洪家大山（今金寨县南溪镇丁埠村横溪山）为中心，纵横 30 余里，有一个在区委领导下的游击队约 40 人。

霍山六区以团山（今金寨县燕子河镇境内）为中心，有红二十五军转移时组织的皖西北第一支便衣队，队长夏云，指导员汪少川，活动于团山、燕子河、白莲涧一带。

(二)红二一八团在熊家河组建

在敌人"清剿"的严重形势下，为了集中力量，更好地打击敌人，保卫根据地。1934年11月中旬，中共皖西北道委书记高敬亭在赤城县熊家河召开道委会议，决定将皖西北分散的红军集中整编，于12月20日组建了红二一八团(这是在金寨地区成立的第12支主力红军队伍)，团长罗成云，政治委员熊大海，下辖第一营、第二营和1个苦工队(部队"肃反"后尚未处置的干部、战士，原红八十二师师长林维先也在其中)，全团约700人。

红二一八团的成立，使根据地分散的武装力量形成了拳头，人数虽少，却为后来重新建立红二十八军，并开展三年游击战争打下了基础。

为了解决根据地部队和群众吃粮的困难，12月25日，红二一八团及一部分群众组成筹粮队，在下骆山、白塔畈、九棵树一带筹集粮食。下午2时许，敌保安团2个营，由大顾店向红军筹粮地区进犯。这时红二一八团主力已分散在白塔畈周围筹粮，苦工队一面隐蔽在下骆山树林里，准备伏击敌人，一面派人向驻在九棵树的红二一八团团部报告。当敌前卫营进入下骆山时，一致认为"冤死不如战死"的苦工队，抡起扁担冲入敌群，与敌格斗，敌火力难以施展，战斗十分激烈。此时，红二一八团主力分3路向敌攻来，以截断后路、分割包围的战术，攻击敌人。苦工队越战越勇，敌受四面围攻，死伤过半，余敌纷纷缴械投降。敌前卫营被全歼，后续部队不敢前进，撤回大顾店。

红二一八团首战告捷，缴了枪又筹了粮，回到熊家河后，道委书记高敬亭特别表扬了苦工队的英勇作战精神，将缴获的武器弹药装备了苦工队，正式编为红二一八团第三营，苦工队从此摘掉了“待处置”的帽子，成了红军战士。

1935 年 1 月 8 日，蒋介石又下达命令对鄂豫皖苏区进行 3 个月“清剿”。敌第二十五路军总指挥梁冠英指挥 19 个团的兵力，向赤城、赤南苏区合围，重点进攻皖西北道委和赤城县委所在地熊家河，妄图消灭红二一八团和一、二路游击师。道委书记高敬亭命令一路游击师南下罗田，二路游击师东渡史河，到外线牵制敌人，自己则指挥红二一八团和商北大队(1935 年初组建)坚守熊家河根据地。

1935 年 1 月 21 日，敌第一〇六师第六一六团和第一〇八师一部开始疯狂地向熊家河进攻。红二一八团第一营在皮坊、第二营在铁冲、第三营在王家河，进行顽强抗击，激战 3 日，皮坊、铁冲被敌占领。24 日，敌增调独立第五旅一部前来进击。高敬亭看到处境十分危险，遂率部队冒着大雪向朝阳山方向撤退，敌第一〇六师第六二六团向朝阳山围攻过来，红军又撤到熊家河以东的小南京山上隐蔽。拂晓，敌人尾追到山下，部队又迅速转移到熊家河正南的黄眉尖才摆脱敌人。但第二天敌人又合围黄眉尖。鉴于当时天寒地冻，部队单衣破衫、忍饥挨饿与敌人作战，仍摆脱不了敌人追击的严重形势，高敬亭便决定留下商北大队掩护，率红二一八团向胭脂坳、墨园转移。几天后，商北大队突出重围，也来到墨园与红二一八团会合，部队跳出根据地向外线游击。

（三）红二十八军再次组建和反“清剿”斗争

高敬亭率红二一八团向外线转移，于2月1日在抱儿山与少共鄂东北道委书记方永乐带领的鄂东北独立团会合。方永乐带来了中共鄂豫皖省委给高敬亭的指示信，说明省委率红二十五军向平汉路以西转移，开始长征，指示高敬亭重新组织鄂豫皖边区党的领导机构，再次组建红二十八军，继续坚持武装斗争。2月3日，在太湖凉亭坳，高敬亭召开会议，决定以皖西北红二一八团和鄂东北独立团为基础，第三次组建红二十八军，高敬亭任政治委员（未设军长和军部机关），统一领导鄂豫皖边区党、政、军工作。红二十八军下辖第八十二师和手枪团，第八十二师师长罗成云，政治委员方永乐，政治部主任熊大海；手枪团团长余光升。第八十二师辖第二四四团（由3个营组成）和特务营，徐贤才任团长，徐成基任政委。

红二十八军重建后，根据苏区大部被敌占领的情况，决定寻找新的立足点，开辟新的游击根据地。1935年2月26日，高敬亭在舒城白果树召开会议，决定成立中共皖西特委，徐成基任书记，并组建第二四六团，徐成基兼任团长和政委，配合方永乐率领的红二十八军一部，在舒城、霍山、潜山、太湖四县边界地区开辟游击根据地。高敬亭率第二营和手枪团一分队回赤城、赤南苏区检查工作。3月3日，在赤南县梓树坪与赤南四区的苏维埃机关20多人会合。4日，歼银山畈之敌第一〇八师第六二二团第三营大部。22日，在皮坊西北的鸡冠石与敌独立第五旅第六一三团及特务团第三营发生激战。在外线返回的二路游击师赶到熊家河，配合高敬亭部作战，与敌激战5小时，肉搏数次，毙伤敌300多人，取得了以少胜多、以弱胜强的战绩。这是新红二十八军组建后第一个歼敌一个营的胜仗，极大地鼓舞了红军干部、战士坚持进行大别山游击战争的信心。

红二十八军的外线游击和皖西特委的坚持斗争，经过3个月的艰苦奋斗，开辟了舒城、霍山、潜山、太湖边区游击根据地，红军主力有了新的立足点。随着时间的推移，敌人3个月的“清剿”计划宣告破产。

蒋介石见3个月“清剿”红军计划未能实现，1935年4月24日，又急电豫鄂皖“剿总”，重新部署了2个月的“清剿”计划，以13个师又1个独立旅共61个团的兵力，把鄂豫皖边区划为3个防区进行“清剿”，金寨全境尽在敌3个防区之中。

1935年5月7日，高敬亭率红二十八军在霍山黄尾河与皖西特委会合，召开营以上干部会议，决定红二十八军离开皖西，西进桐柏山，去陕南寻找红二十五军；皖西特委带领第二四六团，在皖西继续坚持斗争。担任“追剿”任务的敌独立第五旅尾追红二十八军而去，其余之敌仍在各自的防区内“清剿”。

高敬亭率领红二十八军穿越平汉路，西进桐柏山，经1个多月苦战，虽给敌不少杀伤，打破了敌2个月“清剿”计划，但前有堵击，后有追兵，根本去不了陕南，又一路冲杀，回师鄂豫皖苏区。7月2日到达太湖店前河，与皖西特委、红二四六团、一路游击师和二路游击师会合。高敬亭主持召开了营以上的干部会议，总结了红二十八军西进桐柏山，往返平汉路，调动和疲惫敌人，打破敌人“清剿”计划的基本经验，提出了“敌情不明不打，地形不利不打，伤亡过大不打，缴获不多不打”，即“四不打”的作战原则。8月13日上午，红二十八军主力到达燕子河地区，获悉敌第一九五旅第三九〇团1个营由流波进驻方坪花凉亭。红二十八军于当日下午由燕子河经董家河、方坪，急行军40多里，黄昏前隐蔽在花凉亭南侧银矿岭地区。夜10时许，在方永乐的指挥下，发起进攻。手枪团和第二四四团第一营相继攻占花凉亭西南侧高地和田湾大瓦屋；特务营与敌激战后攻克花凉亭东北侧高地；第二营炸毁敌机枪火力点，冲入敌阵，展开肉搏，攻占黑桃湾东侧高地。战到黎明，才知敌当天已增兵达1个团，因担心敌人继续增兵，方永东率部撤出战斗。此次战斗毙伤敌200多人，俘敌100多人，缴获步枪200多支、轻重机枪7挺、迫击炮1门、子弹万余发，为红军夜间攻坚战积累了初步经验。

1935年12月15日，红二十八军特务营和手枪团一分队在天堂寨与鄂东第五路游击师会合。17日中午，部队到达中畈湾，与跟踪而来的敌第一八九团第一营发生激战，1小时后，敌第六一五团5个连，由团长曹兴文指挥，赶来增援。当敌团长曹兴文进入中畈湾北侧山梁时，手枪团一分队从两侧突然开火，敌团长曹兴文、营长陈登朝被击毙。敌人失去指挥，顿时大乱，经红军合击，毙敌120多人，伤敌200多人，缴获重机枪1挺、步枪200多支、子弹5000多发，战后红军向天堂寨方向转移。

（四）中共赤城中心县委的建立和地方革命武装的反“清剿”斗争

1935年2月，由于根据地遭敌破坏，各地党组织和游击武装分散到外线活动。为了加强赤城、赤南苏区领导，高敬亭命令随红二十八军转移到外线的赤城县委书记石裕田率领赤城县委机关和部分游击武装，返回赤城，收拢赤城、赤南和六安六区的地方革命武装，成立赤城中心县委，负责赤城、赤南及六安、霍邱部分地区工作，在内线坚持游击战争，伺机打击敌人。

这时根据地内尚有两支游击武装，一是原赤城县委以警卫队为基础，加上二区游击队组建成商北大队，大队长余海宽，下辖两个中队，约160人，随赤城县委活动。二是六安六区区委将红八十二师和三路游击师的70多名治愈的伤病员，同丁家埠、南石塘两乡游击队，组建成洪家大山战斗营，由区苏维埃主席陈家全任营长，区委书记方藻庭任政治委员，辖3个连，约200人，活动在洪家大山一带。

当时根据地形势极为严峻，一是有大量的敌人正规军“驻剿”；二是敌人在各交通要道、重要山峰都筑有碉堡，利用民团驻守，日夜监视红军活动；三是苏区粮食奇缺，红军和群众全靠吃野菜、树皮度日。

赤城中心县委建立后，为了活动方便，指挥商北大队和洪家大山战斗营除掉了监视赤城县委的熊家河民团头子熊仲川、洪家大山反动保长曾继清、立煌县大队大队长汪英武、牛食畈民团头子田立清。这些反动地头蛇被处决，震慑了驻守碉堡的反动民团。发动政治攻势，通过地方上一些开明绅士向民团宣传不要残害人民群众，不要为国民党反动派卖命，守碉堡的民团不敢轻易出动，赤城中心县委和游击武装活动较能来去自如。但敌人正规部队的“清剿”仍然十分疯狂，经常派大部队搜山，对不便攀登的深山老林，就采取“火搜”——放火烧山，使苏区游击武装不能存身。5 月 30 日，洪家大山战斗营向马家畈青护塘转移时，被敌第三十二师 1 个团包围，洪家大山战斗营顽强抗击，正、副营长战死，政治委员被俘后英勇牺牲。余部 80 多人由区委委员曾广前率领突出重围，继续在洪家大山一带坚持斗争。

1935 年 6 月初，鉴于敌人“清剿”越来越严重，吃粮日益困难，干部、战士经常忍饥挨饿，赤城中心县委决定留二区苏维埃主席张泽礼带领部分武装坚持苏区斗争，将商北大队和县、区苏维埃工作人员共 200 多人，改编为二路游击师，由县委书记石裕田带领离开赤城，转移外线游击。6 月 8 日，二路游击师在燕子河的黄石河东的观音崖与敌第三十二师 1 个团遭遇，激战 2 小时，师长王信南在战斗中牺牲。7 月上旬，二路游击师在双河与高敬亭率领的红二十八军主力会合，二路游击师编入红二十八军，石裕田任第八十二师政治部主任。

随着时间的推移，敌2个月"清剿"红军的计划又告破产。

(五)中共商南县委和商南游击大队的成立

自1935年2月红二十八军成立后，蒋介石虽然一再命令"豫鄂皖剿总"，3个月"剿清"红军、2个月"剿清"红军、限令6月底完全"肃清"红军的计划均未能得逞，但"清剿"部署一直在紧张进行着。

赤城中心县委书记石裕田率领二路游击师编入红二十八军外线游击后，熊家河、苏仙石等地相继被敌人占领，苏区范围越来越小，加之敌人不断增修碉堡，根据地活动日益困难。留在赤城坚持斗争的二区苏维埃主席张泽礼率少量武装和几十名妇女及红军家属，只得转移到金刚台坚持斗争。为了适应斗争的需要，使党的领导集中统一，1935年6月，经高敬亭批准，由高敬亭派来的红军干部邱玉生和张泽礼主持，在金刚台的铁瓦寺成立了中共商南县委。邱玉生任书记，不久张泽礼继任，余绪龙、陆化宏、雷维先、徐其昌、杜立保、史玉清(女)等为委员，并将由赤城、赤南、六安六区及固始、霍邱等地撤退到赤城的区、乡工作人员，加上商北大队留下的特务队约80多人组成商南游击大队，下辖2个分队和1个手枪分队，余绪龙任大队长。他们以金刚台为基地，活动于熊家河、槐树坪、葛藤山、野人冲等地。

当敌人发觉商南游击大队在金刚台一带活动时，便从四面八方扑来，把金刚台团团围住，所有路口都建起了纵横交错的封锁网，实行军事封锁，不断搜山、烧山，并与民团、地主武装相互勾结，实行"五家连坐法"，移民并村，强迫群众插白旗，企图切断县委、游击队和群众的血肉联系，断绝游击队的一切生活来源，困死、饿死金刚台上的革命志士。

商南县委和游击大队为对付敌人封锁和重兵"清剿"，将部队化整为零，冲出敌人的包围圈，避实击虚，广泛游击。他们曾在挥旗山截获由敌1个连押运的500多担给养，抓住机会捕捉了民团头子顾敬之的小舅子陈中华及其儿子作人质，罚顾敬之给游击队送了一批粮食、布匹、西药等物资。

商南县委为了分化瓦解地方反动派，积极开展统战工作：对罪大恶极者坚决镇压；为非作歹者捉而不杀，没收其财产；被迫给地主做事者，争取中立；为游击队做事者予以保护。当时，熊家河有家王姓地主，乘国民党反动派"围剿"时拉起了民团，筑了碉堡，与红军对峙。商南县委了解到他有个在外地上学的儿子，受进步思想的影响，倾向革命，便派人做他儿子工作，让其回乡劝阻其父不要与游击队为敌，王姓地主幡然悔悟，后来还给游击队提供了部分给养。在金刚台的斗争进入最残酷的阶段时，游击队曾把部分女同志和小孩子送到他的碉堡里隐蔽，并得到他的照料。商南县委采取这种方法，在西河桥、熊家河、桃树岭等地建立了一些"两面政权"，保甲长们白天应付国民党军队，晚上为游击队办事，大大便利了商南县委的根据地斗争。

（六）便衣队的组建及发展

在红军和地方武装广泛开展游击战争时，各地的武装便衣工作队（便衣队）纷纷建立起来，积极配合红军主力展开斗争，打击敌人，保卫根据地。

早在1934年5月，在燕子河的团山即建立了皖西第一支便衣队，这支便衣队在队长夏云、指导员汪少川的领导下，在团山、燕子河、白莲洞、董家河一带，宣传群众、发动群众、搜集情报、安排伤病员、镇压反动分子。豪绅地主一听说便衣队，便胆战心惊。有些伤病员就安置在地主家里，他们不但不敢伤害，还加倍小心伺候。国民党军为了消灭便衣队，四处搜寻，但由于便衣队有群众和“两面政权”的掩护，仍活动自如。便衣队牵制敌人，打击敌人，为在敌后开展游击战争提供了宝贵的经验。商南县委建立后，很快在赤城、赤南苏区发展了8支便衣队。

每个便衣队由6到10人组成，队员都是经过挑选的优秀指战员或地方干部。这些人有一定政策水平，工作能力强，会打仗、会做群众工作。便衣队的任务也越来越多，越来越重，主要包括：宣传、组织、武装群众，恢复和建立党的组织，扩大游击区，建立新的游击根据地；安置红军伤病员，照顾军烈属，为红军筹粮筹款；严惩反动分子，分化瓦解敌人，建立“两面政权”；搜集情报，掩护红军主力行动；组建地方武装，为红军主力输送兵员。

商南各地便衣队在县委领导下，始终扎根于群众之中，严格遵守党的群众纪律，与群众结成了相依为命的亲密关系，深受群众的拥护和爱戴。群众也想方设法掩护便衣队和伤病员，为便衣队排忧解难。后来，便衣队实际成了地方党、政、军三位一体的组织，这是党和红军在三年游击战争中的一大创造。

(七)妇女排的顽强斗争

商南县委在组建商南游击大队的同时，为了便于行动，将地方党政干部中的女同志、原红军医院的部分护士和红军家属约30多人，编成妇女排，由排长袁翠明和县委委员史玉清具体负责，坚守在金刚台上，牵制敌人，疲劳敌人。

金刚台是大别山主峰之一，连接鄂豫两省边区数乡镇，地形复杂，进可攻、退可守，妇女排就凭借这里的险要地势，同敌人进行艰苦卓绝的斗争。在那艰苦的岁月里，妇女排缺粮食和食盐，开始还可通过打土豪、找关系到敌占区搞到一点，但后来由于敌人封锁越来越严，她们只能靠野菜、野果充饥，草根、树皮度命。她们穿的只有一身破衣服，常年露宿山林，但坚持牵制敌人，对付敌人的搜山“清剿”。她们克服无医、无药、无医疗技术等困难，尽最大努力护理伤员。便衣队的陆化宏到敌占区搞粮食，途中同敌遭遇，头部负重伤，因为无医无药，伤口严重溃烂，送妇女排养护，经妇女排用草药贴敷，精心护理，最后伤愈归队。妇女排的老肖负伤，子弹在伤口里取不出来，她们就用针、兽骨片代替手术刀取出子弹，用草药治愈了伤口。1936年夏，苏仙石便衣队中敌埋伏，战士小邢在激战中腿负重伤，掉队失踪，商南县委书记张泽礼命

▲ 金刚台妇女排的几位女战士

令妇女排一定要把小邢同志找回来。史玉清带领妇女排部分人员翻山越岭，10 多天后，终于找到了小邢。由于是夏天，小邢的伤口里生了蛆虫，妇女排把他抬回来，经几个月的精心护理，小邢伤愈归队。妇女排就这样陆续护理了几十名身负重伤的革命战士，使他们重返前线。

妇女排同志之间亲如姐妹，遇到紧急情况，都能互相照顾，舍己为人。1936 年秋的一天下午，县委书记张泽礼的爱人晏玉香和十几个战友在金刚台西猫儿石一带活动。大家几天都没有吃一粒粮食，筋疲力尽，刚坐下休息，就碰上了敌人搜山，只得一路快跑，躲进一片丛林里。晏玉香见大队敌人向丛林方向搜寻,为了掩护同志们,她冲出丛林,全力朝着另一方向跑去,引开了敌人。晏玉香跑到一处悬崖边,无路可走,身后的敌人已经追上来了。为了不当俘虏,她纵身跳下深涧,英勇牺牲。战士张敏有一个吃奶的孩子,由于饥饿经常啼哭,一次在敌人追捕中,她怕孩子的哭声暴露目标,不得已把孩子捂死了。

敌人为了扑灭金刚台上的革命火种,除了大规模搜山外,1937年春,又在金刚台主峰修建碉堡,“驻剿”“搜剿”同时进行。妇女排为了牵制敌人,日夜不停地转移,活动在金刚台的深山密林和野兽出没的地方。在敌人一次“搜剿”中,妇女排被冲散了,史玉清、陈宜清为了寻找妇女排,被敌人包围,她们便从几丈高的岩石上溜下深涧。史玉清攀着树枝落到一个乱石丛中,陈宜清为了掩护史玉清,暴露了自己,被敌人抓走。妇女排里唯一的一位男同志老李,60多岁了,儿子当红军长征走了,老伴死了。妇女排被冲散后,他和袁翠明排长寻找史玉清、陈宜清等人,途中被敌人发现,老李为了掩护袁翠明而被捕,敌人严刑拷问妇女排下落,他至死不说,最后被敌人割下头颅,壮烈牺牲。

在三年游击战争的艰苦岁月里,妇女排在金刚台上吃野菜、嚼草根、穿密林、卧冰雪,机智勇敢地同敌人周旋,克服了难以想象的困难,牵制了大批敌人,有力地配合了商南县委和游击队坚持根据地的斗争,直到最后胜利。

(八)打碉堡、破围寨的胜利

蒋介石多次命令限期“剿清”大别山的红军，大别山前两任“剿共”总指挥刘镇华和梁冠英皆未能尽其功而败下阵去。这次蒋介石又调其亲信将领卫立煌再来大别山任“剿共”总指挥，在鄂豫皖边区进行“清剿”。

卫立煌系安徽合肥人，金家寨又是第四次“围剿”时他受重赏之地，且以其名建立了立煌县。1936 年 3 月 3 日，国民党《中央日报》报道了卫立煌在上海接任时的演讲：“立煌奉蒋委员长之命，督率所部‘清剿’鄂、豫、皖三省边区少数‘共匪’，安定地方，此乃本人天职……本人奉命‘清剿’鄂、豫、皖三省边区‘共匪’，回忆前后共有三次，第一次驱徐向前、旷继勋两大股；第二次正欲‘追剿’根除徐海东部，因江西‘剿匪’事紧，奉命前往，致未成功。此次又奉命担任‘清剿’任务，已为第三次。三省边区残匪，为数不多，将于最短时间内彻底肃清……”卫立煌到达立煌县后，指挥 9 个师又 1 个旅，共 44 个团的兵力在鄂豫皖边区进行“清剿”。在立煌、霍山、英山、罗田四县增筑 7 条碉堡封锁线，形成纵横交错、能“互相通视”和“火力控制”的封锁网。并砍伐树木建立围寨，禁闭了大批贫苦百姓。但无论敌人如何部署，红军总有反“围剿”办法。中共皖西北道委根据敌人的部署，发动地方党组织、游击武装和贫苦百姓，积极配合红军主力打碉堡、破围寨，创造游击战争的主动权，让卫立煌大部队无能为力。

1936 年 10 月下旬，高敬亭率手枪团和第一营到赤南，与商南县委书记张泽礼会合。高敬亭命令第一营营长林维先带领手枪团三分队,配合商南县委打碉堡、破围寨,摧毁敌人封锁线,恢复赤城根据地。

11月26日清晨,张泽礼率商南游击大队,扮成敌第十一路军的伤兵队,林维先率手枪团三分队扮成护送人员,向熊家河走去。来到朝阳山下的柴沟,碉堡里有民团1个班把守,守碉堡的民团一看是国民党正规军,慌忙接待。林维先命令民团集合训话,一枪未发,1个班民团全部被俘,然后将碉堡毁坏。接着,令俘虏扛着卸掉枪栓的枪走在前面,一连喊开了赵家集等11个碉堡,俘虏了全部民团。第二天,林维先率部又打破了前后两个围寨连在一起的王家圩子,歼灭了10多名敌人,解放了囚在围寨里的50多名群众。随后端掉了茶铺、柯家祠堂等地的碉堡,处决了恶霸地主、民团头子柯三爷。

在不到1个月的时间里,手枪团三分队和商南游击大队在林维先和张泽礼的领导下,横扫熊家河、汤家汇、麻河岗、胭脂坳、墨园等地30多个碉堡和60多个"移民并村"的围寨,使老根据地出现了新的斗争局面。这些情况卫立煌都接到了战报,但红军分散游击,来去无踪,卫立煌大部队只得望山兴叹。

(九)反对敌人秘密"清剿"的斗争

1936年12月12日,国民党东北军将领张学良和西北军将领杨虎城发动了西安事变,扣留了蒋介石。由于中共中央的调解,逼迫蒋介石愿意停止内战，一致抗日。但他实际上仍坚持反共反人民的立场，秘密调兵遣将，对各游击根据地实行更为残酷的秘密“清剿”。1937 年 4 月 27 日，蒋介石又委任卫立煌为“豫鄂皖边区督办公署”督办，调集正规军 38 个团和 12 个县保安团，在鄂豫皖边区实施残酷的秘密“清剿”。

卫立煌深知红军善于山区作战，便将部队一部分封锁交通要道，一部分进山扎寨，增修碉堡，组成碉堡封锁网，并调集大部队组成“追剿”纵队，采取拉大网的办法对红军进行层层包围。

当时，红二十八军在鄂东北缴获了国民党某部的秘密文件，得知敌人上述秘密“清剿”的计划，立即做了反“清剿”布置。在皖西北地区，道委决定各县委、游击队和便衣队除留少数人员坚持原地斗争外，都编成游击队，转移到外线开展游击战，破坏敌人交通，截击敌人运输。

6 月初，敌人按照计划开始了全面的“清剿”。商南游击大队和便衣队在县委书记张泽礼领导下，采取灵活机动的战略战术，分散活动，在敌军的空隙中穿插，寻机歼敌，使敌军弄不清游击队的行动规律。张泽礼率领部队打掉了银山畈、火炮岭、胡店子几座碉堡，处决了一些罪大恶极的民团头子和对国民党反动派死心塌地的地主恶霸。

红二十八军经常化装成敌人，到敌后方去，打击敌人地方武装。一次，红二十八军在武汉去黄陂的路上打敌碉堡后，敌供出次日将有一支从武汉向大别山运送给养的队伍要经过这里。手枪团团长詹化雨扮成国民党上校军官，战士都穿着敌人的服装，预备截击。次日中午时分，果然有两个军官骑着马，带着20多名士兵，押运挑着30多副担子的民夫向前走来。詹化雨走上前去，大声喝问敌人是哪个部分的，令两个骑马的军官下马检查。分队长李世安大声喝道："我们是卫总指追剿队的。"便和詹化雨把两个骑马的军官拉下马来，手枪团战士一拥而上，将其捆绑，20多名士兵全被缴械，挑夫挑的30多担银圆、服装和子弹全部成了红军的战利品。

卫立煌费尽了心机，使尽了围追堵截的伎俩，可就是"剿"不到"为数不多的"红二十八军，反被红二十八军反剿了不少。

红二十八军是一支特别能战斗的部队。据有关史料记载，在大别山近三年的游击战争中，"剿共"总指挥前后三任，包括卫立煌，先后动用了18万多军队，却一一败下阵去，数次"清剿"计划都一一破产。而开始仅千余人的红二十八军，与根据地人民群众共同战斗，越战越勇，最后发展到3000多人，从1934年底到1937年七七事变前，共歼敌正规军5个营近2000人，歼灭了地方民团1000多人，创造了以少胜多、以弱胜强的奇迹。国民党报纸经常有惊呼红二十八军四处转战、威逼的消息，为鼓动其"清剿"部队的士气，多次报道"高俊亭（国民党均以'敬亭'为'俊亭'）、林维先战死""红军主力被歼灭"的假消息，还悬赏重金捉拿高敬亭、林维先等，可这些后来都成了国民党的笑柄。

据统计，新中国成立后授衔的开国将军中从红二十八军走出来的就有23人，其中金寨籍有8位，他们的光辉战斗业绩，令人无限敬佩。

1937 年的七七事变后，日本帝国主义发动全面侵华战争，全国人民一致呼吁停止内战，“豫鄂皖边区督办公署”督办卫立煌开始醒悟，接受了红二十八军“停止内战、共同抗日”的倡议。至此，十年内战宣告结束。

第四章

革命力量的战略转移与发展壮大

（1937 年 7 月— 1948 年 12 月）

1931 年，日本帝国主义发动九一八事变，占领了东三省。1937 年 7 月 7 日，又发动卢沟桥事变，开始了全面侵华。中国的政治形势发生了急剧变化，中国与日本帝国主义的民族矛盾上升为主要矛盾，国内的阶级矛盾下降为次要矛盾。当中华民族处于危急存亡的严重关头，中国共产党以国家和民族利益为重，提出了停止内战、一致对外，实行全民族抗战的政治主张，深受全国人民的拥护。在中国共产党的大力倡导和推动下，全国人民的抗日怒潮日益高涨，国民党南京政府接受了中共的正确主张，在全国形成了以国共合作为基础的抗日民族统一战线。鄂豫皖边区党和红军领导人高敬亭根据中共中央指示精神，主动与国民党地方当局进行停战谈判，并达成了一致对外、共同抗日的协议。从此，鄂豫皖边区人民和全国人民一起，开始了全国抗战，最终取得了全面胜利。

一、国民党安徽省政府迁至金寨

(一)鄂豫皖边区国共两党合作抗日

1937年7月13日,红二十八军政委高敬亭率手枪团两个分队来到岳西县南田村,与中共皖鄂特委书记何耀榜会合,看到了姜树堂从西安红军联络处带来的《中央关于抗日救亡运动的新形势与民主共和国的决议》等文件和报纸。姜树堂口头传达了办事处负责人林伯渠的指示:尽可能寻机与国民党军政方面举行谈判停战。与党中央失去联系的高敬亭看到中央文件、报纸,听到了林伯渠的指示,才了解到全国的抗战形势。他与何耀榜反复商讨,对当时国内所处的政治形势有了进一步的了解,认识到抗击日本帝国主义、拯救中华民族,是举国上下的当务之急。他经过慎重考虑,决定根据中央文件精神,向国民党地方当局发出停战谈判的倡议。此时,奉命在大别山进行"清剿"的国民党军队,大多厌战,而抗日情绪高涨。在西安事变中同蒋介石一起被扣押的"国民党豫鄂皖边区督办公署"主任卫立煌,也认识到停止内战、抗日救国是人心所向,虽然他回到大别山后仍进行了蒋介石布置的对大别山红军的2个月秘密"清剿",但抗日战争是大势所趋,事关中华民族的生死存亡，因而他接受了红二十八军停战谈判的倡议。但为达到其谈判的政治目的，卫立煌曾调其第三十二师布防于谈判区域，被发现后遭到了严厉斥责，卫立煌遂令部队撤离。

7月22日，中共地方代表、皖鄂特委书记何耀榜，国民党“督办”当局代表刘纲夫，安徽省政府代表郭副官，在岳西县青天畈上青小学汪氏宗祠举行谈判。国共双方遵循停止内战、一致对外、合作抗日的方针，中共地方代表就坚持共产党对军队的领导权、保持人民军队的性质和独立自主原则等问题，提出了自己的方案。国民党地方当局代表鉴于我方旗帜鲜明、条款有理有节而又义正词严、无懈可击，不得不表示出一定的诚意。双方经过反复磋商，于27日达成了停战协议。岳西停战谈判的成功，标志着鄂豫皖边区十年内战的结束和国共合作抗日的开始。

(二)红二十八军改编为新四军第四支队

1937年8月初，中共皖鄂边区特委、红二十八军政治部向边区各地张贴布告、发出通知，并派出干部赴各根据地和游击区，传达停战谈判协议，要求分散在各地的革命武装迅速开赴湖北黄安七里坪整编。

9月初，红二十八军第八十二师政治部主任石裕田、手枪团第三分队队长李世焱和雷文学等十几名干部战士，带着高敬亭给张泽礼的亲笔信，到南溪、金刚台、白沙河一带寻找商南县委及其领导的红军便衣队，传达抗日的形势和任务，集结部队开往七里坪整编。

石裕田、李世焱经过20多天的辗转努力，终于在南溪槐树坪找到商南县委书记张泽礼和徐其昌等同志，出示了红二十八军的布告和高敬亭给商南县委的亲笔信，传达国共合作抗日的指示。商南县委出于对蒋介石和国民党反动派的深仇大恨，对国共合作抗日的政策表示怀疑，不愿将商南革命武装带去七里坪整编。石裕田等人反复传达中央文件精神，宣讲国难当头，应不计旧仇宿怨，只有团结一切可以团结的力量，结成广泛的统一战线，才能打败日本帝国主义、拯救中华民族危亡的道理，商南县委才消除疑虑，通知游击大队和各地便衣队到金刚台集中，由县委率领开往七里坪整编。出发前，商南县委秘密留下了商南县委委员、二区区委书记杜立保及其领导下的熊家河便衣队，为的是万一发生意外，仍能保留革命火种，继续坚持战斗。这说明红二十八军指战员具有高度的革命警惕性。

其间，鄂东地区的红二十八军干部、战士及地方革命武装也大都到达七里坪集中，接受整编。

12月，鄂豫皖特委书记郑位三，又从七里坪派出徐其昌等6位同志，以“鄂豫皖工农抗日联军”（边区红军整编后的暂时番号）代表的名义，到白水河、金家寨一带慰问抗日军属和烈士家属，向地方党组织和群众进一步传达贯彻中共有关抗日民族统一战线的方针政策，帮助边区党政军民提高思想认识，尽快完成由土地革命到反侵略战争的战略转变。

1938年2月中旬,红二十八军、确山游击队,遵照党中央指示,在黄安七里坪正式改编为新四军第四支队,支队司令员高敬亭,参谋长胡华坚(未到职,由林维先担任),政治部主任萧望东(东进时由戴季英接任)。第四支队下辖第七、八、九团和手枪团、直属大队,共3100多人。

(三)新四军第四支队兵站在桃树岭建立

1938年3月初,新四军第四支队奉命东进皖中、皖江地区抗日,途经汤家汇、双河山等地时,受到了老根据地人民群众的热烈欢迎,许多青壮年踊跃参军。杜立保领导的熊家河便衣队,也被编入了第四支队。

3月中旬,新四军第四支队在金寨流波进行短期休整。高敬亭主持召开了干部会议,政治部主任戴季英传达了中共中央长江局的指示,成立了第四支队军政委员会,高敬亭任主席,戴季英任副主席,林维先、吴先元、胡继亭为委员。会议还根据鄂豫皖边区停战谈判协议的条款,为建立第四支队立煌兵站(也称为第二兵站)做出相关决定。

4月中旬,新四军第四支队立煌兵站在金寨桃树岭的秦家湾正式成立,不久迁到桃树岭头的张家湾。8月,因工作的需要,兵站又迁移到花石白水河(今花石乡)汪家老屋。

立煌兵站建立初期,国民党安徽省政府被迫履行国共合作、一致抗日的协定,负责供给新四军第四支队部分粮饷、服装、武器。

▲ 新四军第四支队立煌兵站——花石白水河汪家老屋

郑维孝以中校站长的身份与国民党省政府联系、交涉有关事宜。由于金寨地处大别山腹地，交通闭塞、运输条件极差，运往前线的物资全靠人力肩挑背扛，沿途还有国民党军队的溃兵和土匪骚扰抢劫。为了保证把有限的物资及时安全地送到抗日前线，兵站同志依靠基层党组织，发动群众在运输沿线建立情报网、交通站，对押运部队进行保密教育，每次都胜利完成了运输任务。

兵站内设有电台，负责与党中央、长江局的联系，及时传递党中央、长江局对大别山区抗日工作的指示。设在金寨的各级党组织的公文函件，也都由兵站同志传送。从延安、湖北、河南等地经金寨秘密去抗日前线的干部、战士，到金寨后均由兵站接待，安排食宿，护送通过敌人的封锁线，使之安全到达目的地。各地分配来安徽工作的同志也由兵站接洽，报请组织安排工作。

立煌兵站另一项更重要的任务是，以它公开合法的地位，掩护设立在金寨的中共各级领导机关，保卫领导人的安全。中共立煌县委、中共安徽省工委、鄂豫皖区党委都先后在兵站内办公，党的许多重要会议都在兵站召开，郑位三、彭康、何伟、郭述申等党的高级干部都曾在兵站的掩护下，领导大别山区的抗日民主运动，使当时的立煌县成为安徽抗战领导中心。

（四）中共安徽省工委、国民党安徽省政府迁驻金家寨

七七事变后，一直与共产党保持联系的社会进步人士朱蕴山，受中共驻南京代表团董必武、叶剑英的委托，积极向国民党第五战区司令长官兼安徽省政府主席李宗仁建议：以组建抗日民众总动员委员会的形式，团结各方面力量，实行全国抗战。当时桂系刚刚主政安徽，抗战形势紧迫，为了顺乎民意，求得各界人士的支持，以便桂系能够在安徽立稳脚跟，李宗仁采纳了朱蕴山的建议。经过具体筹划，第五战区安徽民众总动员委员会（后改称为安徽省民众总动员委员会，以下简称“省动委会”）于 1938 年 2 月 23 日在六安正式成立，3 月 5 日开始办公。省动委会主任委员由代理省主席张义纯兼任，皖籍爱国进步人士朱蕴山、沈子修、光明甫、常恒芳分别担任省动委会总务部、组织部、宣传部、后勤部的

部长，情报部部长由桂系将领丘国珍担任。上海抗日救国会七君子之一的章乃器应邀任省动委会秘书长，主持省动委会的实际工作。省动委会特别注重团结、重用富有爱国热情的开明士绅、社会名人为该组织成员，委员先后共有100多人。

1938年4月初，中共安徽省工作委员会在六安成立，书记彭康，组织部部长李世农，宣传部部长张劲夫，军事部部长谭光廷，委员先后有曹云露、黄岩、喻屏、刘顺元、郑维孝等。为贯彻党的抗日民族统一战线政策，使省动委会真正成为领导和动员全省人民抗日救亡的群众组织，中共中央和中共安徽省工委及时选派了周新民、童汉璋、张劲夫、狄超白、孙以瑾、史谦、詹运生、陈国栋等一大批共产党员到省动委会工作，担任各个部的重要职务。在共产党员的影响和推动下，省动委会采取多种形式，进行广泛的抗日救亡宣传，并通过办训练班招收进步青年，培训了一大批抗日骨干，先后共组建了100多个省、县抗日工作团，派往各地开展抗日宣传动员工作，帮助成立县、区、乡、镇各级动委会。

5月，抗战形势日趋恶化，蚌埠、徐州相继失守后，日军又攻陷了合肥，直逼六安。为避日军兵锋，国民党安徽省政府、省动委会等机构于6月27日由六安迁到麻埠，7月下旬又迁到金家寨。中共安徽省工委为坚持国共合作的抗日统一战线政策，领导长江以北和大别山区的抗日民主运动，也于6月底从六安迁至金家寨，先驻桃树岭第四支队兵站，不久，随兵站迁移到花石白水河汪家老屋。10月，国民党第二十一集团军总部也由鄂东移驻金家寨。

金家寨这个闭塞的山区小集镇，顿时机关林立、人口聚增，成为战时的安徽省会和中共领导安徽和大别山区抗日救亡运动的政治中心。

随着安徽省政府和省动委会迁来金家寨，安徽省妇女战地服务团、抗敌演剧第六队、广西学生军以及省直属的第二十四、三十三、三十七、三十九抗日工作团相继进驻金寨。这些抗日团体的领导人多为共产党员，他们到金寨后立即深入基层，以各种方式对群众进行抗日救亡的宣传教育，揭露日军侵华的暴行，激发民众的爱国热情。顿时，偏僻的城乡到处呈现出一派抗日救亡的勃勃生机。

安徽省政府迁往金家寨时，以刘真如、方治等为首的安徽省国民党 CC 分子先是逃往皖南屯溪，后于秋季窜回立煌，控制着国民党安徽省党部和省教育厅，公开反对国共合作抗日，摧残、迫害抗日进步力量。国民党 CC 分子和掌握安徽军政大权的桂系实力派，为了争夺在安徽的权与利，互相倾轧，矛盾重重。10 月，国民党桂系第二十一集团军总司令廖磊接任安徽省政府主席后，为稳固桂系在安徽的统治，压制 CC 派势力，不得不借助安徽抗日进步力量，赞同国共合作，支持动委会的工作，以笼络广大青年和抗日民众组织，与 CC 势力进行了激烈的斗争。

中共安徽省工委为了促进国共合作抗日、团结一切抗日力量，遵照中共中央制定的“发展进步势力，争取中间势力，孤立顽固势力”的方针，以动委会、工作团的组织形式，紧密团结广大进步青年和爱国民主人士。同时,充分利用蒋、桂矛盾,把桂系作为中间势力与之既斗争又团结,争取他们联共抗日,孤立和打击反共反人民的CC分子与顽固不化的国民党右派势力。因此,抗战时期的金寨地区,既是中共领导安徽人民开展抗日救亡运动的政治中心,也是中共与国民党反动派在鄂豫皖边区的斗争中心。

(五)中共立煌县委的成立及其工作的开展

中共安徽省工委为适应斗争形势的需要、加强对金寨地区抗日工作的领导,决定建立中共立煌县委。

1938年6月中旬,董必武等来金家寨一带视察大别山区抗日救亡工作,在桃树岭兵站听取了商南县委书记张泽礼的工作汇报后指示:各级党组织要转好思想弯子,在加强党的领导的同时,团结一切爱国力量,共同抗日。会后,张泽礼随董必武去延安学习,立煌县及商城部分地区党的工作交徐其昌负责。

6月下旬,中共立煌县委成立,县委书记何绪荣,委员有徐其昌、周维等。8月,县委机关驻白水河汪家老屋新四军第四支队兵站。县委成立后,根据当时的抗战形势,结合立煌县的具体情况,确定了立煌县委的中心任务:迅速恢复与发展党组织,广泛发动群众,巩固和扩大抗日民族统一战线,调动一切力量,推动金寨地区抗日救亡运动的发展。

中共立煌县委领导下的党组织有双河、汤家汇、斑竹园(包括白水河、燕子河)、麻埠(包括白塔畈)4个区委和1个县委直属的金家寨支部。商城县境内的苏仙石党支部和回龙集党小组也归属立煌县委领导。此时,全县总共有 20 多个党支部,党员 200 多人。

7 月,立煌县委书记何绪荣调去新四军工作,由兵站站长郑维孝代理书记。不久,郑维孝离任,由徐其昌接任县委书记。当时县委工作的重点在农村,由徐其昌具体负责,周维、张维诚分管金家寨、麻埠等城镇的工作。为了严守党的秘密、便于开展工作,县委负责人都以公开合法的身份做掩护,徐其昌在兵站任副官,周维在省动委会做秘书,张维诚则在立煌县动委会任干事。

立煌县委成立后,针对部分党员对国际国内形势认识不清和对国共合作抗日政策不够理解的情况,对党员普遍进行政治思想和形势教育,深入贯彻党的抗日民族统一战线政策,使党员的思想觉悟得到了提高。县委书记徐其昌深入汤家汇,与区委共同研究党组织的恢复发展工作,使汤家汇区在极短的时间内,党支部由原来的 3 个增加到 5 个,党员由 60 多人增加到 100 多人。立煌县委为便于开展统战工作,还选派优秀党员利用关系打入国民党政权机关和地方武装组织。汤家汇乡的副乡长和汤家汇、黄林 2 个保的保长及枣林的甲长,均由地下党员阎光华、彭传海、何道成等人担任,他们利用各种机会和方法,打击地主等反动势力,减轻贫苦农民负担,保护抗日军属利益,动员农村青壮年参加抗日武装。

1938 年 8 月,隶属立煌县委领导的商城县,以杨必声(共产党员）为县长的抗日民主政府，改造和扩大了原商城县常备大队，并改名为“商城抗日挺进大队”。为了加强党对商城抗日挺进大队的领导，使之成为名副其实的抗日武装，中共立煌县委根据上级党组织的指示，派出了以汤家汇区委书记雷维先为首的30多名党员和进步群众参加挺进大队，雷维先任大队长，大队秘书、指导员和各中队队长均由共产党员担任，使挺进大队完全在共产党领导之下。

1939年春，安徽省财政厅组织税警队，就近招收税警队员。为了发展抗日武装力量，党组织利用同财政厅长章乃器的统战关系，县委委员张维诚在双河、桃树岭、下堂子等地挑选了30名退役的红军战士和进步群众，经短期训练后，转入税警队。同时，县委派张海帆等15名共产党员也乘机打入税警队。张海帆任税警队司务长，并在税警队内建立了地下党支部，秘密发展党员，使之成为党组织搜集、传递情报，积极开展党的活动的一支重要力量。

中共立煌县委经过一段时间的艰苦工作，党的基层组织得到了较好的恢复和发展，党的抗日民族统一战线的方针政策逐步深入人心，群众的抗战热情日益高涨，有力推动了大别山中心区域抗日民主运动的发展。

（六）中共安徽省工委、鄂豫皖区党委在金寨领导的抗日民主运动

安徽省抗日民族统一战线形成之后，中共安徽的党组织仍处

于秘密状态。党关于抗日民族统一战线的方针政策的贯彻执行，主要是通过动委会、工作团的组织形式来实现的，因而中共安徽党组织十分重视对动委会、工作团等抗日民众组织的领导。

1938年6月，中共安徽省工委以省动委会的名义，在桃树岭新四军兵站举办训练班，培养抗日骨干，参加学习的大多是爱国进步青年。张劲夫、章乃器、童汉璋等亲自给学员讲课，帮助他们提高思想觉悟和文化理论水平。学员结业后，被组成工作团，分派到各县进行抗日的宣传动员工作。党组织通过周新民、张劲夫掌握的省动委会组织部，派出一批共产党员到各县动委会任指导员和工作团团长，如霍山县动委会指导员赵敏、立煌县动委会指导员王北苑、省第二十四工作团团长成克坚、省妇战团团长蒋岱燕、省少宣团团长吴道明等。他们利用在动委会和工作团的合法身份及有利条件，广泛团结各阶层爱国民主人士和进步青年，在工作团中建立地下党支部，秘密发展党员。这样，使各地动委会和工作团的工作，都能在党的直接领导下进行，使“动委会表面上看起来属于桂系领导，实际上是以共产党员为核心的进步力量掌握着领导权”①。

中共安徽省工委还通过省动委会，将一些优秀的共产党员派往国民党各级政府中任职，他们与地方爱国进步人士团结合作，推动抗日民主运动不断向前发展。

---

① 朱蕴山：《关于动委会的一些回忆》，载《安徽革命史资料》，1981年，第4期。

中共中央为加强对鄂豫皖边区抗日工作的领导，1938 年 7 月，长江局派刘顺元、喻屏等同志到金家寨，参加安徽省工委的领导工作。10 月，中共中央长江局派湖北省工委宣传部部长何伟以《新华日报》记者的身份到金家寨，向安徽省工委传达党中央对大别山区抗日工作的指示，并在国民党上层人士中开展统战工作。年底，中共中央又派郑位三、郭述申、谭希林等到金家寨，筹建中共鄂豫皖边区党委。

1939 年 2 月，郑位三在白水河汪家老屋主持召开了豫东南、鄂东北、皖西北等地区党的代表会议。郭述申传达了党的六届六中全会精神，会议分析了鄂豫皖边区的抗战形势，就如何巩固与扩大抗日民族统一战线、组织人民的抗日武装、开辟敌后抗日游击根据地等问题进行了讨论。根据中央指示，会议宣布撤销中共安徽省工委，成立中共鄂豫皖区党委。党委书记郑位三，宣传部部长彭康，民运部部长张劲夫，军事部部长谭希林，何伟任组织部部长兼统战部部长。

中共鄂豫皖区党委为了便于开展工作，在区党委民运部下面成立了青年工作委员会和妇女工作委员会。青年工作委员会书记陈少景，甘怀勋、郑忠为委员；妇女工作委员会书记孙以瑾，广西学生军中的共产党员朱澄霞、易凤英为常务委员。宣传部下面成立了文化工作委员会，书记朱凡，文化界的进步人士张百川等人为委员。这 3 个工作委员会都是通过动委会开展活动的。

为了培养党的干部，加强党在边区各地的领导力量，在区党委领导下，由彭康主持，在白水河附近秘密举办了3期党员干部培训班，每期月余时间，学员来自霍山、六安、立煌、霍邱、寿县、商城、固始、英山等三省边区。

为了加强形势教育，区党委还办了《三日新闻》油印小报，转发新华社消息，宣传党的抗日方针政策。小报虽不公开发行，但读者踊跃，争相传阅。

1939年夏，国民党安徽省政府在金寨举办皖政干部训练班，训练培养县、区、乡基层干部，各地动委会选派学员参加培训，使训练班成为中共培养、团结和联系进步青年的阵地。中共鄂豫皖区党委民运部妇女工作委员会，为了利用省政府办训练班的机会培养妇女干部，通过广西学生军中的共产党员、妇委会主任委员朱澄霞、易凤英等人的努力争取，获准公开在高庙子举办为期3个月的妇女训练班，学员来自全省各县，共有100多名进步女知识青年参训。妇女训练班主任由省主席廖磊担任，共产党员朱澄霞、易凤英、孙以瑾、蒋岱燕、董启翔、刘芳等人分别担任妇女训练班的副主任和总务、教务主任及教官、指导员。为把这批学员尽快培养成党的抗日干部，妇女训练班开设了政治常识课，讲授共产党的抗日方针、政策以及马列主义基本常识，学习《论持久战》《论新阶段》以及工人运动史、妇女运动史等，并进行射击、战地救护等军事技能训练。妇女训练班结束后，一部分学员回原地动委会从事妇女工作，一部分学员组成了省直属第三十五工作团，活跃在金寨的城镇和乡村，进行抗日救亡的宣传动员工作。不久，她们在党的领导下，奔赴皖东参加了抗日游击战争。

由于中共安徽省工委、鄂豫皖区党委加强对动委会、工作团的领导，重视对党的青年干部、文化干部和妇女干部的培养，这使党的抗日民族统一战线政策和方针得到了顺利贯彻执行，团结了广大民众，壮大了党的组织，增强了党在边区开展抗日民主运动的领导力量。

二、金寨地区的抗日救亡运动

（一）立煌县动委会和各抗敌协会的组建

省动委会、安徽省政府迁驻金家寨后，来自全国各地的爱国民主人士和抗日救亡团体云集金家寨，为了加强对各抗日进步团体的领导，在中共立煌县委和省动委会的组织领导下，1938 年 8 月，立煌县动委会在金家寨船舫街成立。

立煌县动委会成立后，县境内的 4 个区、24 个乡、3 个镇相继建立了区、乡、镇动委会，各级动委会共有委员 371 人。

各级动委会为了开展抗日救亡宣传运动，在全县各地组织成立了工人、农民、妇女、青年、文化、商业等 69 个抗敌协会，会员总数达 7193 人。同时，全县还组建了 5 个儿童抗敌团队，有队员 280 人，他们是基层最活跃、最有力量的抗日救亡运动宣传员。

为培养妇女的社会服务精神，为抗战出力，在省妇委会、省妇战团和立煌县妇抗会的领导下，成立了妇女洗衣社，有社长1人、股长2人、社员20多人。在城郊的詹家湾、郑家湾、石家湾、梁家庄成立了妇女缝纫组，为前方抗日将士制衣做鞋，为抗战服务。

(二)金寨地区抗日民众总动员

为了揭露日本帝国主义的侵略罪行，激发人民的抗日斗志，金寨地区的各级动委会，省、县抗日工作团，各类抗敌协会，在中共各级党组织的领导下，开展了声势浩大的抗日民众总动员。

1.广泛宣传，深入动员

1938年6月下旬，麻埠各界爱国人士和群众1000多人，在镇北的大戏楼广场集会，声讨日寇侵华罪行，动员群众抗日救国。大会提出"国家兴亡，匹夫有责""抗日不分男女老少，守土不分南北东西"的口号。省动委会负责人朱蕴山、周新民在大会上发表了热情洋溢的讲话，强调各级动委会的责任和任务，号召麻埠人民积极参加抗日救亡工作，为收复国土打败侵略者做贡献。金家寨乡、胡店乡、双河乡在动委会的组织下，纷纷召开群众大会，其中金家寨乡的会议规模最大，到会4000多人，敲锣打鼓，群情激奋；胡店乡的农民冒雨集会，"把日本强盗赶出去！""抗战到底，抗战必胜！"的口号声震彻山谷。

1938年10月，中共安徽省工委通过省动委会，邀请日本反战朋友石锦昭子(女)在军政人员和群众大会上，以自己在中国的见闻，控诉日本侵略军在中国实行“三光”政策的罪行，激励中国军民团结抗战，赶走日本强盗。

1939 年 3 月 8 日，全县各界妇女举行三八节纪念大会，妇女们手执红绿彩旗，高唱抗战歌曲，从四面八方涌向会场。妇女代表纷纷在大会上声讨日军侵华罪行，表达团结抗战的决心，誓为妇女的解放和国家的独立做贡献。会后，妇女歌咏队、慰问队到后方医院慰问伤兵，为其洗衣、喂饭、演出文艺节目。

5 月初，龙井、方坪等乡动委会召开了纪念五一国际劳动节、五三反日本炮轰济南城、五四青年节群众大会，宣传中国人民反侵略斗争的光荣传统，鼓励青年参军参战，强调国共合作抗日的重要意义。会后，演出了抗日剧目，广大群众深受教育。

省少年宣传团是活跃在金寨地区的一支少年文艺队伍，全团 40 多人，团员年龄最大的 17 岁、最小的仅 11 岁，团长、副团长均是共产党员。他们经常到街头和乡村唱歌演戏，吸引了大批观众，动人的剧情和小演员们真切的表演，使许多人感动得掉泪。一次，省少年宣传团和省妇战团一起，冒着敌人的炮火，到富金山阻击战前沿阵地为抗日的东北兵官兵慰问演出《放下你的鞭子》《松花江上》等反映东北人民遭受日军摧残和人民要求抗日的节目，使东北军爱国官兵深受感动，齐声高呼：“打倒日本鬼子，还我东北！”“打回老家去！”演出中途还捉住了跟宣传队一起到富金山抗战前线探查抗战指挥所位置的日本特务，为保卫抗战前线指挥所和指挥官的安全立了大功。

广西学生军是由广西大中学生组成的一支青年抗日团体，共有200多人，分两个中队，女生约占半数，其中建有地下党支部。易凤英、朱澄霞等人能歌善舞，极富组织能力，他(她)们不仅利用同桂系的特殊关系，常在桂系上层做统战工作，还深入集镇和农村，发动群众，组织妇女、儿童识字班，宣传党的抗日救国十大纲领。1939年2月，广西学生军在金家寨举行为期3天的抗日话剧公演。由平津流亡学生组成的抗敌演剧第六队，在共产党员王泽久的带领下，深入基层，演出《悲惨的呼声》《死里求生》《渡黄河》等话剧，启发人民群众的觉悟，鼓舞军民的抗日斗志。观看的人民群众和抗日团体数以万计。演出中，观众不断报以热烈掌声，“打倒日本帝国主义！”“把日寇赶出中国去！”等口号声响彻云霄。

1939年8月，省青年抗敌剧团在文艺界知名人士许晴、孟波、刘保罗的领导下，在金家寨演出报告剧《汪平沼协定》(汪精卫和日本首相平沼骐一郎签订的卖国协定)、《满城风雨》，揭露日伪罪行，观众反应强烈，连续公演7天，前往观看的省、县机关的公职人员、桂系军人、青年学生、工人、市民和方圆几十里的农民群众有数万人。

2.出版发行抗战刊物，占领舆论宣传阵地

《大别山日报》是国民党安徽省政府的机关报，为了利用这块颇有影响的舆论阵地，宣传党的抗日方针和政策，中共安徽省工委通过省动委会，派党员干部和进步的知识分子担任编辑、记者，部分地控制了报纸的采编权，经常在报上报道八路军、新四军抗日战绩，揭露日伪罪行，并在《大别山日报》上主办了《全民动员》副刊，驳斥了国民党右派片面抗战、破坏国共合作的言行。

1938年秋，省动委会在金家寨石峡口开办生活书店，中共地下党组织在金家寨石稻场开办北新书店，销售进步书刊。其中，毛泽东的《论持久战》不仅为进步青年和广大群众所喜爱，就连桂系部队的军人和省政府的公职人员也在暗中传阅。

1939年夏，广西学生军在党支部的领导下，在金家寨龙井沟设立了广西学生军通讯处，创办了《广西学生军通讯》，宣传共产党的抗日政策，并把毛泽东的著作和党中央的指示变换形式，编写成文章发表，使共产党的抗日主张深入人心。

在金寨创办和发行的进步刊物中，还有省动委会的《动员月刊》、省青年抗敌协会的《青年月刊》、省文化事业委员会的《文化月刊》、省妇委会的《妇女月刊》、战时文化学会的《战时文化》，这些刊物都从不同的角度宣传抗日，推动了全县乃至全省抗日救亡运动的发展。

3.捐款捐物，支援前方

1939年3月，金寨城关各界妇女为支援前方抗日，捐募现金300多元，制作200多个慰劳袋，寄往前方；4月，县、区、乡妇抗会员为抗日将士做军鞋 1400 多双;6 月,全县妇抗会员绣制有“抗战”字样的手帕 1000 多副、锦旗 2 面,由省慰问团转赠给在黄梅县取得抗敌胜利的抗日官兵。麻埠镇动委会于 4 月中旬发起献金活动,各界人士捐献法币 2500 多元,由动委会统一寄往抗日前线;麻埠青年抗敌剧团,于 8 月和 11 月两次举行话剧义演,将全部得款为抗日将士置办棉衣。7 月,金寨各界人士捐款 1900 多元,捐鞋 4.7 万双,全部送给前线的抗日官兵。9 月至 11 月,安徽省妇委会、省妇战团、县妇抗会联合发起大规模的捐募寒衣运动,共得款 1564 元、棉背心 5 万件,送往抗日前线,支援前方将士抗战。

(三)史沫特莱来金家寨

1939 年 9 月 26 日,美国进步作家、著名记者艾格妮丝·史沫特莱女士为了考察大别山的伤兵、难民救济和抗日民众动员工作,从皖南新四军军部来到金家寨。

史沫特莱是抗战以来亲临大别山腹地的第一位国际友人,因而受到立煌各界人士的热烈欢迎。9 月 29 日,省动委会组织了省青抗、省妇委会、第三十五工作团、妇战团、广西学生军、抗敌青年剧团、少宣团、大别山日报社、中原出版社等团体的代表和各界知名人士 100 多人,在省动委会大礼堂举行欢迎大会。史沫特莱在热烈的掌声中发表了至诚恳切的讲话,她说:“中国抗战非仅是为民族解放而战，且为世界反法西斯、维持正义和平而战……凡世界爱好和平国家，对中华抗战皆甚同情，或予以援助。本人此后将把中国英勇抗战及大别山各方面表现与进步，宣扬国际……”当她说到“中国人民一定能够取得抗日战争的最后胜利”时，全场欢声雷动。9 月 30 日，《大别山日报》发表了《欢迎国际友人——史沫特莱女士》的评论，赞扬其反法西斯的伟大精神。

9 月 27 日，省妇委会和省青抗的负责人朱澄霞、刘芳、易凤英等几位同志拜访史沫特莱女士，征求她对安徽青年工作和妇女工作的意见。史沫特莱诚挚地说：“中国青年是典型的青年，中国青年眼光的远大和高度的政治觉醒是除了苏联之外，其他国家所比不上的。抗战以来，安徽的青年更表现突出的进步。”对于从事妇女工作的同志，她寄予很大的希望，她鼓励大家说：“妇女工作虽是最艰苦的工作，但是只要我们能耐心地坚决地努力，它是有伟大的前途的！”10 月 3 日，她应省妇委会的要求，为该会正在筹办的《妇女月刊》题词。她在题词中阐明了妇女解放与抗日民族战争的关系，希望妇女们在战争实践中学习，增长才干，不断进步，热情赞扬了战斗在大别山的女同志“在敌人的后方为了她们祖国的自由而贡献出她们全部的心力”。这篇题词，于 11 月 15 日发表在《妇女月刊》创刊号上，广大妇女深受教育和鼓舞。

史沫特莱为了解安徽妇女工作情况，还专程访问了省妇委会，与妇女干部们亲切交谈，并参观了妇女洗衣社和难民纺织工厂。应省妇女问题研究会的邀请，史沫特莱做了关于世界妇女运动的演讲，事后又认真地将演讲稿整理成一篇题为《世界妇女运动的动向》的文章，由振风翻译后刊登在《妇女月刊》上。应《中原月刊》的邀请，史沫特莱又撰写了《目前欧洲战局》一文，刊于《中原月刊》第二期。

史沫特莱女士在金寨期间，通过与各界人士的广泛接触和座谈，既受到抗战形势的鼓舞，也预感到大别山区的抗战形势已开始恶化。她说："到达立煌河谷的那一分钟，我就进入了一个充满政治阴谋的世界，旧秩序在这里进行着对抗新生力量的斗争。"许多问题"都渊源于新与旧、民主与独裁、十足的无耻与普通人民的尊严之间的抗争"。并指出反动的CC派控制下的国民党"省党部，好像常常代表着黑暗和阴险的一切"。[①] 对于进步人士和青年的爱国热忱，她则给予了极大的鼓励和支持。

生活俭朴、神态刚毅的史沫特莱女士在金寨停留了一个多月。10月28日，她带着对大别山人民的深刻印象和友好情谊，离开金寨西行，前往鄂豫地区采访。她在金寨期间所发表的演说和文章，对促进安徽人民抗战，激发青年、妇女的工作热情，争取世界爱好和平人士的广泛同情，都有着极其重要的意义。

---

① 艾格妮丝·史沫特莱著，江枫译：《中国的战歌》，北京：作家出版社，1986年，第351—357页。

三、中共地方组织领导的抗日救亡运动

(一)中共立煌市委的成立和抗日民主力量的转移

1939年8月,中共鄂豫皖区党委在庐江县东汤池召开了党的代表大会,会议根据大别山区抗战形势逆转的情况,研究制订了反逆流斗争的措施和步骤,并决定成立中共立煌市委,接替鄂豫皖区党委在金寨的工作。

10月,中共立煌市委正式成立,由区党委委员、原豫南特委书记李丰平任书记,组织部部长甘怀勋,宣传部部长郑忠,魏心一、张海帆、李萍为委员。成立后,市委根据金寨地区政治形势的变化,确定了两项具体工作任务:(1)广泛发动群众,团结发展进步势力,坚持"有理、有利、有节"的斗争原则,与桂系顽固派进行坚决的斗争。(2)有计划地组织安排已暴露身份的共产党员、党的干部、进步的知识分子和爱国民主人士,迅速撤离金寨,向皖中、皖东、皖北抗日根据地转移。

在中共立煌市委的领导下,立煌县动委会和在金寨的各抗日工作团纷纷召开群众大会,抗议改组动委会、解散工作团,提出"拥护国共合作,坚持团结抗战"的政治口号。广西学生军地下党支部利用广西学生军的身份,在省直各单位和金寨城乡,广泛宣

传中共提出的反投降、反分裂、反倒退的政治主张，大造团结抗战的舆论，打击反共气焰。立煌市委还指示在安徽省政府和桂系军队里工作的中共地下党员，利用他们的公开身份和工作之便，及时了解国民党军队对道路的封锁情况及有关军事情报，搞通行证件、筹集路费，为在金寨的党员干部的撤退转移做准备。

10 月底，省直属第三十五工作团在中共立煌市委的安排下，以到皖东开展抗战宣传的名义，首批离开金寨，到全椒县古河镇一带进行抗日宣传活动。后转移到和县、含山的新四军驻地，集体参加了新四军。

1939 年冬，安徽省妇女战地服务团在团长解少江、党支部书记杜志（又名都志）的带领下，离开金寨，到达涡阳境内活动。1940 年春，她们拒绝回金寨集训，与在皖北活动的第二十八、三十七工作团一起，绕过国民党的封锁线，分批夜渡涡河，撤到新四军豫皖苏抗日根据地。

年底，驻在县城西边高庙子的少年宣传团，遵照党组织的指示，为不引起桂系顽固派的注意，一边坚持文艺演出，一边分期撤退。直到春节前两天，最后几名少宣团员在共产党员凌竞亚的带领下，悄悄离开大别山，奔赴皖中抗日根据地。

1940 年元月初，新四军第四支队驻立煌兵站的工作人员，化装成国民党桂系军人，把电台拆卸装箱，贴上由地下党员刘敦安、麦世法（均系广西人）等人从安徽省政府搞到的封条和通行证，顺利地运到庐江县东汤池。3 月，新四军驻立煌办事处也秘密撤出金寨，转移到霍邱县洪集西北的刘家仓房。

由于金寨地区的白色恐怖日益严重，广西学生军的处境也越来越危险，学生军党支部根据上级指示，以三八妇女节到前线慰劳军队的名义，带领学生军公开离开金寨，分作两路奔赴淮南和淮北抗日根据地。广西学生军离开金寨时，散发了谴责桂系军阀李品仙消极抗日、破坏统一战线罪行的传单。

这一时期，活动在金寨地区各工作团、省政府各机关中的共产党员、进步知识分子和爱国民主人士，如孙以瑾、朱澄霞、易凤英、张百川、童汉璋及《大别山日报》副总编苏宏、记者陈超琼等都先后以视察、调动工作等方式离开了金寨，有的到大后方继续从事党的地下工作，有的去抗日根据地参加了新四军。到1940年4月底桂系顽固派公开反共时，金寨地区的抗日民主力量的撤离转移工作基本结束。仅留下了一些没有暴露身份、有斗争经验，又有一定社会关系和职业做掩护的党员同志，如詹运生、麦世法、史谦等，他们继续隐蔽，坚持在大别山区开展抗日反顽斗争。

大批共产党员和进步人士的迅速转移，粉碎了桂系顽固派妄图扼杀进步力量的阴谋，为各抗日根据地输送了大批经过群众工作锻炼的党员、干部，加强了抗日根据地的建设。

（二）中共立煌中心县委的建立及其活动

1939年年底，根据上级指示，中共立煌市委和立煌县委合并，成立中共立煌中心县委，统一领导立煌、商城、霍山三县党的工作。中心县委书记李丰平，委员魏心一、李萍、张海帆、江明、徐克刚（原中共霍山县委书记）。魏心一主要负责立煌、商城工作，徐克刚负责霍山工作，张海帆、李萍负责立煌市的工作。

中共立煌中心县委下辖立煌县的4个区委和金家寨、白塔畈、吴家店支部，商城县的苏仙石区委和上石桥支部，霍山县诸佛庵区委。由于国民党反共的波及，桂系集团加紧了对金寨党组织的搜查，为防止特务的突袭破坏，立煌中心县委没有设立固定机关，县委成员也都有合法身份做掩护，有事临时定点碰头，平时工作主要靠交通员联系办理。

当国民党反动派掀起第一次反共高潮时，桂系顽固派和国民党特务暗杀共产党员、迫害进步人士的事端虽时有发生，但尚未公开屠杀，因而部分党员和群众对桂系顽固派的反动面目未能识破，对国民党反动派积极反共、破坏抗日民族统一战线的形势认识不够深刻，警惕性不高。针对这种情况，立煌中心县委做出以下5项决议：(1)为严密党的组织，对党员深入进行党的纪律和革命气节教育，坚定革命信念；(2)对党员人数多的区委、支部，按精干原则，适当划小，以便领导；(3)对党员普遍进行审查，对政治不纯、思想动摇或相当落后者，按不伤感情的原则（即不再通知其参加党的会议和活动）个别清除，做到不结怨仇又使其退出党组织，防止起破坏作用；(4)教育党员要和群众交朋友，建立临时隐蔽点，以应付反动派的突然袭击；(5)安排有条件的党员，打入国民党乡、保政权和地方武装，继续开展统战工作。

会后，中心县委委员分赴各地传达贯彻会议决议，魏心一在南溪、汤家汇一带，指导汤家汇区委将原来党员人数较多的2个支部划为5个支部，其中2个隶属新成立的南溪区委，张经川任区委书记，另3个支部仍属汤家汇区委，发展了部分党员，清退了少数不合格党员。

中共立煌中心县委的5项决议的贯彻和对党员的审查，对于巩固和纯洁党的组织、保存革命力量，起到了非常重要的作用。

1940年3月，李丰平撤离金寨，魏心一任立煌中心县委书记，继续领导金寨、商城和霍山地区的党的工作。4月底，国民党安徽省政府和特务机关对金寨地区清查登记户口，疯狂搜查“异党”，中心县委联络点遭到破坏，联络员、县委委员张海帆被捕牺牲，其他县委成员之间也失去联系。以立煌县动委会干事身份做掩护的魏心一，无法在金家寨城区立足，转移到南溪、汤家汇一带隐蔽，但由于敌人的清乡、搜查，实行白色恐怖，工作很难开展。5月中旬，魏心一在南溪椴树坪地下党员胡继汉家秘密召集了李中元、张经川等党的负责同志和部分党员开会，传达上级指示：已公开身份的共产党员迅速转移，尚未暴露身份的共产党员注意隐蔽，保存力量，坚持地下斗争。会上，魏心一把党在金寨地区的工作托付给李中元负责，要求李中元把会议精神迅速向金寨地区党组织传达，同时转告商城苏仙石区委书记汪德昌。会后，魏心一经商城、固始等地撤到皖北新四军第六支队。中共立煌中心县委的工作基本结束。

（三）中共立煌县委的重建及在商（城）固（始）立（煌）边区的活动

1940年5月，中共立煌中心县委撤走后，立煌县党的工作只能在隐蔽状态中开展，少数党员潜入国民党基层政权内，暗中筹备枪支，为组建抗日游击武装做准备。7月，李中元在七邻湾子母河主持召开党员会议，参加人员有袁化民、张经川、曾庆恩、杨青山、王辅仁（女）、萧才运等30多人。会上，大家一致认为：上级党组织撤走后没再派人来，组织关系中断、缺乏统一领导，不利于金寨地区的革命斗争。经讨论决定，重新建立中共立煌县委员会，一致推选李中元为县委书记，委员有袁化民、杨青山、曾庆恩等。县委成立后的主要任务：恢复和整顿被桂系顽固派破坏了的基层党组织；发动群众参加抗日斗争，揭露国民党顽固派的反共罪行；计划中秋节暴动，成立抗日游击队。

会后，新的立煌县委派人去淮北找新四军和魏心一汇报工作，因交通受阻未能联系上，乃转道皖东，找到了新四军第二师，第二师指示立煌县委就近与豫鄂边区党组织联系。立煌县委再次派人到湖北黄冈找到新四军第五大队，汇报了县委的成立及其工作情况，要求第五大队给予组织上的领导和工作上的支持。后来，第五大队曾两次派人到金寨，均因金寨白色恐怖严重，金寨地区党组织处于完全分散和隐蔽状态，未能取得联系。

9月，金寨地区的政治形势更加险恶，国民党顽固派遍设特务机关，大肆屠杀共产党人。立煌县委拟议的中秋节暴动计划，因叛徒告密而未能实现。共产党员张经川、胡继汉，县委书记李中元等先后被捕。不久,张经川惨遭敌人杀害。

1942 年 2 月,李中元和同监难友樊白元、罗鲁东成功越狱,李中元先后逃到商城县东乡和固始县的武庙集一带,以教书为掩护,继续进行党的地下活动。5 月,李中元与数月前返回家乡的立煌县委委员杨青山和固始党员王效文等人一起,利用武庙集庙会人多的机会,张贴、散发传单,揭露当地大恶霸詹兰池、保长胡纪云压迫剥削人民的罪行,鼓舞人民群众与国民党反动派进行斗争。

中共立煌县委虽长期与上级党组织失去联系,但在商(城)固(始)立(煌)三县边区的革命活动从未停止,他们扎根于群众之中,先后发展了 50 多名党员,建立了 6 个党支部,领导人民群众同国民党反动派进行了长期、艰苦的斗争。

(四)金寨抗日游击武装的组建

1940 年夏,为避免商固立党组织遭受更大的牺牲,中共双河区委书记冯运清带领共产党员陈新田、陈传纯、冯长兰、秦环、张尚禹从双河转移到赵院子,取出了第四支队留下的枪,成立了双河抗日游击队,共 30 多人,分作 2 个班,活动在悬剑山、熊家河、大河冲一带,宣传党的抗日救亡政策,揭露国民党假抗日真反共的罪行;打击地主恶霸老财,惩治作恶多端的反动保甲长。他们在大油寨山下捉拿恶霸冯俊卿,罚款 500 元,充实了游击队的活动经费,教育后将其释放,打击了地方反动势力的气焰。

1941年8月，中共丁埠界岭党支部书记曾庆恩，以地下党员萧才运为内应，夺取了七邻湾乡公所的10支长枪，组成了长岭关抗日游击队，全队20多人，曾庆恩任队长。他们活动在长岭关、金刚台、豹迹岩一带，秘密镇压反革命分子，袭击地方反动武装，照顾抗日军人家属。不久，打入国民党地方政权的袁化民等6位地下党员被国民党“清洗”后，回到七邻湾山区，与游击队一起，依靠群众，坚持抗日反顽斗争。

1943年秋，共产党员、老红军战士彭仁安，在帽顶山秘密组织了一支便衣队，100多人，分成6个小分队，活动于七邻湾、帽顶山、抱儿山等地区，利用多种形式向人民群众宣传抗日战争形势，动员青壮年参加革命武装，为新四军部队输送兵员，壮大了抗日力量。便衣队在湖北边境活动时，秘密镇压了滕家堡反动自卫队的头子金旭阶，为民除害。为便于开展斗争，便衣队在抱儿山和汪冲利用两面政权，向地主派粮纳款，筹措活动经费，打击反动势力。这支便衣队密切联系群众，又有两面政权做掩护，一直坚持斗争直到抗日战争胜利。

1943年冬，中共鄂皖边区地委为了扩大抗日民主根据地，成立了中共立（煌）霍（山）英（山）岳（西）太（湖）边区工作委员会，并建立五县边区抗日指挥部，工委副书记鲁教瑞任指挥长，工委书记钟子恕兼政治委员。指挥部拥有一支50多人的抗日武装，活动于五县边区，开展抗日武装斗争，发展党的组织，保持与新四军第五师、七师的联系，使大别山抗日游击根据地连成一片。

(五)金寨军民的抗日斗争

1. 富金山战斗

1938年9月初,国民党第七十一军宋希濂部第八十八、六十一、三十六师,第五十一军于学忠部第一一三、一一四师,第三十军田镇南部第三十、三十一师,在金寨、霍邱、固始边境的富金山一带阻击西进武汉的日军。9月1日至4日,敌以7000多兵力向富金山以东的平岗、叶集、开顺、八里滩、院墙岗进攻,守军奋勇阻击,激战几昼夜,毙伤日寇数百人。第三十六师的2个连和1个机枪排,在敌人的疯狂围攻下全部为国殉难。9月5日,敌又以2个师团向富金山、石门口主阵地发起猛攻,担负正面阻击的第七十一军,凭借居高临下的有利地势,痛击敌寇,连续数次打退了敌人进攻。8日,第三十军的2个师在樟柏岭一线截敌,双方激战彻夜,敌军未能通过,布防于商(城)固(始)边界的于学忠部2个师,为阻击日寇,大部壮烈牺牲。11日,日军为突破富金山阵地西进,又增兵1个联队,调集数十门大炮向富金山猛轰,并发射燃烧弹、催泪弹,又以几十架飞机低空扫射,而后以全部兵力向富金山阵地进攻,英勇的第七十一军官兵顽强抵抗,与敌拼杀格斗,激战到黄昏,终因敌攻势猛烈,守军又无远射程火炮抗击,近万名爱国官兵为国捐躯。

持续10多日的富金山战斗,毙伤日军万余人,打破了敌人在短期内通过信叶公路西进武汉的计划。

2. 开顺人民踊跃支前

日寇在向富金山阵地发起攻击的同时，残酷迫害与富金山相连的叶集、开顺一带无辜百姓，制造了一桩桩骇人听闻的惨案。日寇的暴行，激起了群众的无比愤慨。开顺街的青壮年纷纷冒着敌人的炮火，不分昼夜在前线帮助中国守军运军火、抬担架，妇女到阵地上给抗日将士送菜送饭，帮助护理伤兵，为其洗衣喂药。

为配合军队作战，开顺、白塔畈两乡的乡保自卫队也纷纷拿起武器，袭击敌寇，保卫家乡。开顺联保自卫大队利用熟悉的地形，在黑夜里声东击西，有效袭扰日军。白塔畈自卫队在开顺街东面的尧岭头伏击敌运输队，截获一辆辎重汽车，打死了 3 名押车日军，缴获了全部枪支弹药和军需物资，支援了在富金山阵地的中国守军。

3. 康王寨歼敌

1938 年 9 月下旬，日军千余人从商城县长竹园窜到金寨境内西河桥一带，妄图自此打通去鄂东的道路，配合大股日军进攻武汉三镇。驻防于大别山的国民党第七军第一七一师得悉日寇入侵的消息后，在隘门关扼守。经激战，日军突破隘门关，径趋康王寨。第一七一师急调 1 个团到西河桥土地堂及江岗一带设伏，另调一部抄近道抢占康王寨主峰。9 月 29 日晨，农民常国贞给日军带路，将日军诱至康王寨的悬崖之下，第一七一师突以密集炮火猛击敌群，敌阵大乱，急以排炮还击，并疯狂抢登山头，两军短兵相接，肉搏拼杀。闻枪炮声赶来的农民群众奋勇参战，有的忙运弹药、食物，有的搬动大石块滚向敌群。其间，10余架敌机也飞来参战，空投武器和干粮，适逢当日天阴多雾、目标不明，所投物资多落于深山密林之中。下午，日寇分散突围，一股沿康王寨北侧滴水崖方向溃逃，第一七一师紧追不舍，给敌以很大杀伤；另一股日寇经鹅公包背后的深沟往东南窜到小毛坪、铁棚岗，正中第一七一师的伏击，大部分被歼，余部四散溃逃。

康王寨战斗的胜利，显示了爱国军民团结抗战的精神和力量。

1945年8月15日，日本政府宣布无条件投降。至此，自1931年九一八事变以来，经过14年浴血奋战的抗日战争取得了完全胜利。日本投降的电讯传到金寨，安徽日报社立即印成特大号外，金寨人民闻讯，无不欢欣若狂。县城金家寨及麻埠镇、流波纷纷举行盛大集会、游行，隆重庆祝抗日战争的伟大胜利。

四、“皮旅”中原突围与刘邓大军千里挺进大别山

抗日战争胜利后，国内的形势和阶级关系发生了深刻变化。中国社会的主要矛盾已由中日民族矛盾，转变为以中国共产党为代表的人民大众同美帝国主义支持的以国民党为代表的大地主大资产阶级的矛盾。这就是：中国共产党和全国人民渴望和平民

主和民族独立，要求建立一个独立、自由、民主、统一、富强的新中国，把中国引向光明；而国民党蒋介石集团则要坚持卖国、独裁、内战的政策，建立一个大地主大资产阶级专政的半殖民地半封建的国家，把中国引向黑暗。因而，中国从此进入了两种命运、两个前途的最后决战时期。

(一)抗日战争胜利后的金寨形势及革命武装在金寨的活动

1. 国民党反动派在金寨的反动统治

抗日战争胜利后，国民党反动派为阴谋发动全面内战，一方面摆出一副和平谈判姿态，进行政治欺骗；另一方面调兵遣将，抢夺抗战胜利果实，占领战略要地，不断向人民军队进攻，妄图消灭革命力量，实行独裁统治。盘踞在金寨的桂系军阀李品仙，为了进行反革命战争，密令所属的第七军和第四十八军向东推进，占领蚌埠，控制了津浦路的蚌埠至浦口段。1945 年 12 月 5 日，国民党第二十一集团军总部和安徽省政府由金家寨迁往合肥，第二十一集团军总部直属部队和在皖西的省保安团仍留在金寨周围地区，控制大别山区的战略要地，加强对人民群众的反动统治。

在政治上，国民党反动派实行法西斯专政。国民党立煌县党部和“中统”“军统”特务组织互相勾结，组织成立了“戡乱建国委员会”和“立煌县调查室”。调查室下又设立了党网通讯员、统一建设促进会、防奸小组、行动队等反动组织。并在群众中遍设反共秘密据点，金家寨周围即设有大别山中心据点、鄂豫据点、立

(煌)英(山)霍(山)据点,各据点周围又建立情报据点,伙同区、乡、保、甲组织清查户口,实行“五家连坐”,破坏中共基层组织,捕杀共产党员和爱国民主人士。

在经济上,国民党反动派增派捐税和兵差夫费,榨取人民血汗;滥发纸币,造成通货膨胀,使工商企业纷纷倒闭。麻埠镇曾是皖西的重要商埠之一,也是驰名全国的茶、麻、桐油、生漆产销地。由于国民党政府滥发纸币,导致物价飞涨,使麻埠镇的茶、麻行由抗战时期的 25 家减少到 10 家,桐油作坊也由 5 家减少到 2 家。其他商业,手工业店、坊,也纷纷歇业。加之地主豪绅乘机加租加息、逼租索债,全县人民生活极为困苦。

在军事上,进行反革命“清剿”。10 月 10 日,重庆谈判刚结束,蒋介石就发布内战命令,加紧反革命军事部署。李品仙奉令将第三方面军第六军的第四十六师、第七军的第四十八师和省保安第一、二、三、六团等部调往皖西地区进行“清剿”,同时,极力扩充地方反动武装。立煌县政府,将县国民兵团改为县民众自卫总队,由县长兼总队长,以县属保安、警察等武装编为 3 个常备中队,后又扩建到 5 个中队,700 多人。并在各区、乡、保建立自卫中队及小保队。上述反动武装相互勾结,疯狂“清剿”革命武装、镇压人民群众。

2.“皮旅”转战金寨

1946 年 6 月,蒋介石完成了对全国内战的军事部署,决定从围歼中原军区部队开始,发动全面内战。6 月 26 日,国民党部队

11个军26个师共30万兵力向中原解放区6万人民军队发起总攻。中原局、中原军区根据中共中央“生存第一，胜利第一”的指示，决定中原军区主力分南北两路向西突围，以第一纵队第一旅和鄂东独立第二旅担任牵制敌人掩护主力西进的任务。第一旅（时称“皮旅”）在旅长皮定均、政委徐子荣、副旅长方升普的指挥下，采取“声东击西”的疑兵战术，使军区主力部队顺利越过平汉路。接着，“皮旅”毅然决定和主力相背而行，飞越大别山向东突围，以继续牵制敌人，减轻西进主力的压力。6月30日，“皮旅”越过敌人第一道封锁线——潢麻公路，经商城瓦西坪进入金寨、商城交界的大牛山时，遭到立煌和商城县保安团及国民党第三十四旅第一〇一团的堵击。大牛山是“皮旅”东进的必经之路，如不能迅速打退敌人的堵击，就有被后续之敌围歼的危险。皮定均立即命令第一团担任主攻，掩护旅直和第二、第三团抢越大牛山。徐子荣号召指战员：“抢过大牛山，向党的生日献礼！”经2小时激战，将敌击溃，歼敌2个连，全旅经一昼夜急行军，经西河、沙河，于7月3日到达吴家店。

吴家店是鄂豫皖苏区的重要根据地，也是皮定均和方升普的家乡。由于连续行军作战，部队极度疲劳，伤病员骤增。皮定均决定利用吴家店老苏区的有利条件进行休整。7月4日，旅党委在吴家店召开团以上干部会议，检查总结突围作战情况，研究部署下一步行动。会议决定部队休整3天，安置伤病员，然后趁敌后方空虚及对我军情况不明之际，迅速跳出大别山，向苏皖解放区挺进。会后，各团迅速传达了会议精神，对部队进行了深入的思想动员，将一些重伤病员安置在当地群众家里养伤。休整期间，部队召开群众会议，向群众揭露国民党发动全面内战的罪行；访贫问苦，打开了国民党设在吴家店的4个粮食仓库，将大部分粮食分给当地的贫苦群众，一部分留作行军干粮。老区人民一边分粮，一边积极帮助部队运粮、碾米、做干粮，还送来了鸡蛋、糍粑等食品，妇女们突击为部队做布草鞋。通过几天的休整，全旅每人获得一双布鞋、两双草鞋和5天干粮的补给，指战员们的体力也得到恢复。7月7日，部队离开吴家店，继续向东疾进。

在这次中原突围行动中，“皮旅”经过数十次战斗，行程1500多里，历时24天，于7月下旬胜利到达预定的目的地——苏皖解放区，与华中军区会合。

（二）刘邓大军解放金寨和金寨根据地的建设

1.第三纵队第八旅攻克金家寨

中国人民解放军经过一年的英勇作战，歼灭了敌人大量的有生力量，不仅遏制了国民党军队的全面进攻，其所谓的重点进攻也屡遭挫折。而人民解放军在战争中愈战愈强，战略机动兵力已优于国民党军，部队的装备也得到加强。根据战争形势的变化，党中央确定人民解放军第二年作战的基本任务是“举行全国性的反攻，即以主力打到外线去，将战争引向国民党区域，在外线大量歼敌，彻底破坏国民党将战争继续引向解放区、进一步破坏和消耗

▲ 刘伯承、邓小平

解放区的人力物力、使我不能持久的反革命战略方针”[①]。中共中央和中央军委做出“三军配合，两翼牵制”的战略部署，实行战略进攻，千里挺进大别山，夺取中原。1947年6月30日夜，刘伯承、邓小平率领晋冀鲁豫野战军第一、二、三、六4个纵队共12万多人，自鲁西南地区强渡黄河，揭开了人民解放军战略反攻的序幕。8月7日，刘邓大军向南实行无后方的千里挺进，于8月27日进入大别山区，胜利地完成了千里挺进的战略任务。从此，“中国人民解放军由内线作战转为外线作战，

① 毛泽东：《毛泽东选集》第四卷，北京：人民出版社，1991年，第1230页。

由战略防御转入战略进攻，扭转了整个战争形势”[①]。

刘邓大军进入大别山后，刘伯承、邓小平立即电示：“三纵应迅速攻占立煌。”向皖西地区实行战略展开。第三纵队即在固始召开旅以上干部会议，决定兵分两路：第七、九旅由纵队司令员陈锡联、副司令员曾绍山率领直插六安、舒城、桐城；第八旅由纵队副司令员郑国仲率领，经叶家集直插金家寨、霍山、岳西。

8 月 31 日，第三纵队第八旅在郑国仲副司令员和旅长马忠全、政治委员卢楠樵的率领下，由固始、叶家集、胡店子抵达金家寨的史河北岸。金家寨城内驻有国民党安徽省保安第四总队、县自卫大队 400 多人及第四十六师第五六四团（欠 1 个营）守备。城西黑龙潭至城东南张家畈、包公祠一带山上，均筑有碉堡群和壕沟等防御设施。为了迅速攻克皖西重要门户金家寨，进军皖西，第三纵队第八旅召开了团以上干部会议进行部署。会议期间，刘伯承、邓小平电报指示第八旅要“勇猛顽强，首战必胜，力求全歼，坚决打好这一仗”。是日下午，为查明城内敌人守备情况，保障主力渡过史河，第八旅先以第二十二团第三连做试探性进攻。第三连迅速隐蔽地渡过了史河，占领有利地形后，向敌猛烈开火。敌人遭此突然袭击，摸不清人民解放军虚实，纷纷躲进防御工事进行抵抗。第二十二团、二十四团立即分多路渡过史河，在强大炮火的掩护下，向黑龙潭、张家畈等敌防御阵地猛攻，给敌

① 刘伯承：《刘伯承军事文选》，北京：解放军出版社，1992 年，第 580 页。

▲ 刘邓大军千里挺进大别山

以很大杀伤，占领了敌人部分阵地。敌凭借碉堡火力掩护多次反扑，企图夺回阵地，均被击退。当晚守敌全部钻入碉堡，固守顽抗。

9月1日拂晓，第八旅向敌发起全面攻击，第二十四团将敌包公祠以西高地碉堡大部占领，并继续向西发展；第二十二团攻占了樱桃湾以西高地的碉堡后，继续向东南发展。战至下午1时，守敌大部被歼，残敌被压缩在包公祠及其部分碉堡内。9月2日上午8时，第八旅再度总攻，以山炮向敌碉堡抵近射击，将敌碉堡全部摧毁，守敌四处溃逃。敌第五六四团团长陈铁汉率部分残敌据壕沟死守，1小时后也全部被歼。上午10时，战斗全部结束。“光复安徽西部立煌县城，歼灭蒋军第四十六师第一八八旅第五六四团及立煌保安队一部，共毙伤俘蒋军1000多人，缴获步枪400多支，轻重机枪50多挺，大小炮10多门。”[①]敌团长陈铁汉被击毙，立煌县县长李宣乘混乱逃跑，第二十二团追到莲花山下棺材沟，将其生俘。

金家寨解放后，第八旅继续东进。9月3日，解放金寨重要集镇流波、麻埠。到9月29日，第三纵队在皖西人民的积极支援和自卫军的配合下，不到1个月的时间，解放了金寨、六安、霍山、岳西、桐城、潜山、宿松、庐江、太湖等县城，为建立大别山根据地，创造了极为有利的条件。

2.金寨县的正式命名

为了实现重建大别山根据地的艰巨任务，中原局在刘邓大军准备南下时，就从太行、太岳、冀南、冀鲁豫等解放区抽调了1200多名党政干部集中训练，组成代号为“天池部队”的干部队，作为解放大别山、建立地方政权的骨干，随军行动，开展地方工作。在第三纵队第八旅解放金家寨前，中原局曾先后任命李友久、杜润生为县委书记、县长。金家寨解放后，随第三纵队南下的部分太行干部遵照中原局的指示，于9月4日组成了县委和县民主政府。白涛任县委书记兼县长，张冀凯任公安局局长，黎平任县政府秘书，辛子祥任财粮科长。县委、县政府成立后，即于9月5日在金家寨召开群众大会，宣传党的政策和全国胜利形势，发动群

① 新华社中原前线1947年9月6日电。

众支前。大会公审了伪县长李宣，经群众控诉后执行枪决。不久县委接上级指示，白涛等少数同志继续留在金寨，其他大部分同志调往新区工作。

9月上旬，中原局指示随第二纵队南下的一批冀南干部，从潢川经商城、挥旗山、汤家汇到达金家寨与白涛等汇合，重新组建县委和县民主政府，由张延积任县委书记，白涛任副书记兼县长，张健三任组织部部长，王相卿任副县长，王坚任公安局局长，张文甫任工商科长，黎平、辛子祥继续担任县政府秘书和财粮科长。新的县委、县政府认为立煌县县名是国民党为表彰"剿共"将领卫立煌而命名的，现在立煌县已是人民当家做主，县名应当更改。经研究决定，将立煌县改名为"金寨县"，白涛亲自撰写布告，张贴全县。开头几句是"查我金家寨，大别山中心，革命根据地，中外有威名。立煌本国贼，不应留臭名，改名金寨县，历史面目真……"。从此，金寨县名载入史册。

五、金寨县的基层政权建设

中共金寨县委和县民主政府成立后，根据中原局关于"全心全意地义无反顾地创造巩固的大别山根据地”[①]的指示，派遣干部深入区、乡、村，放手发动群众，建立各级政权。到10月初，全县建立了9个区级党政机构和部分乡、村政权。各区负责人多由随军南下干部担任，少数是部队干部和长期在本地坚持地下斗争的老党员、老基层干部。

为了扩大根据地的武装力量，金寨县委、县民主政府在加强党政建设的同时，积极发展县、区地方武装组织。以支援地方工作的第二纵队后勤部监护营(5个连)为骨干，组建了金寨县大队，白涛兼大队长，张延积兼政委，张泰升任副大队长，车盛珠任副政委，全队共500多人。各区以南下干部为基础，吸收青壮年积极分子建立区游击武装，一个多月内，各区均建立起50—100人的游击队，全县地方武装发展到1300多人。参加地方武装的青壮年革命热情极为高涨，在清匪反霸、维护社会治安、建设根据地斗争中发挥了重要作用。油坊店乡青年杨克荣参加地方武装后，在清匪反霸斗争中收缴了麻埠区公所及各保长的短枪60多支，麻埠区游击队组建后，被任命为队长。城关区的袁化民是红军时期的老党员，斗争经验丰富，被任命为城关区游击队队长，后在汤家汇与敌作战中被俘，壮烈牺牲。

中原局为加强金寨东部地区的武装力量，命令第二纵队教导团到金寨县配合地方政权开辟金东地区工作。9月上旬，由团长

---

① 邓小平:《邓小平文选》第一卷，北京:人民出版社，1989年，第94页。

朱家凯、政委韩正夫、副团长张绍基等率领教导团第一、五、六、十等4个中队共500多人，从商城经挥旗山到达金寨县的古碑冲，会同部分南下干部，成立了属中共金寨县委领导的中共金东工委和军事指挥部，韩正夫任工委书记，李晓明任副书记，朱家凯任指挥长，张绍基任副指挥长，指挥部设在流波。第一中队活动在胡店子、双河一带，第五中队活动在流波、燕子河一带，第六中队活动在麻埠、油坊店一带，第十中队和稍后派来的第二纵队第五旅第十四团的1个连活动在前后畈一带。

为了统一领导大别山区根据地的建设，10月12日，中原局、中原军区发出《关于放手发动群众创造大别山解放区的指示》，决定成立鄂豫、皖西2个区党委和军区。金寨县划归鄂豫区一地委管辖，鄂豫一地委书记兼军分区第一政委刘毅，专员贝仲选(后徐觉非)，军分区司令员雷绍康。

11月下旬，中共鄂豫一地委为适应形势的需要，加强对金寨地区的领导，将金寨县一分为三，把金寨东部地区的燕子河、流波一带划出，组建了金东县，白涛任县委书记兼县长，后由毕仪斌任县长。下辖流波、燕子河、马畈、前后畈4个区(含城关区一部分)。以第二纵队教导团的第五、六、十中队和第五旅第十四团的1个连共600多人，组成金东县武装集团，张绍基任指挥长，白涛兼政委。将金寨北部地区的麻埠、船板冲、双河一带划出，组建了金北工委和金北办事处，工委书记李晓明，主任孙荣章，并以教导团第一中队组成金北军事指挥部，黄耀华任指挥长，李晓明兼政委。这时，原金寨县尚管辖漆店、关王庙、吴家店、李集、汤家汇、南溪、城关等7个区。县委书记张延积、副书记张健三、县长王相卿（后卫民），金寨县大队改编为县独立团，团长李华珍，张延积兼政委，高峰任副政委，政治部主任车盛珠，参谋长张泰升。新建立的金东县和金北工委均归鄂豫一地委管辖。由于金寨境内形势比较稳定，第二纵队的很多后勤机关都设在这里。在泗道河、汤家汇一带有第二纵队的野战医院，住有南下战斗负伤的伤员600多人，加上担架队、运输队、警卫连、看护排和医生共1300多人；在关王庙、七里冲建有枪械修理所；在吴家店太平山村附近的华家湾、汪家湾、铁棚岗、周家湾、潘家湾等处设有被服厂，为部队生产棉衣棉被。

六、土地改革的开展和金寨人民对刘邓大军的支持

（一）土地改革的开展

1947年10月10日，中共中央颁布了《中国土地法大纲》。10月12日，中原局、中原军区在《关于放手发动群众创造大别山解放区的指示》中强调部队“要把放手发动群众，实行土改，看成是自己的头等任务”，在群众中宣传贯彻《中国土地法大纲》，普遍组织贫农团和农会，开展打土豪、分田地、分浮财的斗争。中共金寨

县委根据中原局指示和《中国土地法大纲》等文件精神，在县境大部分地区开展了土地改革运动。

11月，中共金寨县委在七邻湾袁氏祠召开了由各区区委书记和区长参加的县委扩大会议，总结2个月来的工作成绩，交流工作经验。会议对进一步深入发动群众，在农村形成贫雇农优势，分配好土地，组织和壮大县、区武装，加强对敌斗争，肃清残匪等项工作做了具体部署。特别对土地分配问题做了详细而具体的研究。会后，在"一手拿枪，一手分田"和"村村点火，处处冒烟，走一处点一处"等口号下，全县开展了轰轰烈烈的打土豪、分田地运动。

但在打土豪、分田地、分浮财的运动中，只有少数人敢分敢要，多数群众不敢分、不敢要，有的只敢分弱小地主、富农的土地，而不敢要有势力的地主、富农的土地；有的假分，等部队一走，又把分得的田地和浮财还给地主，或改成租佃关系；有的白天分，夜晚就送还，还向地主赔礼道歉。

中共中原局和邓小平对土地改革中出现的问题进行了纠正。1947年年底，邓小平、李先念等到金寨、麻城检查工作时，发现一些地方"在分浮财中，贫农几乎没有分到什么东西"。立即通报各地，并指示"各区严重注意"。1948年2月8日和3月8日，邓小平在《复毛主席征询新区斗争策略与群众组织形式问题》和《关于进入大别山后的几个策略问题》的书面报告中提出：在新区树立两个观念非常必要。1.根据地之确立与土改之完成要经过相当长的过程，绝非一年半载所能达到。2.在斗争策略上，应分阶段分地区的逐步深入，开始应缩小打击面，对于农民有利，否则必犯急性病和策略上的错误。我们南进后，由于对形势过于乐观，对困难估计不足，企图迅速完成土改，确立根据地，故5个月的成绩尚微，确有急性毛病。并详细列举了进入大别山后犯“左”倾“急性病”的表现：不分阶段，不分地区，对大中小地主及富农一齐下手，树敌太多；强调贫雇路线，没有完全按中央以贫雇农为骨干、巩固地联合中农的路线；在工商政策上有“左”的倾向；没有区分巩固区与游击区的不同情况，分别采取相应的政策；武装力量过于分散，不能有效地保护工作人员的安全；干部缺乏策略思想，没有团结90%以上的人，有些地方甚至乱杀人。规定：要团结90%以上的人；在巩固的地区集中力量向外发展，在游击区采取武工队的形式打击敌人；禁止乱杀人；注意工商政策。

中共金寨县委、金东县委和金北工委根据邓小平的指示，总结了前一段土改工作成绩和存在的严重问题，纠正土改中的“左”的倾向，重新进行土地改革政策的宣传，发动群众进行土改。但由于1948年春刘邓大军主力陆续转到外线作战，金寨地区形势恶化，土地改革被迫停止。

（二）邓小平等“前指”首长亲临金寨

1947年12月上旬，为适应反围攻斗争的需要，中原局和野战军司令部机关分成前、后两个指挥所。刘伯承司令员、张际春副政委率后方指挥所随第一纵队北移至淮西地区，在外线牵制敌人；邓小平政委、李先念副司令员和李达参谋长率前方指挥所（简称“前指”）留在大别山指挥反围攻作战。在反围攻的紧张时刻，邓小平、李先念、李达在鄂豫区党委书记段君毅的陪同下，于12月下旬两次来到金寨县视察。31日上午，在漆店区下楼房村听取漆店区委书记兼工作队队长的第二纵队民运部副部长江川汇报工作。邓小平强调指出：“要加强对贫雇农组织的领导，必须建立贫农团，贫农团是组织领导贫雇农进行革命斗争的核心。有了这个核心，才能充分发挥贫雇农组织的作用，巩固地联合中农，建设和巩固大别山根据地。”“要严格遵守群众纪律，艰苦奋斗，与群众同甘共苦，打成一片。”并非常关心地说：“此地粗脖子病多得很，患这种病是很痛苦的，影响身体健康，要想尽办法帮助治疗。”①汇报之后，“前指”首长请江川通知县委的同志去汇报工作。金寨县委书记兼独立团政委张延积、县长王相卿和县委副书记张健三等接到通知后，从县委机关驻地南溪区的余富山出发，急行40里，天黑到达“前指”驻地（今沙河乡下楼房）。晚上，邓小平、李先念、李达、段君毅等和大家围着火塘，先收听了新华社广播毛主席关于《目前形势和我们的任务》的报告，同志们都极为兴奋。邓小平说：“中国人民解放战争已经达到一个新的转折点。我们已由战略防御转入战略进攻了，只要我们努力奋斗，黑暗即将过去，曙光

① 江川：《一次难忘的会见》，见中共金寨县委宣传部：《革命斗争回忆录·立夏节烽火》，合肥：安徽人民出版社，1980年，第308—309页。

即在前面，革命的胜利会很快到来。”[1]接着，张延积向邓小平等领导汇报了进入大别山4个月来，发动群众，剿匪反霸，建立区、乡政权以及土地改革，扩大县、区武装等工作情况。邓小平指示说："你们要充分利用这里的有利条件，坚持大别山的斗争。一面牵制敌人，争取全国战场的主动权；一面发动群众，加强对敌斗争，打击国民党地方民团，保卫人民群众斗争果实，争取人民群众支持，巩固大别山根据地。”“县委是全县的领导核心，应有魄力统一组织各方面力量，搞好工作，绝不允许有各自为政现象。这是能否坚持大别山斗争的根本问题。”强调干部、战士“要学习《三大纪律、八项注意》，模范地遵守群众纪律”。[2] 李先念对选拔老区干部极为关心，做了一些具体指示。下楼房一度成为大别山前线指挥部，指挥大别山根据地的武装斗争。

邓小平等“前指”首长十分关心群众生活和群众利益，带头发扬艰苦奋斗的作风。在视察时，邓小平得知商城反动民团抢群众一头耕牛，逃往金寨的情况，要求金寨驻军立即查找。牛找到后，又督促部队及时送还失主。漆店区委书记江川从关心首长身体健康出发，给邓小平等“前指”首长送了几斤猪肉和一包葵花籽，当即受到邓小平的批评。

---

① 张延积：《开辟大别山区的及时雨》，见中共金寨县委宣传部：《革命斗争回忆录·立夏节烽火》，合肥：安徽人民出版社，1980年，第315页。

② 张延积：《开辟大别山区的及时雨》，见中共金寨县委宣传部：《革命斗争回忆录·立夏节烽火》，合肥：安徽人民出版社，1980年，第316—318页。

(三)金寨人民对刘邓大军的积极支援

刘邓大军挺进大别山后，由于实行无后方作战。“人员、粮食、弹药、被服一切从敌军和新区取给。”而大别山区战乱连年、田地荒芜，群众生活极端贫困。但是金寨人民为了解决刘邓大军的供给，表现出了崇高的无私奉献精神。

当时最为迫切的问题是时近严冬，进入大别山的解放军都还是单衣破衫，急需添置棉衣。人民群众一面捐助，一面积极帮助到麻埠、金家寨、流波、叶家集等地购买土布、棉花，制作棉衣，很快解决了部队冬装的困难。驻在双河一带的第二纵队教导团生活十分困难，人民群众踊跃献粮捐款，帮助做棉衣、做鞋，仅铁冲乡高畈村群众就捐献大米7007斤、稻谷1512斤、烧柴2490斤、棉衣16件、鞋子49双。南溪区丁埠村的贫农团，发动群众150多人，为驻军送去大米2000斤、蔬菜3000斤、烧柴4000多斤。

设在南溪的第二纵队野战医院，一无病房，二无粮食，600多名伤病员全部安置在泗道河、汤家汇、竹畈、双石一带的群众家里。为了使伤病员早日恢复健康，人民群众自己忍饥挨饿，把粮食省给伤病员吃。为躲避敌人的搜捕，群众千方百计地进行掩护。白天将伤病员背到深山岩洞里隐蔽，晚上接回家里休息，喂汤熬药，日夜护理。第二纵队教导团的一名班长王友芳，因战斗颈部受重伤，被安置在双石乡董家湾傅家荣大娘家里养伤，傅大娘和儿子董国章天天为他转移躲藏地点，一日三餐喂水喂饭，像亲人一样调养。董家湾男女老幼也视王友芳为亲人，经常给王友芳送吃送喝，帮助转移掩护。经过近 4 个月的精心护理，王友芳的伤口痊愈，重新回到了部队。

此外，人民群众还积极协助部队作战，为部队送情报、当向导，保护军用物资。在革命同志被敌杀害或在战斗中牺牲时，人民群众冒着生命危险予以安葬。太平山战斗中，南下干部和解放军牺牲 20 多人，当地群众不仅掩埋了烈士的遗体，还在坟前立碑纪念。金东县委书记白涛被敌杀害后，暴尸街头，敌人不准群众收尸，当地老贫农吕绍先夫妇深夜将白涛烈士遗体抬走掩埋。这些动人事例，在金寨各地不胜枚举。

七、粉碎敌人的全面围攻和反“清剿”斗争

（一）粉碎敌人的全面围攻

“东慑南京，西逼武汉，南扼长江，瞰制中原”，使国民党反动派极为惊慌。1947 年 11 月中旬，蒋介石在南京召开湘、鄂、皖、豫、赣、苏六省“绥靖”会议，25 日成立了“国防部九江指挥所”，国防部长白崇禧亲任总指挥，从豫、皖、苏和山东战场抽调 5 个师 10 个旅，加上原在大别山的 9 个师 23 个旅，共 14 个整编师 33 个旅的优势兵力，从 11 月 27 日开始对大别山展开全面围攻。其中第四十八师、第五十八师、第七师和第二十五师围攻皖西和鄂豫根

据地。同时，国民党利用各地反动武装建立“三网”（谍报网、堡碉网、公路网），到处抓丁、抢粮，捕杀我地方干部，妄图达到彻底摧毁大别山根据地的目的。

为了粉碎敌人的全面围攻，邓小平在金寨视察工作时，签发了《关于部队作战行动的指示》：“部队应采取宽大机动，主动分遣攻敌弱点。敌向内，我向外；敌向外，我亦向外。将敌牵到外线，以小部牵制大部，以大部消灭小部，积极打击和拖散敌人。同时，号召大别山区军民发扬红军英勇奋斗的光荣传统，宁愿自己多忍受一个时期的艰苦，也要拖住敌人，以利华野主力、陈谢兵团机动歼敌和桐柏、江汉、淮西三个区顺利地开展工作。”[①]刘邓大军以第一纵队、十纵队、十二纵队跳到外线，分别向淮西、桐柏、江汉 3 个区实施战略展开。第二纵队位于新县、金寨一线，第三纵队在皖西地区，第六纵队在鄂东地区辗转机动。

11 月下旬，中共鄂豫区党委书记段君毅和鄂豫军区司令员王树声、副司令郭天民等，率 1 个团来金寨县吴家店一带活动。段君毅指示金寨县委、金东县委和金北工委：敌人即将进犯大别山区，地方反动武装也会疯狂反扑。要做好备战工作，依靠群众就地坚持斗争。中共金寨县委、金东县委和金北工委遵照区党委指示，召开会议，研究部署，积极投入反围攻的战斗准备。11 月底，

---

① 魏锦国：《大别山前方指挥所七十五天记事》（1947 年 12 月 11 日—1948 年 2 月 24 日），见杨国宇、陈斐琴、王伟等：《刘邓大军风云录》（上），北京：人民日报出版社，1983 年，第 248—249 页。

金东县军事指挥长张绍基带领金东武装集团40多人驻扎在前畈王立墩，开展地方工作。由于特务黄从祜向逃到罗田的民团头子黄英报告，黄英民团副大队长鲍俊荣遂联络马家畈胡玉美民团、罗田县陈新民自卫队共200多人，分两路向王立墩进攻。张绍基得到情报后，立即将部队分作4个战斗组，迅速占领有利地势，多次打退敌人进攻。匪副大队长鲍俊荣见状，即令匪排长叶祥启带3个班，以机枪掩护从后侧向金东武装集团制高点疯狂反扑，当敌进入前沿阵地时，张绍基指挥战士猛烈射击，敌弃尸退回。午后，鲍俊荣亲自带领匪徒百余人，再向王立墩制高点进攻，双方进行了激烈争夺，鲍俊荣当即被击毙，敌失去指挥，纷纷溃退。是役，激战一整天，金东武装集团仅负伤2人。"英队伤更重。"[①]此后，约有3个月时间，黄英匪部不敢与革命武装接触。在此期间，国民党桂系整编第四十八师向南溪、汤家汇一带围攻。金寨县大队在张延积、张泰升率领下，奉命配合第二纵队第四旅在南溪、南石塘和汤家汇等地多次袭击敌人，截获敌军需物资50多担。12月8日，第二纵队和金寨县地方革命武装再向金家寨敌第四十八师进攻，歼敌一部，收复金家寨，粉碎了敌人对金寨地区的围攻。

(二)坚持反"清剿"斗争

1948年春，为了使进入中原的各路部队密切配合，更多地歼

① 《黄英反省书》，现存中共金寨县委党史办公室，第14页。

灭敌人。2月7日，中央军委电示刘邓野战军主力转出大别山，进至淮河、陇海路、沙河、伏牛山之间，寻机歼敌。2月中旬，邓小平向鄂豫区党、政、军负责人传达上述决定，要求做好充分思想准备，以对付主力转出大别山后随之而来的严重局面。“内线顶住就是胜利。”[①]2月22日，中原局发出《关于开展大别山游击战争的指示》，指出在主力转出大别山之后，军区部队与人民武装应独立自主地坚持大别山战略阵地，开展更广泛的群众性游击战争。要提高全区军民的胜利信心，健全和充实各级游击武装集团，改进游击战术，使游击战争与发动群众结合起来，军民协力战胜敌人的“清剿”。2月底，刘邓大军主力第一、二、三、六纵队转出大别山区，敌人遂即以20多个整编旅向大别山根据地进攻。国民党立煌县长吴曙光重新组织了县常备大队、新兵大队、警察局等反动武装1000多人，在各区、乡、保分设大队、中队、小队，黄英、周香波、陈云溪、潘树师、张天和等10多股民团和土匪武装也纷纷出笼，配合国民党正规军进行反革命“清剿”。从此，大别山区军民开始了反“清剿”斗争的艰苦历程。

面对严重的局势，为了坚持斗争、粉碎敌人的“清剿”，2月下旬，金寨县委、金东县委和金北工委根据中原局和鄂豫区党委指示，决定适当集中力量，组成若干个百人以上的武装集团，粉碎敌

---

① 段君毅、刘子厚:《重建鄂豫解放区的斗争》，见中共中央党史资料征集委员会:《中共党史资料》第二十四辑，北京:中共党史资料出版社，1987年，第23页。

人的“清剿”，打击国民党地方武装。金寨县委组成了县独立团、南集团、北集团和中集团4个武装集团。县独立团500多人由县委直接指挥；南集团由李集、吴家店、漆店、关王庙4个区武装组成，共300多人，指挥长孔照亮，政委江川；北集团由南溪、汤家汇、城关3个区武装和第二纵队野战医院部分武装组成，共300多人，由袁化民任指挥长，张健三任政委；中集团150多人，林木森[1]任指挥长兼政委。金东县委组成东、西、中3个武装集团，东集团以县公安队和教导团第五中队的2个分队150多人组成，指挥长毕仪斌，副指挥长袁季波，活动在燕子河、长岭一带；西集团以第二纵队教导团第五中队的1个分队及担架队部分武装组成，共150多人，白涛任指挥长兼政委，活动于黄石河、千家坪等地；中集团以第五旅第十四团的1个连和教导团的部分武装共150多人组成，张绍基任指挥长兼政委，活动在前后畈一带。金北工委以教导团第一中队为基础，组成100多人武装集团，指挥长黄耀华，李晓明兼政委，副政委杨光，活动于莲花山、油坊店、南水田、船板冲一带。不久，金北工委并入固始县委，金北工委武装集团改为固始县南集团，由李晓明、黄耀华率领，活动在长江河、徐冲、全军一带。

各武装集团组成后，对敌人的疯狂“清剿”展开了英勇顽强的

① 林木森：金寨县南溪人，1914年出生，1932年参加红军。解放战争时期随刘邓大军挺进大别山，后留下领导地方斗争，任金寨县县长。中华人民共和国成立后曾任湖北省纪委书记、省人大常委会副主任。

斗争。2 月下旬，敌第四十八师 1 个营向南溪、汤家汇一带进攻，袭击第二纵队野战医院，北集团指挥长袁化民率北集团部分兵力和医院监护连、双河区游击队，在双河的黄龙河伏击敌人，歼敌一部，掩护了后方医院安全转移。但由于敌第四十八师主力支援，我方也受到了严重损失，公安局局长王坚和双河区游击队队长贾志华英勇牺牲。3 月，县独立团在李华珍、张泰升的指挥下，连续在斑竹园、吴家店、泗道河等地歼敌第四十八师一部和彭宗春、周香波等民团百余人。金东县中集团在张绍基的指挥下，在乌龙岭和敌第四十八师 1 个团及当地小保队发生激战，打死敌 20 多人，我方无一伤亡。5 月 20 日，第二纵队第五旅第十五团第九连与关王庙、银沙畈、汤家汇等区武装配合，在石板冲歼灭银沙乡保民团 80 多人，俘敌中队长等官兵 10 多人，缴获轻机枪 2 挺、步枪 10 余支。但是，在人民解放军主力转出大别山后，由于敌我力量悬殊，加之执行上级“县不离县，区不离区”的错误决策，限制了地方武装的游击范围，束缚了自己的手脚，因而在反“清剿”斗争中，各武装集团都遭受到不同程度的损失。

4 月 17 日，金寨县委书记张延积、县长卫民和南集团指挥长孔照亮、政委江川等带领南集团武装和县独立团第五连以及干部队共 300 多人，由漆店到吴家店太平山一带游击，张延积、孔照亮、江川等和南集团指挥部 80 多人驻铁棚岗；卫民和第二纵队第五旅宣传科长韩英带干部队 60 多人驻潘家湾；独立团第五连驻汪上湾。由于敌特通风报信，部队正准备吃早饭时，突然遭敌第四十八师1个团及地方反动武装包围。战斗一打响，指挥部、干部队和战斗连即被敌分割，失去联系。驻铁棚岗的南集团指挥部且战且退，迅速突出重围。驻潘家湾的干部队被包围后，县长卫民、宣传科长韩英临危不惧，一面指挥干部队英勇还击，一面组织突围。激战半日，由于敌人人多，又占领了有利地形，干部队未能击退敌人，县长卫民等27人被俘，宣传科长韩英等25人牺牲。次日，突出重围的南集团指挥部又遭周香波民团袭击，政委江川、指挥长孔照亮、副政委李国义被俘，金寨县南集团遭受严重损失。在此期间，其他各集团也都受到了很大损失，李集区委书记李建业、副书记曹固，城关区区长吴允道、副书记宋合义，南溪区委书记梁汉夫均壮烈牺牲。

在金寨县各武装集团遭受严重损失的同时，金东县各武装集团也接连在反"清剿"斗争中受到重创。5月，罗田县武装集团300多人在县委书记郑铎、指挥长刘敏带领下，游击到金东前后畈一带，与金东县武装合并组成金罗支队，支队长郑铎，政委刘敏，副支队长张绍基，副政委白涛，全支队共分6个连、700多人。其中金东400多人，分成4个连，罗田300多人组成2个连。5月19日，金罗支队决定翻越天堂寨到罗田县活动，当部队行至前畈胡家山时，突然遭敌第七师一部和罗田县陈新民民团包围，支队长郑铎负伤，副支队长张绍基鉴于敌人众多，且来势凶猛难以抗击，便指挥部队一面战斗，一面分路突围。部队刚突围到天堂寨，又遇敌第七师2个营阻击，被迫返回。在胡家山祖师垴，部队再次遭敌伏击。两次胡家山战斗，金罗支队700多人损失近半，金东县委书记白涛、前畈区长李华堂被俘，惨遭杀害。

在极其艰苦的反“清剿”战斗中，金寨军民付出了巨大牺牲。后来邓小平曾经回忆说：但是我们确实已站住了脚，敌人把我们打不出来了，而4个野战纵队抽出后，减少了人民负担，拖住了敌人3个师（第十师、二十师、五十八师），加上最近策略上的讲求，更利于大别山的坚持，从而有力地支援了其他战场的胜利。

八、革命斗争策略的改变和游击战争的开展

1948年5月下旬，金东县军事指挥长张绍基和副政委周荣家率领从胡家山战斗突围出来的200多人去金寨白沙河、汤家汇，与金寨县委书记张延积领导的南集团及林木森领导的中集团汇合，成立了临时指挥部，指挥长张绍基、政委张延积、副指挥长林木森、副政委周荣家，全部武装和干部共800多人。鉴于当时金寨地区敌情严重，经研究决定，改变“县不离县，区不离区”的错误斗争策略，采取大集中、大迂回，越县界、省界，开展广泛的游击战争，继续牵制和相机打击敌人，坚持大别山根据地斗争。

6月初，临时指挥部向麻城游击，歼灭了一些地方反动民团，中旬回到吴家店一带，与鄂豫一地委及军分区武装汇合，共2000

多人，活动于南溪、李集、汤家汇一带，打击国民党地方反动武装。6月20日，袭击牛食畈乡公所，毙敌7人，俘敌17人，缴轻机枪3挺、长短枪24支。随后，临时指挥部到达金东县的莲花山一带，稍事休整，即进入霍邱、固始平原地区游击。7月，鄂豫一专署决定：将金寨、金东、霍邱、霍山、固始、商城6县合并为金寨、商城、固始、霍邱4个县。合并后的金寨县委书记张延积、副书记张健三、县长林木森，领导县武装集团在金寨、固始、商城范围内大转圈游击。

1948年秋，鄂豫一分区政委寇庆延召开金寨、商城两县负责人会议，根据鄂豫区党委"集中力量，形成拳头对付敌人"的指示，决定将金寨、商城两县武装力量合并，组成金商支队，黄家景任指挥长，谭申平任政委，林木森任副政委，张泰升任参谋长。金商支队成立后，仍在金寨、商城、固始之间开展游击活动。由于全国各战场不断取得胜利，蒋介石被迫放弃"全面防御"，将"清剿"大别山的兵力外调，实行"重点防御"。9月21日，金商支队和鄂豫军区部分武装向金家寨之敌第一三八旅1个团进攻，歼敌一部，收复金寨县城。11月初，淮海战役开始，驻守大别山的桂系主力部队多被调往汉口周围，加强武汉城防，留守大别山的兵力大为减少，鄂豫区党委抓住这一有利时机，决定向敌人发起全面反攻。8日，商城守敌第五十八师第二十八团他调，守城兵力减弱，鄂豫军区司令员王树声、政委段君毅等指挥军区教导第一、三旅和金商支队向商城发起攻击，一举攻克商城。金商支队在追击溃敌时，俘敌保安团 100 多人,缴获机枪 1 挺,步枪数十支;捣毁了商城太枫乡公所,俘伪乡长、大队长及士兵 30 多名,缴步枪 70 多支。12 月 1 日,金商支队配合鄂豫军区部队再次攻占商城,使商城获得最后解放。

第五章

人民政权的新生与事业发展

（1949 年 1 月— 1949 年 10 月）

一、金寨人民支援解放大军渡江作战

1949 年 1 月，辽沈、淮海、平津三大战役胜利结束，中国人民解放军基本上消灭了国民党赖以发动反革命内战的主力部队，大大加速了解放战争在全国胜利的进程。国民党反动派在美帝国主义的操纵下，进行了垂死挣扎，一面发起新的“和平”攻势，争取喘息时间卷土重来；另一面在长江以南建立长江防线，组织重兵防守，妄图凭借长江天险阻止解放军南下。1949 年元旦，毛泽东主席发表了《将革命进行到底》的新年献词，号召全党和全国人民像粉碎敌人的军事进攻一样，彻底粉碎敌人的政治阴谋，把伟大的人民革命事业进行到底。中共中央一面和国民党反动政府谈判，一面进行渡江作战的一切准备。2月15日，鄂豫行政公署、鄂豫军区联合发出紧急命令："各级党政军民工作人员，急需全体动员起来，行动起来，全力完成当前革命现阶段中伟大的支前任务，更需尽一切力量，想尽一切办法，克服工作中的困难，达到大军胜利渡江，争取全国胜利。"[①]鄂豫一地委根据鄂豫区党委的指示精神，确定以支前工作为当前中心任务，并成立各级支前指挥部。

2月下旬，鄂豫一地委在豫皖边区的叶集成立中共金（寨）固（始）霍（邱）工委，直属地委领导，李晓明任工委书记兼行政办事处主任，并建立了金固霍剿匪指挥部，刘仪任指挥长，李晓明兼政委，政治部主任李峰晨。下辖胡店子、麻埠、叶集3个区，胡店区长王中原，麻埠区长杨克荣，叶集区长孟长庚。指挥部的主要任务是支援大军渡江作战，清剿残匪。3月2日，鄂豫一地委发出《关于支前工作的紧急指示》，要求各县、区支前指挥部"按时按数完成任务""掀起群众性支前热潮""将支前工作贯彻到底"。金固霍工委在"一切为着支援前线"的口号下，进行了广泛的宣传动员。1个月之内，就筹粮100万斤、款5万元、雨伞1万把、鞋2万双，并修通叶集到固始、叶集到白塔畈、叶集到麻埠的公路、桥梁和叶集到固始的电话线，圆满完成了上级分配的支前任务。

---

① 王礼琦：《中原解放区财政经济史资料选编》，北京：中国财政经济出版社，1995年，第711页。

4月20日，国民党政府拒绝了国共两党拟定的《国内和平协定》。21日，中国人民革命军事委员会主席毛泽东和朱德总司令命令中国人民解放军“奋勇前进，坚决、彻底、干净、全部地歼灭中国境内一切敢于抵抗的国民党反动派，解放全国人民，保卫中国领土主权的独立和完整”。当日凌晨，百万雄师强渡长江天堑，摧毁了国民党所谓不可逾越的长江防线。23日，南京解放，宣告了国民党反动统治的巢穴覆灭。

二、中共金寨县委、金寨县人民政府的重建

随着革命形势的发展，皖西各县相继再度解放，中共皖西和鄂豫区党委根据党中央和中原局的指示，及时调整行政区划。1949年春，建立了中共金寨县工作委员会，金果任书记。4月27日，麻埠解放，皖北行政公署电令：为统一该地区行政领导，方便为人民服务，故金寨县划归皖北第三行政督察专员公署领导，并令副专员田世五兼金寨县长。田世五“遵于本月三十日就职视事”。5月，流波、白塔畈先后解放，建立了麻埠、流波、白塔畈三个区政府（白塔畈区后改为“白大区”）和麻埠、流波两个镇政府。7月，中共六安地委为了加强对金寨县党政机关的领导，迅速清剿残匪，解放金寨全境，从寿县、六安等地抽调一批骨干到金寨，组

成新的中共金寨县委员会，白鲁克任县委书记，组织部部长杭翼东，宣传部部长邓竹虚。原金寨兼县长田世五同志不再兼县职，遗缺现委刘伟同志为该县县长，江毅同志任副县长。于本月10日到职办公视事。并布告全县：我全县解放，指日可待。望全县人民，要继续努力，切莫轻信谣言，坚定胜利信心，再接再厉，协助政府，密报情报，检举公开与秘密一切匪特，以早日安定社会秩序。为配合部队清剿残匪，金寨县委组建了金寨县大队，大队长曹武周（特务，被处决后由晏海波继任），政委李同柱。7月13日，金寨县麻埠镇工人、农民、市民、民工等5000余人，举行大会，欢庆金寨解放，这是该镇人民自民国二十一年（1932年）中国工农红军撤离该镇以来一次空前的欢庆胜利的大会……满街贴上了“庆祝金寨解放”“欢迎解放军进山剿匪”的红绿标语。……驻军某部出动秧歌队献演歌舞，军区文工团演出四幕短剧，党、政、军领导人分别做了报告，庆祝活动一直持续到午夜。9月7日，金家寨镇解放，县委、县政府即由麻埠镇迁到金家寨。[①] 同日，城关区委和区人民政府成立，区委书记徐政明，区长王建群。据《皖北日报》报道，9月18日，金寨县1700余群众600余驻军，在九一八的18周年纪念日，举行了“庆祝金寨县解放”的大会，县长刘伟、县委书记白鲁克及某部驻军赵政委等均相继发表讲话，报告全国胜利形势和当前剿灭残匪的任务，号召军民团结一致，为彻底肃清匪特，

① 白鲁克：《全歼残匪解放金寨》，见中共金寨县委宣传部：《革命斗争回忆录·立夏节烽火》，合肥：安徽人民出版社，1980年，第330页。

解放金寨全境而努力奋斗。

为了加强党政机关建设，中共金寨县委加强了组织部、宣传部、秘书室等部门工作，金寨县人民政府设立了公安局、工商税务局、民政科、财粮科、建设科、文教科等一些职能机构。据《皖北日报》报道，9 月下旬到 10 月初，全县麻埠、流波、白大、城关、燕子河、汤家汇、双河 7 个区和大部分乡级政权建立起来，解放人口 15 万，占全县人口 60%以上。

三、清剿残匪的全面胜利与金寨全境解放

淮海战役胜利结束后，盘踞在大别山的国民党军队纷纷向南撤退，有计划地留下了大批武装特务，收罗地方恶霸地主、流氓土匪，“在大别山以立煌……为中心，设政权，扩武装……征粮款，散谣言……积蓄力量，创立游击根据地，继续与我做垂死斗争，梦想等待‘胜利’‘反攻’‘翻身’”①。

1949 年元月，潜伏的反共干将袁成英（金寨县古碑镇人）任国民党皖北保安副司令兼立煌县县长。2 月，在响山寺组成伪县政府。18 日，召集伪党、政、参议及各区联防主任开会，会商组建伪

① 王树声：《王树声军事文选》，北京：军事科学出版社，2000 年，第 171 页。

县军政机构。决定伪县政府成立民政、财粮两科。军事组织以各区原有自卫中队为基础，集中乡保武装，以区为单位整编为1个自卫团。以城关区联防主任陈云溪（中华人民共和国成立后投诚）为自卫第一团团长，辖4个营10个连，有步枪500余支、重机枪2挺、轻机枪11挺；以燕子河区联防主任徐政为自卫第二团团长，后改黄英继任，辖2个营7个连，步枪400多支、轻机枪7挺；以吴店区联防主任饶国栋为自卫第三团团长，辖3个营、1个特务连，共12个连，有步枪800多支、轻机枪25挺；以麻埠区联防主任潘树师为自卫第四团团长，辖2个营8个连，有步枪500多支、轻机枪8挺。另将原县自卫大队改编为3个独立营、1个独立连，全县武装土匪及伪政党团特共约11300多人，其中武装土匪4470余人。

3月上旬，袁成英又将伪立煌自卫团团部改为第二专区保安司令部，自任司令，副县长邓建武任参谋长，张绍伯任参谋主任，匡效先任副官主任。袁成英妄图把金寨建成“大别山的核心”，以皖北保安副司令身份，对金寨邻近各县的反动武装加以委任整编，以扩充其反动势力。委岳岐山为霍邱县自卫团团长，郑荣波为霍山县自卫团团长，张天和为商（城）固（始）立（煌）边区联防指挥所主任、李俊芳为麻城县自卫团团长，黄英为立（煌）罗（田）边区联防指挥所主任、陈新民为副主任，阮志凌为保安第三团团长，陈铁铮为保安第四团团长，冯立卿为保安第五团团长，台玉祥为保安第六团团长，窦祖裕为保安第七团团长，李森为保安第八团团长，共有匪众万余人。

3月下旬，袁成英派伪商城县警察局长陈伟（金寨人），将其组建大别山反动武装情况，通过驻武汉国大代表江伯良（金寨流波人）向“华中军政长官公署”长官白崇禧报告，要求封官和发给枪支弹药，白崇禧便委袁成英为立煌支队司令，沈佐伯、黄英为副司令，批拨步枪子弹10万发、电台1部。并在武汉设立立煌支队驻武汉办事处，江伟航（金寨人）任主任，负责武汉与金寨之间的联络。

5月中旬，在南下大军即将解放武汉时，“华中军政长官”白崇禧为了进一步控制大别山反动武装，又派其亲信、原国民党第九十二师中将师长汪宪及樊迅、马君慈等人携带6部电台，于5月底潜入金寨，在七邻湾成立“华中军政长官公署豫鄂皖边区人民自卫军总司令部”，汪宪任司令，袁成英任副司令兼伪立煌县县长，樊迅任副司令兼参谋长，马君慈任参谋处长。除保留立煌支队和部分保安团、自卫团名称外，司令部对大部分土匪武装又进行了重新整编，改称“支队”，并逐一加委：委冯春波为第一支队司令；吴曙光为第二支队司令；吴砚田为第三支队司令；郑荣波为第四支队司令；周醒民为第五支队司令，李俊芳、周香波为副司令；张天和为第六支队司令；陈新民为第八支队司令；阮志陵为第十支队司令；岳歧山为“淮河挺进支队”司令。他们在鄂豫皖三省边区拼凑了14个支队，企图利用大别山区负隅顽抗。其中7个支队约8500匪众和区团（即区联防大队）、乡警、保安团近5000人活动在金寨境内及周边县、区。为建立军政合一的地方反动政权，他们同时加委吴曙光为六安县县长，徐政为英山县县长，郑荣波为霍山县县长，管笃生为寿县县长，岳歧山为霍邱县县长，陈伟为商城县县长，李俊芳为麻城县县长，吴坚白为舒城县县长，朱允平为颍上县县长。敌人妄图以金家寨为中心，利用大别山有利的地形条件，开辟所谓“第二战场”，建立“敌后游击根据地”。已逃往桂林的白崇禧和台湾的国民党反动政府为给大别山股匪壮胆打气，先后 5 次派飞机到金家寨空投电台 2 部、电话机 10 部，子弹 30 万发，六〇炮弹 3000 发以及药品等，虚张声势、苟延残喘。

大别山土匪是匪、特、霸三位一体，并有其深厚的封建社会基础。大小头目都有多年乃至十几二十多年的反共经验。他们窜进金寨后，建立反动区、乡、保、甲政权，进行反革命宣传，制造谣言，捕杀共产党员和基层干部、革命军人家属，订立“三杀”条件：给解放军带路者杀，向解放军报告情况者杀，土匪被解放军捕去不聚众保释者杀。吴家店红军家属廖荣清为解放军送信，一家 4 口全被周香波暗杀。第四自卫团团长潘树师在麻埠对有北方口音的人进行逐个审查，认为他们都是“八路军”(土匪对解放军的习惯称谓)探子，杀害了 100 多人，其中 8 名河北马戏团演员全被活埋。淮河挺进支队司令岳歧山到金家寨对大小商贾依次搜查、逐个勒索，凡认为是“私通八路”者，轻者罚款、重者处死；对过往客商大肆抢掠，凡当地找不到保人的，一律扣押。5 月下旬，一次即活埋湖北过来的土布商贩 26 人。保安第六团团长台玉祥，专门在豫皖边区交通要道的开顺、徐冲、叶集一带搜查来往行人，一次在临近开顺的史河上拦截竹排14对，除了将所载食盐、布匹、猪油等物资抢劫一空外，还将3名押运客商和6名竹排工人全部杀害。第六支队司令张天和在双河、全军一带强迫群众实行“五家连环保”（一家通“匪”，五家连坐）和“两不一勤”（即不通“匪”、不窝“匪”、勤报告“匪”情）签名制度，妄图断绝人民群众和解放军的联系。7月15日，张天和抓住4个由白沙河往叶集卖土纸的农民，因其中一位农民烟袋上系有一枚苏维埃时期的铜币，硬说他是“八路探子”，带到皂靴河后，召开民众会“公审”枪决。他威胁群众说：“美国已经出兵到中国来了，老蒋马上就要打回来了，八路军和红军一样，是站不住脚的，谁要私通八路，全家俱斩。”

各股匪强征强派粮款也十分厉害，伪立煌支队副司令黄英一次就在流波征粮3万斤、款1万元（银币）。有的地方今天这个支队征了粮款，明天另一个支队又来强征，群众稍有反抗，即遭杀身之祸。

大别山匪情，在渡江前夕，中共鄂豫一地委就已经重视，指出：由于在支前中我们没有抓紧剿匪，使敌得到喘息机会，重整旗鼓……威胁着各阶层的生命财产的安全……决定从四月中旬起，以剿匪与政攻为当前的中心工作……皖北区党委也同时做出了“彻底肃清残余武装匪特，安定社会秩序”的决定，并对剿匪方针、政策做了具体指示：要认真执行首恶必办，协从从宽，立功受奖的政策，党政军民密切配合，迅速剿灭残匪。

1949年4月16日，皖北军区成立了六安剿匪指挥部，曾庆梅任指挥兼政治委员，指挥皖北军区警备第二旅第四团、第六团和皖西第三分区第七团分别从霍山、霍邱向金寨南北对进，先后解放了麻埠、流波、白塔畈。到7月下旬，共歼敌180多人，生俘560多人，投降自新者976人。

为加强对剿匪工作的领导，彻底消灭大别山的残匪，8月上旬，鄂豫皖三省边区第一次剿匪会议在武汉召开，会议决定组建鄂豫皖三省边区剿匪部队，对大别山残匪进行联合会剿，成立鄂豫皖边区剿匪工作委员会及其领导下的鄂豫皖边区剿匪指挥部，统一指挥三省边界剿匪部队，王树声任工委书记、司令员兼政委，何柱成任副政委，梁从学任副司令员。下设东线（皖西）、北线（豫南）、南线（鄂东）3个剿匪指挥部。东线剿匪指挥部于8月25日在金寨县麻埠正式成立，梁从学任司令员，何柱成为政委，梁金华任第一副司令员，曾庆梅任第二副司令员兼参谋长，马庭芳任副政委，崔文斌为政治部主任。下辖2个指挥所：第一指挥所司令员李国厚，政委彭宗珠；第二指挥所司令员孔令甫，政委桂林栖。东线剿匪部队由第三野战军第二十四军第七十一师，皖北军区警备第一旅第一、第三团，警备第二旅第四、第六团，六安军分区的第七团、八团及安庆军分区警备团等组成；北线剿匪部队由第四野战军第四十二军的第一二六师、河南军区独立团及潢川军分区部队组成；南线剿匪部队由湖北军区独立第三师和黄冈军分区部队组成。会议确定了剿匪的方针与任务："剿匪、反霸、发动群众三管齐下，总的以政治为主，积极的军事行动，下最大决心，集中足够力量，剿灭鄂豫皖边区之霍（邱）、立（煌）、霍（山）、岳（西）、太（湖）、潜（山）、宿（松）、英（山）、罗（田）、麻（城）、经（扶）、商（城）、固（始）等县内之一切残余的封建反动土匪武装……”①在剿匪步骤和方法上，第一步以军事打击为主，以集中对集中，实行三线纵深配备。第一线为进剿、会剿部队，共同分进合击，合围匪中心区，打乱敌指挥系统；第二线为驻剿、阻击部队，控制交通要道及城镇，协同第一线部队进行堵击、伏击、驻剿；第三线为封锁部队，以各县、区、乡武装为主，组织群众联防，普设盘查哨，封锁土匪，堵截窜匪。9 月初，皖北军区为保障剿匪部队粮食军需供给及各种后勤任务的完成，成立了剿匪后勤司令部，田世五任司令员，梁绪修任政委，下设民力、供应、交通等部，并在金家寨、独山、霍山、叶集设立 4 个指挥所。

在进行宣传动员发动群众的同时，9 月 5 日，东、南、北线剿匪部队在鄂豫皖边区剿匪指挥部的统一指挥下，齐头并进，向大别山残匪盘踞的中心区金家寨及其以南山区合力会剿。东线剿匪部队还抽出警备第一团、第三团及警备第六团的 2 个营，第七十一师第二一三团的 1 个营和六安军分区第七团，分头向燕子河、漫水河一带进剿。北线剿匪部队先后占领双河、皂靴河、金刚台和银沙畈等匪众隐蔽地，共歼匪冯春波、张继武部 450 多人。南线剿匪部队奔袭金家寨附近的南庄畈，歼匪 109 人。东线剿匪部

① 王树声：《王树声军事文选》，北京：军事科学出版社，2000 年，第 172 页。

队在东、西莲花山一带活捉匪立煌独立第三营营长汪德芝等30多人。接着，六安军分区第七团夜袭燕子河以西吊桥岩，歼黄英匪部1个连。到9月20日，仅东线剿匪部队即歼匪879名，其中投诚的452名，活捉敌保安第六团正、副团长台玉祥、台玉龙和寿县县长管笃生等官兵340人，缴获了大批枪支弹药。

在解放军强大的军事打击下，残匪为避免与解放军正面对抗，采取化整为零的方式纷纷逃入深山密林。匪首汪宪于21日向在桂林的白崇禧发电呼救："现在士气消沉，民心观望，若短期不能占领武汉，职恐难潜伏于大别山。"根据匪特的特点，剿匪部队采取以大山为重点，实行追剿、清剿、驻剿相结合的方针，以分散对分散，将第一线剿匪部队以营、连为单位进入深山老林，控制山头制高点，在第二、第三线实行严密封锁，堵击逃窜之敌。同时对敌积极开展政治攻势，分化瓦解敌人，加快剿匪进程。9月下旬，皖北警第四团向前后畈、燕子河一带大山合围，将一贯与人民为敌的黄英第二自卫团大部歼灭。第三野战军第七十一师第二一三团第一营在白水河摧毁匪大别山最高指挥机关"豫鄂皖人民自卫军总司令部"。9月30日，在帽顶山活捉匪首中将司令汪宪，匪副司令袁成英、樊迅，参谋处长马君慈等也相继被生俘。到10月5日，鄂豫皖边区各线剿匪部队，总计歼匪3831人，缴获小炮4门、机枪53挺、长短枪2819支。[①] 据《皖北日报》报道，其中："东线剿匪部队共歼匪2215人，缴

---

① 傅春早：《大别山南线剿匪记事》，载《地方革命史研究》，1989年，第4期，第58页。

获机枪 32 挺、小炮 3 门、长短枪 1953 支。

在开展政治攻势的同时，对少数顽固不化的残匪进行坚决的军事打击。为了寻找匪特踪迹，全县人民积极协同剿匪部队开展搜山运动。双河区群众 2000 多人配合搜山部队，活捉了匪立煌支队第四自卫团团长潘树师。其余匪首如王述言、郑荣波、阮志凌、张天和、陈新民、冯春波、叶藩、吴曙光等均在群众的密切配合下，先后被剿匪部队生俘或击毙。到 1950 年初，鄂豫皖军民共歼匪 15413 名，其中金寨境内股匪 4500 多人。至此，大别山区匪特基本肃清，金寨全境基本解放（只有少数偏僻山区仍被流窜土匪盘踞，全县剿匪延续至 1951 年）。

四、各项事业开始恢复与发展

随着剿匪斗争的开展，到 1949 年 10 月底，全县 8 个区和大部分乡、村政权已建立起来。中共金寨县委、县人民政府积极发动群众，恢复和发展生产。1949 年 9 月 15 日，金寨县人民政府发出布告，号召“全县人民动员起来，积极配合剿匪部队，消灭土匪，保卫粮食；不要轻信匪特谣言，赶快回家收秋割稻，严防匪特抢粮”，并提出“今冬多种麦，明年少受苦”“今年田地翻一遍，明年省工多打粮”。9 月 20 日，中共金寨县委发出了关于《金寨县一个月的工作布置》，指出："必须在剿匪中很好地结合生产救灾工作，号召群众生产节约，有计划有重点地组织群众秋收、秋耕、秋种，组织山货出口，对受匪灾之军烈属、贫苦群众，给予必要救济。"并强调"如果我们根本忽视这个工作，就要脱离群众"。各剿匪部队和地方政府抽调大批干部组成工作队，深入农村，帮助组织生产自救。各级政府千方百计挖掘财政潜力，"向匪灾区发放救济粮款"。麻埠区于 8 月 12 日至 30 日共拨大米 12100 斤、人民币 125 万元，救济该区遭受匪灾严重的灾民，皖北行署拨 10 万斤小麦救济金寨县受匪抢劫严重的群众。10 月，为扶助匪灾区群众冬耕，皖北行署又拨发 6 万斤麦种，救济红军家属及贫苦农民。获得救济后的灾民积极开展生产自救。

金寨县工商业由于股匪的破坏，很多被迫停业，市场萧条。为恢复和发展工商业，金寨县委、县政府和剿匪部队，积极贯彻皖西区党委和军区关于工商业的政策，保护并扶持私营工商业，帮助被迫关闭、停业的私营工厂、作坊、商店恢复生产和营业。金家寨镇解放后，县委、县政府立即召开全镇商民大会，开展政策宣传和形势教育，全镇 60 多家商店都积极筹集资金，整理铺面，组织货源，开张营业。金寨县工商税务部门为了保护工商业合法经营，于 9 月下旬在麻埠、流波、金家寨 3 镇进行私营商业户调查登记，发给营业执照。为稳定物价和金融市场，六安专员公署发布"严禁使用银圆及贩卖金银"的布告，统一使用人民币。公署在麻埠、金家寨两镇设立国营商店，以充裕物资供应人民群众，收购山货，进行物资交流。国营商业的建立促进了人民币的流通，主要生活用品如大米、油、盐、猪肉等价格都较稳定，土特产品日益畅销。仅9月份，麻埠镇就出口大麻104791斤、茶叶40398斤、桐油32012斤。

中共金寨县委、县人民政府在恢复和发展工商业的同时，十分重视文教事业的恢复和发展。根据六安行政公署《关于恢复学校工作的指示》，成立了全县公学产整理委员会，接收公学产大米191200斤，用做学校开办费用；召开中小学教师会议，进行思想动员，鼓励他们当好人民教师，帮助政府恢复和发展教育事业。9月份，全县恢复公立中学。

五、庆祝中华人民共和国成立

1949年10月1日，北京举行隆重的开国大典，毛泽东主席在天安门广场亲手升起了第一面五星红旗，向全世界庄严宣告中华人民共和国成立。喜讯传来，全县人民沉浸在无比欢乐之中。金家寨、麻埠、流波等集镇纷纷举行庆祝大会，张灯结彩，敲锣打鼓，燃放鞭炮，热烈庆祝中华人民共和国的诞生。从此，金寨人民在中国共产党的领导下，进入了社会主义革命和社会主义建设的新的历史时期。

第六章

金寨地区组建的红军队伍简述

一、金寨地区组建的12支主力红军队伍

土地革命战争时期，金寨地区先后组建了12支主力红军队伍，其中2个军级建制、8个师级建制、1个旅级建制、1个团级建制，他们都为中国人民的解放事业做出了巨大牺牲和贡献。按照成立时间的先后顺序，依次是：

（一）中国工农红军第十一军第三十二师

1929年5月6日，商南立夏节起义获得完全的胜利。5月9日，参加立夏节起义的各路队伍按照计划在斑竹园朱氏祠会合，宣布成立中国工农红军第十一军第三十二师。师长周维炯，党代表徐子清，副师长漆德玮，师党委书记兼参谋长徐其虚，政治部主任李梯云。

5 月 10 日，中共商罗麻特别区委在斑竹园文昌宫召开工作会议，地方党组织、红三十二师领导 30 多人参加了会议。会议讨论扩大红军，发展赤卫队和农民协会，建立苏维埃等有关根据地建设的问题，做出了 10 条决定：积极和鄂东红三十一师联络，共同开辟鄂豫边区根据地；积极向东发展，和皖西党组织取得联系，支援皖西地区武装起义，建立红三十二师的东方屏障；在花堰忠和祠设立学兵团（后迁南溪林氏祠），训练主力红军和地方武装骨干；在小河界牌冲、果子园徐氏祠设立军需处和医院，在佛堂坳建立兵工厂。会议及时给红三十二师制定了正确的发展方向，为后来的豫东南革命根据地的建立和发展确立了重要基础。

5 月 11 日，红三十二师从斑竹园的桥口出发，先后进入李集、南溪、江家山、余山（余富山）、大埠口、胭脂坳、秦树湾等地，开展武装斗争，积极发动群众，大力摧毁反动民团，收缴地主武装，没收豪绅地主财产，开仓分粮，建立乡村革命政权，组建群众武装。

国民党商城县县长李鹤鸣和县民团大队长王继亚得知漆德玮是共产党员，并且是红三十二师副师长的消息后，异常震惊，急忙派兵“进剿”。5 月 16 日，王继亚民团和顾敬之民团分两路从狗脊岭、挥旗山向南溪扑来，当晚分别驻南溪的吴氏祠和余山的土地庙，红三十二师决定先消灭土地庙的敌人，以吸引吴氏祠的敌人来援,再各个击破。

当晚,萧方率领第九十七团偷偷地包围了驻在土地庙的2个排敌人,漆德玮指挥第九十八团一部在土地庙与吴氏祠之间的上坳埋伏打援,周维炯率特务营在陡岭做预备队。午夜,萧方、毛月波率第九十七团摸掉了敌人的岗哨,向土地庙发起猛攻,打得敌人措手不及,伤亡过半。王继亚听到枪声,立即赶来增援,却在上坳遭到漆德玮率领的第九十八团的迎头痛击,周维炯率领预备队也从左侧攻来,王继亚部溃不成军,逃往县城。

初战告捷,红三十二师歼敌40人,缴枪48支。顾敬之民团见状不战而逃。李鹤鸣、王继亚因"剿匪不力"被革去职务。群众歌颂这次胜利:"四月初七八,攻打王金牙,王金牙不经打,一打就散花。哎哟哟,缴枪四十八。"这场战斗,极大地鼓舞了商南军民的斗争勇气。

5月下旬,周维炯令毛月波带50人重返金寨县东部的莲花山,建立苏维埃政权和混成团。12月,毛月波在莲花山陈家祠堂成立混成团,并担任团长,副团长毛习之(毛月波胞弟),党代表汪济平。

在第一次"会剿"期间,光山土匪李克邦暂编第二旅某连,在连长吴云山带领下,在双河狗脊岭举行起义,加入红三十二师,被编为第一〇〇团,吴云山任团长。

8月10日,湖北军阀夏斗寅第十三师第三十九旅第七十八团及其补充团,在麻城、罗田民团的支持下,分别由松子关、长岭关、铜锣关北犯，进攻红三十二师。16 日，驻皖西的刘和鼎第五十六师桂振远旅 1 个营乘虚向南溪猛进，北路的敌李克邦部和顾敬之民团也趁机由北向南攻来，妄图将红三十二师围歼在南溪、大埠口、葛藤山之间。鉴于敌强我弱，为将敌人引出根据地，再寻机歼敌，17 日，红三十二师由胭脂坳往西，顺利向光（山）麻（城）边界地区转移。9 月上旬，红三十二师在麻城北部的八字门楼（今新县境内）与徐向前率领的红三十一师首次会合。

9 月中旬，红三十二师从新集回师商南地区，在白沙河、吴家店、南溪、丁家埠等地打击地方民团等反动组织，镇压反革命分子和土豪劣绅，巩固革命根据地。月底，在南溪林氏祠建立商城县工农革命委员会，不久，区乡苏维埃政权也普遍建立起来，逐步形成了以南溪、斑竹园、吴家店为中心的豫东南根据地。

12 月 25 日，红三十二师首次攻占商城县城。之后，周维炯组建第一〇一团和学兵团。周维炯改任第一〇一团团长，吴云山任学兵团团长。

1930 年 1 月上旬，红三十二师第九十七团、一〇一团举行第二次东征。途中收编了六安县第七区（麻埠地区）民团，组建第一〇三团，团长朱孟功。到 4 月底，全师发展到 800 多人。

红三十二师是金寨境内诞生的第一支红军队伍，也是鄂豫皖边区的第二支红军队伍。红三十二师的建立，标志着金寨地区的革命斗争进入了一个新的阶段，为创建豫东南革命根据地奠定了军事基础。

（二）中国工农红军第十一军第三十三师

1929 年 5 月 18 日夜，六安六区六保联络自卫团（驻南庄畈）举行起义，得到红三十二师师长周维炯率领的第九十七团的支援，获得成功。起义人员和六区自卫军一部分编入红三十二师，组建补充团；一部分编成六安六区游击队，桂伯炎任队长，袁继安任党代表，桂杰生任副队长。

1929 年 11 月 8 日，六安三区（独山地区）爆发起义，起义武装编为六安三区游击队和赤卫军，其中六安三区游击队 70 多人，赤卫军数千人。

11 月 17 日，中共六安六区区委在金家寨帝王庙召开群众大会，区委书记袁继安宣布六区农民暴动取得胜利，成立农民协会，主席袁继安；改六区游击队为六区游击大队，大队长桂伯炎，党代表桂杰生。

1929 年 11 月 19 日午夜，红三十二师师长周维炯率部赶至燕子河，与徐育三、刘仁辅、高天栋率领的赤卫军会合，一举击溃闻家店民团，取得西镇暴动的胜利。暴动后的农民赤卫军编为西镇游击队，徐育三任总指挥，刘仁辅任副总指挥。

1930 年 1 月上旬，六安中心县委第十次常委会议决定，独山起义武装编为安徽红军游击队第一纵队，冯小山任纵队长；西镇游击队编为安徽红军游击队第二纵队，徐育三任纵队长。

1 月 20 日，六安中心县委决定把游击队第一、第二纵队集中到流波，与六安六区游击大队会合，并召开六安中心县委常委与游击队党团负责人联席会议，宣布3支游击队合编为中国工农红军第十一军第三十三师。徐百川任师长，鲍益三任党代表，姜镜堂任师党委书记，张建民任政治部主任。下辖两个团：第一〇六团由游击队第一纵队与六安六区游击大队一部合编组成，团长冯小山，副团长高天栋，党代表余爱民（詹慕禹）；第一〇七团由游击队第二纵队与六安六区游击大队一部合编组成，团长徐育三，副团长李锡三，党代表孙能武（汪维裕）。全师200多人。

1月30日（农历正月初一），红三十三师在霍山游击队、赤卫军支持下，兵分三路，对霍山县城发起进攻。午前，红三十三师从西门强攻入城，与敌激战至下午4时，击溃守敌自卫团。但因东门城堡坚固，强攻未克，为避免伤亡，当晚主动撤出县城。第一〇七团开往西镇，第一〇六团开赴流波一带。红三十三师组建仅10天就攻克霍山县城，成为安徽红军队伍攻克的第一座县城，显示其较高的战斗力。

4月6日，红三十三师派第一〇七团和潜山工农革命军前往英山开辟新区。8日，胜利攻克英山县城。

4月12日，红三十三师、红三十二师的2个团和潜山工农革命军再次进攻霍山县城。毙伤俘敌200多人，缴枪80多支，活捉敌县自卫团总指挥秦华轩。同月，红三十三师增设特务营。

5月23日，红一军前委在流波召开中共六安中心县委、红一军第二师和红三十三师联席会议，决定以第二师一部与红三十三师合编为红一军第三师。师长周维炯，政治委员姜镜堂，副师长萧方。下辖 2 个团。7 月中旬，第三师发展到 600 多人，并装备了迫击炮、机关枪。

红三十三师是金寨境内诞生的第二支红军队伍，它与红三十二师都是鄂豫皖地区后来组建的红一军、红四军、红四方面军的初始源头。

（三）红一军独立旅

1930 年 4 月中旬，红一军军长许继慎和政治委员曹大骏率军部东进商南、皖西地区，改编红三十二师、三十三师。

5 月中旬，红三十二师在南溪改编为红一军第二师。另以红三十二师一部和当地游击队组建红一军独立旅。共 300 多人，编为 5 个团，旅长廖业琪，人员基本上都是金寨人。旅部先后驻汤家汇、吴家店、斑竹园，在豫东南革命根据地坚持革命斗争。

同年 10 月初，红一军前委决定派萧方率黄麻补充营东进皖西地区，与中央独立第一师、红一军独立旅合编重建红一军第三师，配合地方党和武装恢复六安、霍山和商城苏区。至此，红一军独立旅撤编。

（四）中央独立第一师

1930 年 7 月，根据上级指示，中共六安中心县委决定，在燕子河地区，以皖西地方武装和红一军第三师的 1 个连为基础，组建中央独立第一师。师长徐百川，政治委员兼政治部主任王文生

（梁仲明）。先后组建5个团，共3000多人。

8月下旬，为执行“左”倾冒险主义方针，红一军的3个师会合，集中力量向平汉路出击，进逼武汉，这给敌人进攻苏区以有利之机。驻守六安的敌新编第五旅纠集六安、霍山自卫团等5000多人，乘机大举进攻苏区。刚刚组建的中央独立第一师和独立第二师、六霍赤卫师顽强抵抗，苦战月余，伤亡惨重，未能遏制住敌人的进攻。

9月初，为保存有生力量，中共六安中心县委率独立第一师、赤卫队和数千逃难群众向豫皖边区的金家寨、南溪一带转移。敌人尾追而来，独立第一师苦战数日，终因弹药不足，连遭挫折。由闻家店、燕子河经七邻湾、金家寨，一直退至商城南部，最后又转移到鄂东地区。整个皖西根据地几乎尽失。豫皖边区也仅有南庄畈、丁家埠、斑竹园、银山畈、泗道河、关王庙、河坪等小部分区域未被敌人占领。

10月初，中央独立第一师并入重建的红一军第三师，该师仅存在2个多月便被撤销。

（五）重建的红一军第三师

1930年4月至5月，红三十一、三十二、三十三师合编为中国工农红军第一军，下辖第一师、第二师、第三师和独立旅。10月中旬，红一军在光山进行整编。第二师和第三师合编为第二师，辖第四、第六团。红三师番号取消。

10月初，红一军前委决定由萧方率黄麻补充营东进，在金寨汤家汇，将黄麻补充营、红一军独立旅和中央独立第一师合编，重建红一军第三师。约1000多人，萧方任师长。

1930年12月，重建的红三师参加了第一次反“围剿”战斗，在皖西地区接连取胜，收复了皖西大部分苏区。30日，又在东、西香火岭（今金寨县鲜花岭）地区歼敌3000多人，取得了鄂豫皖红军的重大胜利。

红一军第三师经历两次撤编、一次重建，为鄂豫皖红军和根据地的创建与发展做出了重要贡献。

（六）中央教导第二师

1930年冬，在皖西作战期间，红一军将第三师大部编入第一、二师，另以第二师的2个连及六霍补充营、第三师余部，合编为红一军第三师第七团。1931年1月中旬，第三师第七团改编为红四军独立团。1931年2月初，奉中央的指示，红四军独立团在麻埠扩编为中国工农红军中央教导第二师。代师长萧方，政治委员王效亭，参谋长方礼政。下辖第一、三2个团。

中央教导第二师组建后即开赴霍邱南部地区，帮助发动白塔畈农民暴动，接着攻占叶家集、大顾店、姚李庙、洪集，消灭地方反动民团。

2月中旬，驻六安的敌第四十六师在共产党员魏孟贤、柴鸿儒等策动下，领导2个营举行起义，进入麻埠苏区，编入中央教导第二师。魏孟贤任师参谋长，柴鸿儒任第一团第三营营长。

3月11日，中央教导第二师奉命南下英山。先后攻占金家铺和英山县城。歼守敌新编第五旅2个团的大部，毙敌团长潘友三，俘敌800多人，缴获步枪600多支、迫击炮1门、子弹2万多发。部队接着回师北上，24日，击溃入侵麻埠的敌第四十六师1个团及反动民团等3000多人，俘敌700多人，至1931年3月下旬，扩大到3500多人，装备也得到显著改善。

4月中旬，中共鄂豫皖特委决定，在皖西活动的中央教导第二师改编为红四军第十二师。师长许继慎，政治委员庞永俊。

(七)中国工农红军第二十五军(及第七十三师)

为了集中革命武装，反击新的“围剿”，中共鄂豫皖中央分局和军委会决定，1931年10月25日，在麻埠组建了中国工农红军第二十五军。军长旷继勋，政治委员王平章。下辖第七十三师、七十四师、七十五师，当时只组建了第七十三师，第七十四师、七十五师待建。第七十三师师长刘英，政治委员吴焕先。下辖3个团，师部由红四军第十二师师部改编而成。其中，第二一七团由原第十一师第三十一团改编而来；第二一八团由原第十师第二十八团改编而来；第二一九团由原第十二师第三十四团改编而来。红二十五军军部设在麻埠，主要在皖西地区活动。这是金寨境内组建的第一支成军建制的红军队伍。

1932年1月13日，红四方面军总部发起商潢战役。红七十三师与红十二师、红十师共同围歼敌第十二师。3月21日，红七十三师参加苏家埠战役，围歼青山店之敌和霍山援敌。5月2日，第七十三师在陡拔河两岸全歼敌第七师主力第十九旅，摧毁敌军的指挥机关，为苏家埠战役的胜利做出了重大的贡献。

6月初，红四方面军总部率红七十三师、红十师、红十一师和少共国际团西进豫东南，在商城亲区与红十二师会合，决定发起潢(川)光(山)战役，恢复潢光南部根据地。6月12日战役开始，当晚，红七十三师和红十二师包围了双柳树和仁和集之敌李万林旅。实行围城打援，日夜袭扰。16日拂晓，守敌约2个团从红军阵地突破，向西逃窜，被红七十三师第二一八团、二一九团追歼在仁和集以西的谈楼地区，余敌被第二一七团和少共国际团歼灭，敌旅长被活捉。16日，潢光战役结束。

在长期的革命斗争中，红七十三师百炼成钢，成为人民军队的雄师劲旅，为民族独立和人民解放事业做出了积极的贡献。

(八)中国工农红军第二十五军第七十五师

1932年3月，根据中共鄂豫皖省委的指示，中共皖西北道委决定在六安、霍山、英山、罗田、商城五县边界地区设立五星县，县委、县苏维埃政府机关设在燕子河。为统一领导全县的游击队、赤卫队，在燕子河成立五星县军事指挥部，将霍山六区、英霍边区、五县边区游击队合编为五星县独立团，下辖3个营。

3月上旬，为了准备发起苏家埠战役，增强东线作战的红军力量,鄂豫皖军委在麻埠,将红四军第十一师第三十一团和五星县独立团合编为红二十五军第七十五师。师长廖荣坤,政治委员戴克敏。下辖第二二三团、二二四团、二二五团。

(九)中国工农红军第二十五军第七十四师

1932年5月8日,苏家埠战役胜利结束。红四方面军总部决定将六安、霍山、霍邱、赤城等县独立团合编的皖西北独立第三师,改编为红二十五军第七十四师。师长汪明国,政治委员戴季英,副师长张成功。下辖第二二〇团、二二一团、二二二团。至此,红二十五军的3个师全部在金寨境内组建完毕,全军1.2万多人。

6月初,根据鄂豫皖军委的决定,红四方面军总部把红二十五军第七十四师、七十五师留在皖西北地区活动,巩固和扩大根据地。9月,第四次反"围剿"斗争失利。9月9日,鄂豫皖中央分局所在地新集失守。10日,鄂豫皖中央分局和党政军机关随红四方面军主力转移到皖西军政中心金家寨,与红二十五军第七十四师、七十五师会合。这是红四方面军组建之后的第一次会师,也是红二十五军3个师的首次会合。由于第七十四师、七十五师在连续的战斗中减员太大,会师后,红四方面军总部决定撤销第七十四师和七十五师第二二五团的建制,其余人员分别编入红四方面军各主力师。

(十)第二次组建的红八十二师

1933年4月20日，鄂豫皖省委指示皖西北道委要创建红二十八军新主力，扩大游击战争，巩固中心苏区。下旬，皖西北道委决定再次组建红八十二师(红八十二师第一次于1933年1月在湖北麻城大畈组建，4月编入红二十五军)。下辖第二四四、二四六2个团。其中，第二四四团由红二十八军特务营和第二四四团第一营、第三路游击师的第一、第二大队组成；第二四六团由第二路游击师改编而成。全师1000多人。师长卢永彬(不久牺牲，由刘德利继任)，政治委员詹大列。这是在金寨境内组建的第10支红军队伍。在组建红八十二师的同时，皖西北道委又重建了第二路游击师，并将六霍游击队补充到第三路游击师中。红八十二师在赤南根据地游击转战，不断打击敌人，消灭反动民团，成为武装保卫皖西北苏区的主要力量。

5月5日，红八十二师在桃树岭歼敌唐淮源第十二师第七十团的1个营。28日，在杨滩与敌第十二师护送军粮的第六十八团、七十二团遭遇，激战2个小时，歼敌1个营，缴获大批的粮食和物资。6月2日，在南溪地区保护人民群众麦收时，与敌郝梦龄第五十四师2个旅激战5个小时，打退敌人的多次进攻，杀伤其一部。4日主动撤出南溪，转移至小河椿树坳一带，迫敌转移至黄泥庄、李集、桥口一带。23日，红八十二师和第一路游击师从隘门关突袭独杨树街，缴获敌人大批粮食、物资。

6月下旬，红八十二师与红二十五军在麻城福田河会合。7

月10日至11日，两军在福田河西南部黄土岗一带，击溃敌第五十四师第一六二旅所谓的“钢三团”“钢四团”（即第三二三团、三二四团），歼其一部，毙敌旅长郭子权。之后，道委书记郭述申率红八十二师返回皖西北地区。

8月初，敌第十二师第三十五旅第七十二团的2个营押运70多对毛排的物资，由史河溯水而上，前往金家寨。中共皖西北道委获悉该情报，立即集中红八十二师和第一、二、三路游击师，统由刘德利指挥，连夜行动。7日拂晓到达梅山大龚岭、上磊子一带设伏。从上午9时战至夜晚，毙伤敌400多人，俘敌100多人，缴获大米140多万斤以及大批的军服、油盐、猪肉、罐头、香烟等物资。

7月17日，鄂东北中心区保卫战失败。9月5日，鄂豫皖省委率红二十五军到达赤南县南溪，与中共皖西北道委和红八十二师会合。23日，皖西北中心区保卫战失败。26日，省委在大埠口召开紧急会议，决定红二十五军返回鄂东北地区，红八十二师和第一、二、三路游击师继续留在皖西北地区坚持斗争。

10月11日，红八十二师在南溪吕家大院（今金寨县境内）编入第二次组建的红二十八军，其建制不变。师长刘德利，政治委员詹大列。

（十一）第二次组建的红二十八军

1933年9月26日，鄂豫皖省委在金寨县境内的大埠口召开紧急会议，决定红二十五军立即返回鄂东北地区，红八十二师和第一、二、三路游击师继续在皖西北地区坚持斗争。会后，红二十五军再一次进行整编。27 日，红二十五军从大埠口出发，冒雨翻山，向鄂东北前进。10 月 2 日拂晓前，在黄土岗至泗道河之间通过潢（川）麻（城）公路时，遭敌阻击，省委书记沈泽民和军长吴焕先率第七十五师大部、七十四师一部约 2000 人通过了公路。此时，天已大亮，敌实行南北夹击，红二十五军副军长徐海东以及后续部队 1000 多人被截断在路东。

1933 年 10 月 11 日，中共皖西北道委在金寨南溪的吕家大院召开会议，决定重建红二十八军。军长徐海东，政治委员郭述申（兼），辖第八十二、八十四 2 个师，各辖 3 个营，共 2300 多人。第八十二师的建制不变，师长刘德利，政治委员詹大列。第八十四师由红二十五军没有通过潢麻公路的部队组成，师长黄绪南，政治委员周发贤。第八十二师由郭述申率领在赤南根据地坚持斗争；第八十四师由徐海东带领北去熊家河、金刚台一带活动，军部设在吕家大院。会议制定了不打消耗仗，不与敌人硬拼，积极向外线游击，寻机歼敌，夺取敌人物资补充红军的正确方针。第二次组建的红二十八军是金寨境内第二支成军建制的红军队伍。

10 月 19 日，在南溪以南的黄泥庄，红八十二师被敌第四十七师、五十四师突然包围，经过反复激战，冲出包围圈。

10 月下旬，敌第十二师、四十五师、独立第四十旅各一部合围熊家河。红八十四师乘夜跳出包围圈，远去光山、罗山游击。在光山灵隐寺与追敌激战2昼夜，伤亡很大。经过辗转征战，当月底又返回熊家河。11月初，在第二路游击师的配合下，红八十四师在熊家河石门口歼敌独立第四十旅1个团，俘敌1000多人，缴获长短枪800多支，迫击炮3门，大衣700多件，极大地改善了部队的装备。

11月下旬，在南溪、界岭一带游击的红八十二师北上熊家河，与红八十四师会合，以熊家河为依托，向北游击，在狗脊岭、铁炉冲歼敌第四十五师2个团。12月14日、15日，两袭吴桥、段集及黎家集，歼敌500多人，缴获大量物资。

1934年2月初，红二十八军返回赤南葛藤山区。2月6日，在南溪火炮岭以南的朝阳山一带与敌激战，第八十二师师长刘德利英勇牺牲，梁从学接任师长。为避敌锋芒，撤出葛藤山，再次返回熊家河。与尾追而来的敌第六十四师、六十五师和四十五师的1个旅、独立第四十旅激战1日，突围南下至古碑冲一带。3月10日，在古碑冲打垮敌独立第五旅的1个团和立煌县民团的进攻，毙敌50多人，俘敌62人。

3月12日晨，红二十八军又进抵葛藤山，驻南溪的敌第五十四师第一六一旅倾巢堵击。在军长徐海东的指挥下，红二十八军在葛藤山西南部的簸箕沟设伏，仅1个多小时，歼敌1000多人，活捉敌第五十四师代理师长兼第一六一旅旅长刘书春等官兵130多人，缴获长短枪172支，手提机关枪8挺，子弹5万多发，炸弹和迫击炮弹200多枚。

葛藤山反击战是皖西北根据地第五次反“围剿”斗争中的一次重大胜利，极大地鼓舞了根据地军民的斗志。战后，红二十八军北上金刚台、余子店一带。3月24日，又转向南溪以北地区，在杨山与敌第四十七师、五十四师、七十五师展开激战，毙伤敌400多人，红八十四师师长黄绪南壮烈牺牲。战后，红二十八军又转至汤家汇、余子店地区活动。

红二十八军在组建的5个多月中，由于采取的斗争方针正确，取得了一系列的胜利，坚持了皖西北地区的反“围剿”斗争，形成敌占集镇、我占农村的局面，逐步摆脱被动的困境，恢复了赤城、赤南根据地。

4月16日，红二十八军与红二十五军在汤家汇豹迹岩会师。第二天，根据省委决定，红二十八军第二次撤编，全部编入红二十五军。

(十二)红二一八团

1934年11月，红二十五军离开鄂豫皖苏区，北上长征。11月中旬，中共皖西北道委书记高敬亭在赤城县熊家河召开会议，决定将分散在皖西北地区的红军集中整编，在沙河店(今金寨县境内)组建一支新的红军队伍——红二一八团。下辖第一、第二、第三营。团长罗成云，政治委员熊大海，全团约700人。

第一营的组成。1934年11月中旬，运送英山县陶家河战斗伤员的红二十五军苦工队约90人和担任掩护任务的红二十五军第七十四师第二营第四连（仅40多人）、第三营第九连回到陶家河，没有找到红二十五军。由熊大海带领在赤城苏区找到高敬亭，被编为第一营。

第二营的组成。1934年11月初，中共皖西北道委书记高敬亭令红八十二师师长周世觉带领第二四四团第三营、师部交通队和师政治部的部分工作人员赴霍山、潜山、舒城地区开展游击活动。第三路游击师由师长高克文带领，随第八十二师行动，统由周世觉指挥。部队在由潜山返回熊家河途中，于12月3日在霍山县长山冲附近的乌凤沟（今金寨县长岭乡境内），遭遇敌第六十五师第一九四旅第三八七团和地方民团黄英部突袭，遭受重大损失。师长周世觉英勇牺牲，部队仅余240多人，由高克文带领返回熊家河。12月下旬，在龙门冲偶遇高敬亭，被编为第二营。

第三营的组成。12月25日，赤城县委在立煌县白塔畈地区筹集粮食。红二一八团负责外围警戒，道委交通队和第二一八团苦工队在立煌与霍邱交界的下骆山向北警戒。苦工队赤手空拳，使用扁担等劳动工具，全歼国民党安徽省保安团前卫营，由此缴获的武器装备了苦工队。苦工队和部分伤愈人员合编为第三营。

1935年2月3日（农历除夕），高敬亭在太湖县凉亭坳金家大屋（今岳西县境内）召开会议，将红二一八团、鄂东北独立团以及皖西北第二路游击师合编，第三次组建红二十八军。高敬亭任军政治委员，统一领导鄂豫皖边区的党政军工作。全军约有1000人，下辖第八十二师和手枪团。由此开始了艰苦卓绝的三年游击战争。1938 年 2 月，红二十八军改编为新四军第四支队，奔赴皖中抗日前线。

二、12 支主力红军队伍的发展变化情况

抗战期间，金寨地区组建的 12 支主力红军队伍逐步发展成为中国共产党 3 支重要的抗日武装力量。

（一）一部分发展成为八路军第一二九师

立夏节起义、六霍起义胜利后，中国工农红军第十一军第三十二师、第三十三师相继在金寨境内的斑竹园、流波成立。

1930 年 2 月，中共中央决定建立中共鄂豫皖边特委，统一领导鄂豫皖边区的革命斗争，并决定将红三十一师、三十二师、三十三师合编为中国工农红军第一军，直属中央军委指挥。

5 月，红一军组建完毕，全军 2100 多人。在红一军最初组建的 3 个师 1 个旅中，第二师、第三师和独立旅都是在金寨境内组建的。随后，金寨境内又组建了 3 支中央红军队伍，即在燕子河组建的中央独立第一师，在汤家汇重建的红一军第三师，在麻埠成立的中央教导第二师。

1931 年 1 月，红一军与从黄梅、广济转战而来的红十五军合

编为中国工农红军第四军。

10月25日，中国工农红军第二十五军军部及第七十三师在麻埠成立。

11月7日，在此基础上，红四军和红二十五军组建成中国工农红军第四方面军。红四方面军最初下辖8个师、1个旅、2个团，其中在金寨诞生的就有6个师、1个旅。

1932年10月，红四方面军第四次反“围剿”失利，中共鄂豫皖中央分局率红四方面军主力西去川陕，后创建了川陕革命根据地。红四方面军的第十师、第十一师、第十二师、第七十三师分别扩编为第四军、第三十军、第九军和第三十一军，后发展到8万余人。

1935年3月28日，红四方面军强渡嘉陵江，开始长征。1936年10月9日与红一方面军在甘肃会宁会师，取得了长征胜利，尚有38000余人，是长征结束时人数最多的一支队伍。

1937年卢沟桥事变后，在中国共产党的倡导和推动下，国共两党开始合作抗战。中国共产党领导的红军队伍相继改编为国民革命军第八路军（简称八路军）和国民革命军新编第四军。其中，红四方面军主要改编为八路军第一二九师。

（二）一部分发展成为八路军第一一五师第三四四旅

1932年10月，红四方面军主力西去川陕后，中共鄂豫皖省委在鄂豫皖革命根据地坚持斗争，并将留下的红二十七师、红七十五师和地方武装迅速重新组建为新的主力红军队伍。

10月2日，成立了红二十七军。11月底，撤销红二十七军，重建红二十五军。1933年1月，组建了红二十八军。4月，将红二十八军编入红二十五军后，又在金寨境内的汤家汇重建了红八十二师。10月11日，红八十二师在金寨南溪吕家大院又与没有通过潢麻公路的红二十五军余部重建为红二十八军。

1934年4月16日，原通过潢麻公路在鄂东活动的红二十五军剩存的约600人，在金寨境内汤家汇豹迹岩与红二十八军3000余人会师。第二天整编组建为新的红二十五军。

1934年11月6日，红二十五军接到中央通知后，离开金寨葛藤山。16日，从河南省罗山县何家冲出发离开鄂豫皖根据地，踏上长征征途，于1935年9月15日到达陕北延川永坪镇，成为最早到达陕北的红军长征队伍，被誉为“长征先锋”。随后与陕北红二十六军、二十七军合编为红十五军团。

抗日战争时期，红十五军团主要改编为八路军第一一五师第三四四旅。

（三）一部分发展成为新四军第四支队

红二十五军离境长征时，在鄂豫皖革命根据地留下了红八十二师这支主力红军队伍。12月初，红八十二师和第三路游击师800余人从潜山返回根据地时，在长岭乡长山冲乌凤沟遭敌人围堵，损失惨重，仅突围出200余人。

为了集中力量更好地打击敌人、保卫根据地，1934 年 11 月中旬，中共皖西北道委书记高敬亭在金寨境内熊家河召开会议，决定将皖西北分散的红军集中整编，组建成一支新的红军队伍——红二一八团。12 月 20 日，红二一八团在金寨境内的全军沙河店正式成立，全团约 700 人。

红二一八团是在金寨境内组建的第 12 支主力红军队伍，也是当时鄂豫皖边区唯一一支成建制的主力红军队伍。1935 年 2 月 3 日，红二一八团与鄂东北独立团在岳西凉亭坳再次组建成红二十八军，全军 1000 余人。随后，军政治委员高敬亭率领红二十八军在大别山区坚持了艰苦卓绝的三年游击战争。

抗日战争时期，红二十八军主要改编为新四军第四支队。新四军 4 个支队开始时只有 1.03 万人，而第四支队就有 3100 余人，占 4 个支队总人数的三分之一。

土地革命战争时期，在中国共产党的领导下，在金寨境内一共诞生了 12 支主力红军队伍。2017 年之前，金寨一直讲的是 11 支主力红军队伍，新增的 1 支是重建的红一军第三师。由于这支队伍存在的时间短，没有记载。近年来，金寨县通过相关资料发现了这个线索，后经调查论证，才得出这一结论。这是党史军史研究的新发现，并不代表原来的说法有问题。除此之外，在金寨还组建了第一路、第二路、第三路游击师和 4 个独立团。根据调查统计，金寨县是全国诞生主力红军队伍最多的一个县，也称“中国工农红军第一县”。

三、与当今人民解放军13个集团军的渊源、血脉关系

解放战争时期，八路军、新四军等革命武装力量改编成中国人民解放军。据现有资料和初步研究，在野战军最初组建的16个兵团、51个军中，约有18个军或多或少地流淌着金寨红军的血脉，占全军总数的35%。

在后来组建的中国人民解放军18个集团军中至少有6个集团军延续着金寨红军的血脉，他们分别是第十二集团军、第十三集团军、第十六集团军、第二十一集团军、第三十八集团军、第三十九集团军，约占总数的三分之一。

2017年4月，中国人民解放军的18个集团军缩编为13个集团军，具有金寨红军血脉的集团军仍然是6个。

从土地革命战争、抗日战争时期到解放战争时期，金寨一直是人民军队的重要发源地，先后有10多万人参加征战，一共走出了59位开国将军，比如，全国唯一一位两授上将军衔的洪学智，唯一一位自降军衔、获得批准的中将徐立清，唯一一位由少将军衔特批晋升为中将军衔的将军皮定均，唯一一位被毛主席称誉为“红军的陕南王”的将军陈先瑞，唯一一位被毛主席赞誉为“游击专家、民兵专家——双专家”的将军林维先等。此外，金寨还走出

了151位省军级领导干部和500多位地师级领导干部，可谓700多位高级将领同一故乡，为全国少有。这些客观的数据和这些高级将领浴血奋战的历史进一步印证了金寨是人民军队的重要发源地。

★★★★★

结 语

纵观金寨历史，追寻发展足迹，我们不难看出，金寨的历史可以用两个字来概括，那就是“红色”二字。

一、金寨的红色历史集中体现在12个方面

我们可以用12个关键词来表述，也可以说，它们就是红色金寨的12张靓丽名片。

（一）金寨是中国革命的重要策源地

2016年4月24日，中共中央总书记、国家主席、中央军委主席习近平到金寨考察调研时，对金寨人民为中国革命和建设做出的巨大牺牲与贡献给予了充分肯定和高度赞扬。总书记满怀深情地说：“一寸山河一寸血，一抔热土一抔魂。回想过去的烽火岁

月，金寨人民以大无畏的牺牲精神，为中国革命事业建立了彪炳史册的功勋，我们要沿着革命前辈的足迹继续前行，把红色江山世世代代传下去。革命传统教育要从娃娃抓起，既注重知识灌输，又加强情感培育，使红色基因渗进血液、浸入心扉，引导广大青少年树立正确的世界观、人生观、价值观。”随后，新华社在报道“习总书记在金寨”这一重大新闻时，首次把金寨称为“中国革命的重要策源地、人民军队的重要发源地”，这是迄今为止对金寨的最高最新的评价和定位。

金寨是鄂豫皖革命根据地的中心区。马克思主义较早地在这里传播（1920 年就建立了第一个马克思主义学习小组）；革命武装起义较早地在这里爆发（1929 年爆发了著名的立夏节起义和六霍起义）；革命星火从这里燃遍全国（红四方面军从金寨走出，建立了川陕革命根据地，红二十五军长征途中创建了鄂豫陕革命根据地）。在金寨这块红色热土上，21 年革命武装斗争持续不断（自 1929 年 5 月立夏节起义至 1949 年全境解放）、30 年革命红旗始终高高飘扬（自 1920 年 10 月金寨境内燕溪小学马克思主义学习小组建立至 1949 年全境解放）。

（二）金寨是人民军队的重要发源地

金寨，不仅是红四方面军的主要发源地，先后组建了 12 支主力红军队伍，也是大别山抗日民主救亡运动的中心，是解放战争时期人民解放军的重要后方根据地。先后有红四方面军、红二十五军、红二十八军以及八路军第一一五师、一二九师和新四军第四支队等多支人民武装力量在这里成长、壮大、繁衍、发展。在今天的中国人民解放军陆军13个集团军中,至少有6个集团军与金寨红军有着渊源、血脉关系。

(三)金寨是红四方面军的主要发源地

1931年11月7日,中国工农红军第四方面军在湖北黄安七里坪成立,下辖红四军和红二十五军。红四军是1931年1月由红一军和红十五军合编而成的。原红一军的3个师(红一师、二师、三师)有2个师(红二师、三师)成立于金寨。红二十五军的3个师(红七十三师、七十四师、七十五师)均成立于金寨。可见,金寨是红四方面军的主要发源地。

(四)金寨是革命歌曲《八月桂花遍地开》的诞生地

1929年秋,从立夏节起义的胜利、红三十二师的建立,到三次反“围剿”的胜利和区、乡苏维埃政府的普遍建立,人民群众欢欣鼓舞。为了表达广大劳苦群众翻身得解放和庆祝苏维埃政府成立的喜悦心情,当时的商城县委决定编写一首歌唱苏维埃的歌曲。任务最终落实在共产党员、果子园佛堂坳模范小学校长罗银青的身上。他领受任务时,正值桂花飘香的金秋时节(1929年农历八月下旬),他触景生情、灵感顿生,很快就创作出了一首名叫《八月桂花遍地开》的歌词,并配以当地民间广泛流传的民歌“八段锦”曲调。在斑竹园长岭岗举行的第一区苏维埃政府成立大会上,《八月桂花遍地开》的歌舞表演十分成功、深受欢迎。从此,这首著名的革命歌曲开始在豫东南革命根据地广为传唱,后来流传到全国各地。

(五)金寨是中国工农红军第一县

据调查考证,土地革命战争时期,江西、湖北、福建、安徽等16个省共组建主力红军队伍151支,其中金寨组建12支(红三十二师、红三十三师、红一军独立旅、中央独立第一师、重建的红一军第三师、中央教导第二师、红二十五军及第七十三师、七十五师、七十四师、红八十二师、重建的红二十八军、红二一八团),位居第二的福建长汀、湖北红安、湖南平江、四川旺苍、陕西子长5个县分别组建5支……数字说明,金寨是中国工农红军第一县。

(六)金寨是鄂豫皖革命根据地的中心区

土地革命时期,大别山区最早爆发的黄麻起义,组建了红三十一师,创立了鄂豫边革命根据地;立夏节起义(也称商南起义),组建了红三十二师,创立了豫东南革命根据地;六霍起义,组建了红三十三师,创立了皖西革命根据地。1930年4月,根据中央指示,这3块根据地实行统一领导,成立中共鄂豫皖边区特委和边区苏维埃政府,自此,鄂豫皖革命根据地正式形成。这块根据地是“全国六大根据地之一”,是仅次于中央根据地的全国第二大根据地。以金寨地区为主要组成部分的豫东南、皖西2块根据地是鄂豫皖革命根据地的主要组成部分。中共豫东南道委和道区苏维埃政府曾设立于金寨地区的汤家汇、南溪等地，中共皖西北道委和道区苏维埃政府一直设立于金家寨和麻埠。皖西北和鄂豫皖苏维埃银行、邮政局、印刷厂，鄂豫皖红军第二医院、总医院及其11个分院，红军被服厂、兵工厂都曾在金寨地区设立。商城、六安、霍邱、霍山、赤城、赤南、五星边区、五星、商南等9个县委和县苏维埃政府亦先后设立于金寨地区。这些都说明金寨是鄂豫皖革命根据地的中心区。

（七）金寨是全国著名的将军县

在1955年至1964年授衔的1614位开国将帅中，安徽籍将军130位，占总数的百分之八，在全国各省排名第四。其中，金寨籍将军59位，上将1位（洪学智）、中将8位（皮定均、李耀、张贤约、陈先瑞、林维先、徐立清、曾绍山、腾海清）、少将50位（丁世方、卜万科、方子翼、汪乃贵、胡继成、詹大南等）。由此可见，金寨是全国著名的将军县。

（八）金寨是全国著名的革命老区

金寨是全国著名的革命老区，有着极其光荣而丰厚的革命历史。早在1919年五四运动后，马克思主义就陆续传入金寨地区，从1920年开始，境内先后建立了“马克思主义学习小组”“青年读书会”等组织。1924 年在笔架山农校成立了第一个党组织。1929 年,爆发了著名的立夏节起义和六霍起义,相继组建了 12 支工农红军队伍,开展了五次反“围剿”斗争,坚持了三年游击战争。抗日战争时期,金寨人民同日本帝国主义进行了浴血奋战。解放战争时期,金寨人民积极支持配合刘邓大军挺进大别山,积极拥军支前,迎来了中华人民共和国的诞生。在这漫长的革命斗争中,金寨地区党组织和金寨人民英勇奋战、前赴后继,为中国革命胜利做出了巨大贡献。在这块红色的土地上,先后有 10 万英雄儿女参军参战、血洒疆场,中华人民共和国成立后被追认为革命烈士的共 11000 多人,占全省烈士总数的五分之一,其中生前担任县团级以上职务的革命烈士就有 500 多人。国家民政部编辑的《中华英烈大辞典》共收录全国生前担任县团级以上职务的革命烈士 1.5 万人,其中金寨籍的 330 人,占全国总数的五十分之一。中华人民共和国成立后,在全国各地工作的金寨籍老红军中,有开国将军 59 位、省军级领导干部 151 位、地师级领导干部 500 多位。金寨,是名副其实的“红军摇篮”“将军故乡”。

(九)金寨是安徽乃至大别山区抗日民主救亡运动的领导中心

1937 年卢沟桥事变后,全国抗战爆发,在中国共产党的努力下,国共两党再次合作,共同抗日。1938 年 5 月,日军进逼皖中,蚌埠、合肥相继沦陷。为避日军兵锋,国民党安徽省政府和省民众总动员委员会于 6 月从六安迁至金家寨(当时的金寨县城)。

中共安徽省工委为了便于国共合作、建立抗日民族统一战线，领导安徽和大别山地区的抗日民族救亡运动，也于6月从六安迁至金寨，机关设在新四军第四支队立煌兵站，先驻桃树岭，后迁白水河。10月，国民党第二十一集团军总部也迁至金家寨。金寨，遂成为国共两党在安徽省乃至大别山地区发展抗日民族统一战线、领导抗日民主救亡运动的中心。1939年2月，根据中央指示，撤销了中共安徽省工委，成立了中共鄂豫皖边区委员会。7月，为维护抗日民族统一战线大局，鄂豫皖边区党委于24日撤离白水河，转移到新四军江北指挥部驻地庐江东汤池。1945年底，抗日战争胜利后，国民党安徽省政府迁往合肥。

(十)金寨是解放战争时期重要的后方根据地

1947年6月，遵照党中央的战略决策，刘伯承、邓小平率领晋冀鲁豫野战军4个纵队、12万余人千里挺进大别山，拉开了人民解放军战略进攻的序幕。8月底，刘邓大军先敌进入大别山后，迅速实施战略展开，第三纵队在皖西以破竹之势，连克数座县城。9月2日，第三纵队第八旅攻克金家寨。4日，金寨县委、县政府成立，改“立煌县”为“金寨县”。12月下旬，邓小平政委率李先念、李达等部队首长亲临金寨下楼房，听取县委、县政府工作情况汇报，对坚持大别山的斗争做了重要指示。刘邓大军在金寨转战期间，广大人民群众积极支援部队作战，送情报、当向导、运物资，捐粮捐物、救护伤员，军民之间结下了深厚的情谊。1949年初，人民解放军挥师南下，发起渡江战役，金寨人民再次掀起支前高潮，一个月内就筹粮100万斤、款5万元、鞋2万双，有力地支援了解放军南下作战。

(十一)金寨是治淮工程重点县

中华人民共和国成立后，毛主席发出“一定要把淮河修好”的伟大号召，国家为根治淮河水患，确保下游豫皖苏三省人民群众生命财产安全和农业丰产丰收，20世纪50年代初，先后在金寨境内修建了梅山、响洪甸两大水库。两库库容量达50亿立方米，占淠史杭五大水库总库容量的百分之七十四；灌溉下游良田900多万亩，使之实现了旱涝保收；发电装机容量为16万千瓦，年发电量近4亿度。金寨，为此迁移人口10万余人，淹没良田10万亩、经济林14万亩、经济重镇3个(金家寨、麻埠、流波)，金寨人民为根治淮河水患和支援社会主义建设，再次做出无私的奉献和巨大的牺牲。

(十二)金寨是希望工程发源地

1990年2月17日，时任团中央书记处书记的李克强率领中国青少年发展基金会考察团来金寨考察、布点、实施希望工程。经过两周的调研，确立了希望工程的两种救助模式(援建希望小学、结对救助贫困学生)，并决定在金寨开始试点，全国实施希望工程的帷幕由此拉开。几十年来，各级领导、各界人士对金寨革命老区尤为关爱，纷纷伸出援助之手，建成了一大批希望学校，全县农村基础教育设施大为改善，教学条件全面改观；培养了一大批优秀学子，造就了希望工程形象代言人“大眼睛姑娘”苏明娟、被联合国开发计划署和团中央授予“国际青少年消除贫困奖”的曾龙、姚文友等。同时，涌现了一大批为希望工程做出突出贡献的单位和个人，南京军区机关全体官兵捐资500万元设立了“扶贫助学基金”，帮助贫困学生完成学业；江苏昆山“希望工程骆驼”周火生，十几年如一日、忘我投入希望工程建设……金寨，为全国各地探索了希望工程的发展模式，积累了希望工程的建设经验，创造了希望工程的辉煌业绩。金寨，成为真正意义上的“希望工程发源地”。

二、金寨的红色历史呈现出三个显著的特征——“红”的时间早、“红”的历程长、“红”的程度深

(一)“红”的时间早

“红”的时间早主要是指马克思主义在金寨地区的传播时间早。早在20世纪初，这里就涌现出一批进步的知识分子，革命的种子就在这里开始萌芽。1920年10月，徐狩西在金寨燕溪小学成立了“马克思主义学习小组”。1922年，在李梯云、漆德玮牵头

组织下，笔架山农校成立了“青年读书会”。1924 年冬，陈绍禹回乡组建了“豫皖青年学会”，团结豫皖边区的 100 多名进步知识分子，后来很多会员都成为革命的骨干，推动了马克思主义在鄂豫皖的传播。在一个地处偏远的大别山区，那么早的时候就出现这么多马克思主义的传播组织，这在全国都非常少见。

（二）“红”的历程长

“红”的历程长主要是指革命持续时间长。在党的领导下，金寨地区历经了整个新民主主义革命，从 1929 年立夏节起义算起，21 年革命武装斗争持续不断；从 1920 年第一个“马克思主义学习小组”成立算起，30 年革命红旗不倒。

1. 土地革命时期：这里是中国革命的重要策源地、红军队伍的重要发源地

土地革命时期，大别山区一共爆发了三次大的革命武装起义。其中，第一次大的革命武装起义是黄麻起义。第二次大的革命武装起义是立夏节起义（也称商南起义），这是鄂豫皖边区最成功的一次起义，起义胜利后，立即在源发地组建了红军队伍并创建了革命根据地。第三次大的革命武装起义就是六霍起义，它是鄂豫皖边区规模最大、范围最广、持续时间最长的一次武装起义。立夏节起义和六霍起义胜利后，我们党迅速组建了中国工农红军第十一军第三十二师和第三十三师，创建了豫东南革命根据地和皖西革命根据地，后来与鄂豫边革命根据地连成一片，发展为统

一的鄂豫皖革命根据地。这块根据地从1927年开始创建,一直到1937年抗日战争全面爆发,长达10年之久,是全国六大革命根据地之一,其规模和影响位居全国第二。

2.抗日战争时期:这里是国共两党领导安徽乃至大别山区抗日救亡运动的政治中心

抗日战争时期,国民党安徽省政府先是迁到安庆,再迁到六安,最后迁到金家寨。西安事变后,在共产党的努力争取下,国共两党开始第二次合作。这样,金家寨就成了国共两党领导安徽乃至大别山区抗日民主救亡运动的中心。在此期间,坚持在皖西进行三年游击战争的红二十八军改编成新四军第四支队,兵站先在金寨桃树岭,后迁到白水河汪家老屋。新四军第四支队在新四军中地位非常突出,它的装备最好、人数最多、战斗力最强,也是率先与国民党进行合作谈判、成为共同抗日的一支队伍。1938年5月12日,第四支队在巢县蒋家河口打响了新四军抗日第一枪。

3.解放战争时期:这里是刘邓大军千里挺进大别山、实施战略转移的重要战场

解放战争时期,金寨这里又发生了两大革命历史事件:一是“皮旅”中原突围,二是刘邓大军千里挺进大别山。前者拉开了解放战争的序幕,后者标志着人民解放军由战略防御转向战略进攻,在大别山区先后建立了33个县级民主政府,与国民党白崇禧部队进行了顽强的战斗,牵制了国民党军一半以上的兵力,就像一把尖刀插在敌人的心脏上,直接威胁着国民党的统治中心——

南京，使中原地区成为人民解放军夺取全国胜利的前进基地。

刘邓大军挺进大别山，使整个战争的格局发生了根本转变。毛泽东大赞“有气魄”，这是一个伟大的事变！这个事变一经发生，它就必然地走向全国的胜利。

（三）“红”的程度深

“红”的程度深主要是指革命力度大、影响大、贡献大，具体表现在红色宣传深入人心、党团组织广泛建立、革命力量发展壮大三个方面。

1. 红色宣传深入人心

土地革命时期，金寨人创作了《豫皖青年学会会歌》《妇女赶快要觉醒》《八月桂花遍地开》《劝郎当红军》《送郎参军》《大别山上杜鹃开》《土地革命成功了》《歌唱苏维埃》等大量文艺作品，以及报刊《火花报》《鲜花报》《红旗报》等，广泛深入地宣传了党的方针政策，反映了人民的要求，成为人民群众和革命军队的重要精神食粮，有力地推动了苏维埃政权建设。金寨汤家汇当年不仅有三红：红日剧团、红日报社和红日印刷厂，还较早地创办了鄂豫皖苏区列宁小学。

2. 党团组织广泛建立，深深扎根在人民群众之中

金寨地区较早地建立了党团组织。1924 年 10 月，詹谷堂、袁汉铭在汤家汇成立了笔架山农校党小组，这是金寨境内也是六安境内建立的第一个党组织。不久，即扩大为党支部，这也是鄂豫

皖边区较早成立的一个基层党支部，它将革命的火种撒向鄂豫皖三省接壤的城市和农村。

金寨地区的一批进步知识分子加入中国共产党后，就将党组织向鄂豫皖周边地区大力发展和不断延伸，他们广泛深入地传播革命真理，发动群众，建立党团组织。1925 年夏，袁汉铭到河南商城县城建立了第一个党团支部。1926 年秋，李梯云在湖北省罗田滕家堡，与萧方等人组建了中共商罗麻特别支部，后发展为中共罗田县委。

3. 革命烈火生生不息、红军队伍层出不穷

这一点主要表现是“四多”：一是党员干部人数多。据统计，截止 1924 年底，全国仅有共产党员 994 人，安徽省 40 多人，而金寨籍的就有 15 人，占全省总数的三分之一。二是参军参战人数多。为了中国革命的胜利，金寨人民积极支援前线，他们不仅捐物资、救伤员、送情报，还把儿女送去参军作战，送子当红军、送郎去参军的事迹不断涌现，正所谓“最后一碗米用来做军粮，最后一尺布用来制军装，最后的老棉被盖在担架上，最后的亲骨肉送去上战场”。金寨是人民军队的组建之源、发展之源、血脉之源，为人民军队的发展壮大做出了巨大贡献。金寨地区党组织在重视红军队伍建设的同时，还十分注重地方武装建设。比如，各地的赤卫军、游击队、独立团、便衣队等地方武装普遍建立，他们一手

拿着武器、一手拿着锄头,一边战斗一边生产,平时为民、战时为兵。并且通过整编,源源不断地补充到红军队伍之中。三是诞生的红军队伍多。在金寨这片红色的土地上先后组建了12支主力红军队伍,位居全国第一,被誉为“中国工农红军第一县”。从金寨走出去的红军队伍,发展成为人民军队的骨干力量。由红二十五军改编的八路军第一一五师第三四四旅是抗战中的主力部队,成就了平型关大捷。红四方面军改编的八路军第一二九师,创造了许多著名战例,像夜袭阳明堡战斗、神头岭战斗、响堂铺战斗、七亘村战斗等这些有名的大仗、恶仗、硬仗、巧仗。其中七亘村战斗,全歼日军战地观摩团,后来被拍成《亮剑》《黄河在咆哮》等多部著名影视作品。解放战争期间,第一二九师改编成晋冀鲁豫野战军,千里挺进大别山,发动和组织了淮海战役、渡江战役、上海战役和解放大西南等著名战役。四是造就的军队将领多。为了民族的独立、人民的解放、中华人民共和国的诞生,在血与火的战场上,在人民军队的建设、发展征程中,在大江南北、长城内外,金寨军人向世人展现了一幅幅绚丽多彩、耀眼夺目的历史画卷,尽现金寨儿女的胆识、豪情和顽强拼搏精神。从金寨走出了上将洪学智,中将徐立清、林维先、陈先瑞、皮定均等59位开国将军,是全国著名的将军县。

三、金寨的红色历史积淀着丰富多彩的红色基因

长期的革命斗争、伟大的革命实践，使金寨积淀了丰富多彩的红色文化资源和门类齐全、内涵深厚的红色基因。可以这么说，金寨是安徽乃至全国的红色文化资源大县、党史资源大县，红色历史光辉灿烂、红色资源积淀深厚、红色基因丰富多彩，具体体现在“事、人、物、魂”四个方面。

“事”：主要是指革命大事要事，战役战斗等。比如：建立马克思主义学习小组、建立党团组织，举行革命武装起义、组建红军队伍，夺取政权、建立民主政府、开辟革命根据地，反“围剿”、西征、长征，开展敌后游击战争、中原突围、千里挺进大别山，等等。

“人”：主要是指革命人物、历史人物。金寨的革命人物不仅人数多、门类齐，而且作用大、影响广。比如：革命人物有 59 位开国将军、151 位省军级领导、500 多位地师级干部、10 万革命先烈。历史人物有中国革命文学的先驱者、无产阶级革命文学家蒋光慈，等等。

“物”：主要是指革命旧址、遗迹。据统计，到目前为止，全县共有不可移动文物 319 处，其中近现代革命旧址 198 处。现有国家、省、市、县四级重点革命文物保护单位 91 处、123 个文物点。

2018 年，县人民政府又公布了 53 处县级革命文物保护单位。现在，全县共有不可移动文物 372 处，其中革命文物 251 处。

“魂”：主要是指铸造了一种生命力极强，凝聚力、吸引力、影响力极大的革命精神——大别山精神。

★★★★★

金寨籍开国将军的简介和名录

金寨是“红军的摇篮”“将军的故乡”，1955年至1964年，被授予少将以上军衔的开国将军共59位，其中上将1人、中将8人、少将50人。

(一)开国上将1位

洪学智(1913—2006)

金寨县双河镇人。1929年参加立夏节起义，同年参加中国工农红军，并加入中国共产党。

土地革命战争时期，任商城县游击分队长，红一军第三师第八团班长、排长，红四军第十师第二十九团机枪连连长、连政治指导员。参加了鄂豫皖苏区历次反“围剿”斗争。1932年10月，红四方面军向西转移，进入四川通(江)南(江)巴(中)地区后，任营政治委员，红四方面军第三十一军第九十三师第二七四团政治部主任，第九十三师政治部主任，第四军政治部主任。参加了创建川陕革命根据地的斗争和反“三路围攻”“六路围攻”战役。1935年3月，参加了红四方面军长征。1936年10月，到达陕北后，进入中国人民抗日军政大学学习。

▲ 洪学智

抗日战争时期，任抗日军政大学第二大队第五队队长、第三大队第一支队队长、第四大队副大队长、第四团团长。1940年9月，他率部突破日军重重封锁线，于1941年4月到达苏北，筹办抗大第五分校，任副校长。1941年10月后，任苏北盐阜军区司令员，新四军第三师参谋长、副师长。参与指挥粉碎日寇对苏北的大“扫荡”战斗和组织指挥阜宁战役、两淮战役，为巩固和发展苏北抗日根据地进行了卓有成效的斗争。

解放战争时期，1945年9月，他率第三师进军东北，先后任第三师副师长兼参谋长，东北辽西军区副司令员，黑龙江军区司令员兼中共黑河地委书记，第四野战军第六纵队司令员，第四十三军军长，第十五兵团第一副司令员兼参谋长。指挥部队参加了辽沈、平津、渡江等重大战役。

中华人民共和国成立后，任广东军区副司令员兼参谋长，参与指挥海南岛登陆战役和解放万山群岛等战役。1950年10月，参加抗美援朝，任中国人民志愿军副司令员兼后勤司令员，参与重大战役的组织指挥，并领导志愿军的后勤保障工作，在敌军疯狂轰炸破坏条件下，领导志愿军后勤部队出色地完成各项任务。为表彰他在抗美援朝中建立的功勋，朝鲜民主主义人民共和国特授予他一级自由独立勋章、一级国旗勋章各1枚。

1954年回国后，任中国人民解放军总后勤部副部长、部长。1959年受彭德怀错案株连被撤军职，调任吉林省农机厅厅长、重工业厅厅长。粉碎“四人帮”后，出任国务院国防工业办公室主任、党组书记，中国人民解放军总后勤部部长兼政治委员，中共中央军事委员会副秘书长，中华人民共和国军事委员会委员。他注重探索现代战争后勤工作的特点和规律，为建设现代化、正规化的革命军队和与现代战争要求相适应的后勤，做出了重要贡献。

1955年被授予上将军衔，荣获一级八一勋章、一级独立自由勋章、一级解放勋章。曾当选为第一、五、七届全国人大代表，第五届全国人大常委会委员，第七、八届全国政协副主席。1988年9月再次被授予上将军衔，是全军唯一两次被授予上将军衔的将军。

2006年11月20日22时10分，洪学智同志因病医治无效在北京逝世，享年94岁。

(二)开国中将8位(排名不分先后)

1.皮定均（1914—1976）

金寨县槐树湾乡人。1928年加入中国共产主义青年团，1929

年参加中国工农红军,1931 年加入中国共产党。

土地革命战争时期,任英山县儿童团团长,红四军第十二师第三十五团排长、连政治指导员、营政治教导员,红军大学上级指挥科副科长,红四方面军步兵学校第一营营长,第四军教导师第二团团长。在鄂豫皖苏区第一、二、三、四次反“围剿”和创建川陕根据地斗争中,多次立功。参加了长征。

抗日战争时期,任八路军第一二九师特务团团长,太行军区第五军分区司令员,第七军分区司令员,河南人民抗日军第一支队支队长,河南军区第一支队司令员。参加了豫西抗日根据地的创立和反“扫荡”斗争。

▲ 皮定均

解放战争时期,1946 年任中原军区第一纵队第一旅旅长。6 月,在国民党军重兵围攻中原解放区时,率部掩护中原解放军主力突围,孤军作战,击退敌人 20 余次追击堵截,跋涉 20 余天,行程 2000 里,胜利进入苏皖解放区,完成掩护任务并保存了部队。后任华东野战军第六纵队副司令员,第三野战军第二十四军副军长、军长。参加了淮海、渡江等战役。

中华人民共和国成立后,任第二十四军军长兼政治委员。1952 年 9 月,任中国人民志愿军第二十四军军长兼政治委员,奉命率第二十四军跨过鸭绿江入朝作战。荣获朝鲜民主主义人民共和国一级国旗勋章。1953 年 4 月回国后，任福建军区副司令员，福州军区副司令员，兰州军区司令员，福州军区司令员。为东南沿海和西北边防建设，做出了重要贡献。

1955 年被授予中将军衔，荣获二级八一勋章、一级独立自由勋章、一级解放勋章。曾当选为第三、四届全国人大代表。

1976 年 7 月，在海防前线指挥军事演习的飞行途中，不幸殉职。

2. 李耀(1911—2003)

原名李克新，金寨县桃树岭乡人。1928 年加入中国共产主义青年团，1929 年 11 月转入中国共产党，1930 年 10 月参加中国工农红军。

▲ 李 耀

土地革命战争时期，任少年先锋队中队长，红一军第一师第三团班长，皖西北道区苏维埃政府通讯排排长，六安县政治保卫局保卫连连长兼政治指导员，红二十七军第一团连长、营长兼政治委员，红二十八军军部手枪队队长兼指导员，红二十五军第二二三团连政治指导员，陕北军政干部学校政治大队政治委员，中国工农红军前敌指挥部第一兵站医院政治委员，援西军政治部组织科科长等职。参加了鄂豫皖苏区第一至第五次反“围剿”斗争和红二十五军长征。

抗日战争时期，任西华县国民抗日自卫团参谋长，新四军第六支队营政治委员、第一团政治委员，第五总队政治委员，率部转战于豫皖苏边区，参加了开辟抗日根据地的斗争和游击战争。1941年1月，进入延安军政学院学习。期间，他响应毛主席“自力更生、丰衣足食”的伟大号召，积极投身到大生产运动中。1944年12月受命参加开辟豫西抗日根据地的斗争，任中原军区豫西分区政治部主任兼中共豫西地委组织部部长。

解放战争时期，任太岳军区第八纵队第二十四旅政治委员，晋冀鲁豫野战军第四纵队第十二旅政治委员，豫陕鄂军区第四军分区政治委员兼中共豫陕鄂四地委书记，陕南军区副政治委员兼第十九军副政治委员。参与指挥了汉中战役，完成了党中央赋予开辟陕南根据地的战略任务。

中华人民共和国成立后，任中国人民解放军第一步兵学校政治委员，总后勤部干部部部长、总后勤部政治部主任、总后勤部副政治委员。曾当选为党的七大代表，第十二届中纪委委员，第三、四、五届全国政协委员。

1955年被授予中将军衔，荣获二级八一勋章、二级独立自由勋章、一级解放勋章。1988年获一级红星功勋荣誉章。

2003年4月9日在北京逝世。

3.张贤约(1912—2002)

原名张贤若，金寨县南溪镇人。1929年10月参加中国工农红军，1930年3月加入中国共产党。

▲ 张贤约

土地革命战争时期，任红十一军第三十二师战士，红一军第二师第三十六团班长、排长，红四军第十一师第三十一团连政治指导员。参加了鄂豫皖革命根据地第一至第四次反“围剿”斗争。1932年秋，红四方面军进入川陕地区后，任红四方面军第四军第十一师第三十一团营政治教导员，第四军第十二师第三十四团副团长、团长，第十师第三十团团长，第四军第十二师师长，援西军随营学校校长。参加了川陕革命根据地反“三路围攻”“六路围攻”和红四方面军长征。

抗日战争时期，任八路军第一二九师教导团团长，先遣支队支队长，晋冀豫军区第三军分区司令员，太行军区第二军分区司令员。率部在河北邢台、沙河、武安、涉县、滋县等地，广泛发动人民群众，积极发展抗日武装，建立党的地方组织和政权，为创建和巩固冀南抗日根据地做出了重要贡献。1942年起任第一二九师干部轮训大队大队长，陕甘宁边区新四旅副旅长兼参谋长、旅长。

解放战争时期，任陕甘宁晋绥联防军新四旅旅长。参加了延安保卫战，胜利完成了保卫党中央，保卫毛主席，掩护党中央机关安全转移的战略任务。1948年9月后，任西北野战军第六纵队副司令员，第一野战军第六军副军长、政治委员。参加了扶眉、兰州等战役。

中华人民共和国成立后，任第一野战军第六军政治委员兼迪化（今乌鲁木齐）军区政治委员。完成了剿匪、改造起义部队、守卫边防和参加新解放区建设任务。1951年后，任西北军区空军副司令员，西北军区后勤部部长兼政治委员，总后勤部汽车拖拉机管理部部长，总后勤部副部长。是第六届全国人大常委会委员。

1955年被授予中将军衔，荣获一级八一勋章、一级独立自由勋章、一级解放勋章。1988年获一级红星功勋荣誉章。

2002年1月9日在北京逝世。

4. 陈先瑞（1914—1996）

金寨县桃树岭乡人。1929年8月参加中国工农红军，1931年6月加入中国共产党。

▲ 陈先瑞

土地革命战争时期，任红十一军第三十二师、红一军第二师战士，皖西北道委指挥部特务队班长，红四方面军手枪团班长，红十五军手枪团中队长，红二十五军第二二四团营政治委员、第二二三团政治处主任。参加了鄂豫皖革命根据地历次反“围剿”斗争和红二十五军长征。到达陕南后，任鄂陕游击师司令员，红七十四师师长。率部打破了敌人三次大规模围攻，坚持了鄂豫陕边区游击根据地的斗争，被毛泽东主席称誉为“红军的陕南王”。

抗日战争时期，任八路军第一一五师留守处主任，西北留守兵团警备第四团团长，鹿甘警备司令部副司令员，警备第一旅副旅长，河南人民抗日军第三支队司令员兼政治委员，河南军区第三军分区司令员、政治委员兼地委书记，豫中军分区司令员。参加了反顽、反“扫荡”斗争。

解放战争时期，任河南军区副司令员兼独立第三旅旅长，中原军区第二纵队第十五旅政治委员，豫鄂陕军区副司令员兼参谋长，豫鄂陕第二纵队司令员，西北民主联军第三十八军副军长，豫西军区副司令员，陕南军区副司令员，第二野战军第十九军副军长。参加了中原突围和重建陕南革命根据地的斗争。

中华人民共和国成立后，任陕西军区副司令员兼参谋长，第十九兵团政治部主任。参加了抗美援朝，任中国人民志愿军第十九兵团副政治委员，协助司令员杨得志组织指挥了第五次战役和开城保卫战。荣获朝鲜民主主义人民共和国一级国旗勋章、一级自由独立勋章。回国后，任北京军区副政治委员、政治委员，成都军区政治委员，兰州军区顾问。是第三、四届全国政协常委，第四、六届全国人大代表，第十一届候补中央委员，中共第十二届全国代表大会代表，第十一届中央军委委员。

1955 年被授予中将军衔，荣获一级八一勋章、一级独立自由勋章、一级解放勋章。1988 年荣获一级红星功勋荣誉章。

1996 年 1 月 10 日在北京逝世。

5. 林维先(1912—1985)

又名林新，金寨县南溪镇人。1929 年参加立夏节起义，同年参加中国工农红军，1930 年加入中国共产主义青年团，1932 年转入中国共产党。

▲ 林维先

土地革命战争时期，任儿童团分队长，鄂东北道委游击司令部特务营班长，红二十五军第七十四师特务连政治指导员，第二二二团营政治委员、团政治委员，皖西北红八十二师师长，红二十八军参谋，第八十二师第二四四团营长、副团长。参加了鄂豫皖苏区历次反“围剿”斗争和三年游击战争，被毛泽东主席称赞为“游击专家”。

抗日战争时期，任新四军第四支队参谋长、副司令员。参加指挥蒋家河口战斗。后任新四军教导总队第九队队长，第一大队大队长兼军部特务营营长，新四军第三支队参谋长兼挺进团团长。皖南事变后，任新四军第七师第十九旅参谋长，第十九旅挺进团团长，沿江支队支队长兼政治委员，中共沿江地委书记，新四军第七师副参谋长兼第十九旅旅长，第七师兼皖江军区副参谋长。参加了西泊湖战斗、1943 年春季皖中反“扫荡”和周家大山战斗。

解放战争时期，任新四军第七师参谋长，华东野战军第七纵队副司令员，华东军区后备兵团司令员。上海刚解放，任淞沪警备司令部副司令员，为维护社会治安，保卫城市安全，他在团以上单位专门设立反特组织，先后侦破破坏案件160多起、特务组织50多个，捕获敌特分子7000多人，缴获电台4部和大量武器，稳定了上海市社会秩序，受到陈毅市长的好评。

中华人民共和国成立后，任华东军区公安部队副司令员，浙江军区司令员，南京军区副司令员兼参谋长，武汉军区副司令员。是第二、三届国防委员会委员，第五届全国人大代表，第十二届中央纪律检查委员会委员。

1955年被授予中将军衔，荣获一级八一勋章、一级独立自由勋章、一级解放勋章。

1985年7月28日在武汉逝世。

6. 徐立清(1910—1983)

原名徐映清，金寨县斑竹园镇人。1929年参加中国工农红军，1930年加入中国共产党。

土地革命战争时期，任红三十二师经理处监护连战士、经理处书记，红四军第十一师政治部组织干事、组织科科长、宣传科科长，第十一师第三十二团政治处主任，第十二师政治部主任，红四军政治部主任，红四方面军总医院政治部主任，红四方面军总卫生部政治部主任、政治委员，援西军政治部宣传科科长。参加了鄂豫皖革命根据地第一至第四次反“围剿”斗争和川陕革命根据地反“三路围攻”“六路围攻”及红四方面军长征。

▲ 徐立清

抗日战争时期，任八路军第一二九师政治部组织股股长、骑兵团政治处主任、组织部部长，东进纵队政治委员兼第五支队政委。1939 年 5 月，再任第一二九师政治部组织部部长，中共中央党校第二部组教科科长，陕甘宁晋绥联防军新编第四旅政治委员。参加了粉碎日寇对晋东南地区的“九路围攻”和对冀南地区的“扫荡”。

解放战争时期，任陕甘宁晋绥联防军政治部主任，西北野战兵团政治部主任，西北野战军第六纵队政治委员，第一野战军第六军政治委员，第二兵团副政治委员兼政治部主任，第一兵团政治委员兼新疆军区政治部主任，中共中央新疆分局第二书记。参加了延安保卫战和沙家店、扶眉、兰州等战役。

中华人民共和国成立后，任中央军委总干部管理部副部长、总政治部副主任，济南军区政治委员、总政治部副主任，成都军区第一政治委员。是中共第十一届候补中央委员，中共中央军委委员，中央顾问委员会委员。第一、二、三、四届全国人大代表，第三届全国人大常委会委员，第三届全国政协常委。

1955 年被授予中将军衔，荣获一级八一勋章、一级独立自由勋章、一级解放勋章。1955 年评定军衔时，按中共中央军委规定的条件，他完全符合授予上将军衔，可他主动要求低授，他是全军唯一的一名正兵团级干部未授予上将军衔的人。毛泽东主席称他是我党我军的“好同志，好干部”。

1983年1月18日在北京逝世。

7. 曾绍山（1914—1995）

原名曾昭山，金寨县南溪镇人。1929年参加中国工农红军，同年加入中国共产主义青年团，1933年转入中国共产党。

▲ 曾绍山

土地革命战争时期，任红三十二师师部传令员，红一军手枪营传令班班长，红四军政治部少年宣传队队长，教导团少共团委书记，红四方面军少共国际团排长，第十师第二十八团第一营书记、师政治部秘书、师司令部参谋。参加了鄂豫皖革命根据地第一至第四次反“围剿”斗争和川陕革命根据地反“三路围攻”“六路围攻”以及红四方面军长征。

抗日战争时期，任八路军第一二九师第三八五旅第七六九团参谋、作战股股长，第十三团参谋长，第三八五旅参谋长，太行军区新十旅副旅长、旅长，太行军区第二军分区司令员，第二军分区政治委员兼中共太行二地委书记。参加了反“扫荡”斗争。

解放战争时期，任晋冀鲁豫军区第三纵队副司令员，皖西军区司令员，第二野战军第十一军军长。参加了邯郸、鄄城、豫北、鲁西南、淮海、渡江、重庆、成都等战役。

中华人民共和国成立后，任第二野战军第三兵团副司令员兼川东军区副司令员。参加了抗美援朝，任中国人民志愿军第三兵团第十二军军长、兵团副司令员兼参谋长。荣获朝鲜民主主义人民共和国一级自由独立勋章、二级国旗勋章。回国后，任旅大警备区司令员，沈阳军区副司令员、政治委员，中共辽宁省委第一书记兼省革命委员会主任，济南军区顾问。是第四届全国人大代表，第六届全国人大常委会委员，中共第九、十一届中央委员。

1955 年被授予中将军衔，荣获二级八一勋章、一级独立自由勋章、一级解放勋章。1988 年获一级红星功勋荣誉章。

1995 年 1 月 26 日在济南逝世。

8. 滕海清(1909—1997)

金寨县南溪镇人。1929 年参加游击队，1930 年参加中国工农红军，1931 年加入中国共产党。

土地革命战争时期，任红四军第十一师第三十二团战士、班长、副连长、连长，四川巴中游击大队大队长，红十一师第三十一团特务连政治指导员、第三十三团营政治委员及营长，红四方面军第四军第十师第二十八团政治委员。参加了鄂豫皖革命根据地第一至第四次反“围剿”斗争和川陕革命根据地反“三路

▲ 滕海清

围攻”“六路围攻”以及红四方面军长征。

抗日战争时期，任八路军第一二九师第三八五旅教导大队大队长，新四军游击支队第二大队大队长兼政治委员，游击支队第二团团长，八路军第四纵队第五旅旅长，新四军第四师第十一旅旅长、第九旅旅长。1941 年皖南事变后，他奉命率部转战皖东北，参加了淮北地区 33 天反“扫荡”战役和山子头自卫反击战等数十次战斗、战役，为发展和巩固淮北抗日民主根据地做出了积极贡献。

解放战争时期，任山东野战军第二纵队第九旅旅长，华东野战军第二纵队第六师师长兼政治委员，山东兵团第十三纵队副司令员，华东野战军第二纵队司令员，第三野战军第七兵团第二十一军军长。参加了莱芜、孟良崮、淮海、渡江等战役。在渡江战役中率第二十一军为兵团主力，指挥部队勇猛穿插，迂回包围，分割歼敌，胜利地突破敌人的长江防线，为渡江战役的胜利做出了突出贡献。

中华人民共和国成立后，任中国人民解放军军事学院高级系副主任、政治部副主任，第二高级步兵学校校长，北京军区副司令员，内蒙古军区司令员兼自治区革命委员会主任、中共内蒙古自治区核心小组组长，济南军区副司令员。是第四届全国人大代表、中共第八届全国代表大会代表。

1955 年被授予中将军衔，荣获二级八一勋章、一级独立自由勋章、一级解放勋章。1988 年获一级红星功勋荣誉章。

1997 年 10 月 26 日在北京逝世。

(三)开国少将50**位**(排名不分先后)

丁世方　卜万科　于　侠　马琮璜　王凤梧　王远芬

方子翼　方升普　邓忠仁　邬兰亭　严家安　李家益

杨克武　肖全夫　肖选进　吴诚忠　佘积德　余　明

余嗣贵　闵鸿友　汪乃贵　汪少川　宋　文　宋承志

宋维栻　张行忠　张贻祥　陈　宏　陈　祥　陈伯禄

陈宜贵　林　彬　林乃清　周发田　周时源　胡继成

胡鹏飞　赵遵康　徐其海　陶国清　戚先初　康烈功

董洪国　程　明　傅绍甫　曾宪池　詹大南　詹化雨

漆远渥　熊　挺

大事记

（1919年—1949年）

1919年

5月，五四运动爆发后，在六安、安庆、芜湖等地任教和读书的金寨籍知识分子桂月峰、蒋光慈等积极组织、参加“外争国权、内惩国贼”的游行示威活动，分别成为当地的学生运动骨干。金寨境内的麻埠、流波、燕子河小学和笔架山农校师生，也举行了集会和示威游行。

1920年

10月，燕子河燕溪小学在校长徐狩西的组织领导下，成立了以学习马克思主义为主要内容的学习小组。

1924年

7月，在苏联由中国社会主义青年团员转为中国共产党党员的蒋光慈回乡，在固始县志成学校介绍他的老师詹谷堂加入中国共产党，不久，詹谷堂又介绍该校教师曾静华加入中国共产党。

冬，詹谷堂、曾静华到笔架山农校讲学，发展该校青年读书会骨干李梯云、周维炯、漆德玮等加入中国共产党，成立党小组。不久，扩展为支部，李梯云任书记。

1925 年

3 月，詹谷堂任南溪明强小学校长，发展进步教师王凤池、曾泽民等人入党，建立党支部。年底，明强小学支部和笔架山农校支部合并，成立特支，詹谷堂任书记。

1926 年

秋，中共简家坳支部成立，书记李声武。

10 月，在李梯云主持下，成立了中共商（城）罗（田）麻（城）边区特别支部，书记萧方。

冬，周维炯、漆德玮、罗银青、桂伯炎等一批共产党员和进步知识分子到黄埔军校武汉分校、农民运动讲习所和安徽国民党左派在武昌设立的安徽党务干部学校学习和工作。

1927 年

3 月，中共漆家店支部成立，书记罗银青。

8 月，中共六安特别区委员会成立，桂伯炎当选为委员。

9 月，在黄埔军校武汉分校和农民运动讲习所学习的共产党员周维炯、漆德玮、李梯云、罗银青、桂伯炎等回到家乡，根据八七会议精神，恢复和发展党的组织和建立农民协会，组建农民武装，准备武装起义。

9 月，中共霍邱特别支部成立，书记袁新民。

10 月，中共燕子河支部成立，书记刘仁辅。

11 月，中共古碑冲支部成立，书记袁继安。

1928 年

1 月，中共六霍县委员会（又称六安县委）成立，桂伯炎当选为委员。六霍县委领导六安、霍山、霍邱三县党组织和武装暴动工作。

2 月 11 日，中共商城县委书记蒋镜青来商南。14 日，在漆德琮家召开党的活动分子会议，传达讨论八七会议精神，决定在商南发动武装起义。

3 月，中共霍邱县委成立，书记杨晴轩。

5 月，中共金家寨直属支部成立，直属六安县委领导。

8 月，中共六安金家寨区委成立，书记桂伯炎（后袁继安）。

12 月，刘仁辅、徐育三在燕子河动员共产党员捐款购枪，组织了 100 多人的农民赤卫军。

12 月，白塔畈、大岗子一带共产党员杨晴轩、汪映西、潘荣初、李大刚等积极捐款筹枪，组成了一支 80 多人的农民赤卫军。

冬，李老末股匪万余人被消灭于商南山区，周维炯、漆德玮率农民自卫军参战，获得部分枪支、弹药，武装了 2 个正规班，打入丁家埠杨晋阶民团。周维炯先为第四班班长，半月后任军事教练。漆德玮任中队长，不久，被调去县民团任中队长。

1929 年

1 月，中共霍山西镇区委会成立，书记刘仁辅。

3 月 13 日，中共豫南特委和鄂东特委在光山县柴山保举行联席会议，决定立即进行商南武装起义。为便于指挥，豫南特委将商南党组织委托给鄂东特委就近指挥。

4 月 6 日，在吴家店太平山穿石庙成立中共商(城)罗(田)麻(城)特别区委员会，书记徐子清。同时成立中共商城临时县委，书记李梯云。

5 月 2 日，商罗麻特别区委在太平山穿石庙召开紧急会议，决定于 5 月 6 日立夏节夜晚举行商南武装起义。

5 月 4 日，商罗麻特别区委在墨园高氏祠召开商南各支部紧急会议，成立了起义指挥部。总指挥部设在斑竹园王家下湾，各起义点均做了具体布置。

5 月 6 日，立夏节之夜，商南的丁家埠、斑竹园、吴家店、白沙河、西河桥、徐王庙、包家畈、沙堰、南溪、李集、汤家汇等地武装起义，并取得了全面胜利。

5 月 7 日至 8 日，各起义地区召开庆祝大会，宣布起义胜利和宣传共产党的宗旨，由当地农民协会主持地方行政工作。

5 月 9 日，各地起义武装会师斑竹园，根据上级指示，建立中国工农红军第十一军第三十二师，师长周维炯。

5 月 12 日，漆德玮带领在商城县民团中发展的 4 名党员和 4 名把兄弟回到红三十二师，正式就任红三十二师副师长。

5月16日，商城县民团大队长王继亚率1个连进攻商南红军，被击退。

5月18日，红三十二师应六安六区党组织邀请，师长周维炯率第九十七团支援六区联络自卫团，起义成功。

5月19日，六安六区游击队建立。

5月20日，红三十二师和六安六区游击队进攻金家寨反动商团，取得胜利。

5月21日，红三十二师支援流波农民武装暴动，取得胜利。

6月26日，湖北、河南军阀夏斗寅、李克邦等部“会剿”豫皖边区红军，被红军和游击队击退。河南李克邦部吴云山率1个连起义，被编为红三十二师第一〇〇团，吴云山任团长。

8月上旬，鄂、豫两省的夏斗寅、李克邦军阀各一部及皖西敌第五十六师1个营向鄂豫边区红军发起第二次“会剿”。红三十二师转入外线作战，詹谷堂率领商城临时办事处和地方武装坚持斗争，不幸在葛藤山被俘，后于南溪壮烈牺牲。

9月26日，红三十二师回师商南，在南溪召开了数千人大会，追悼詹谷堂等死难烈士，并镇压了一批反动分子。

9月底，商城县工农革命委员会在南溪林氏祠成立，主席廖炳国。

秋，罗银青创作《八月桂花遍地开》一歌，并在苏区传唱。

10月初，鄂、豫两省军阀夏斗寅、徐源泉第三次对鄂豫边区红军进行“会剿”，被红军击退。

10月，商南地区各乡苏维埃政府开始创办列宁小学，为革命培养干部。

11月9日，中共六安中心县委命令各地继续开展大规模武装暴动。16日夜，六安六区游击队袭击了金家寨汪东阁商团，俘敌80多人，缴枪60多支。17日，在金家寨召开群众大会，成立六安六区农民协会，袁继安任主席。

11月19日，西镇地区党组织负责人刘仁辅、徐育三等邀请红三十二师支援西镇暴动，取得胜利。西镇区革命委员会在燕子河成立。

12月20日，中共霍邱县委书记杨晴轩和汪映西、李大刚、潘荣初等领导白塔畈农民武装起义成功，夺取了王家老楼大地主王子敬的步枪50多支。23日，建立霍邱县第一区苏维埃政府，主席汤正铎，区委书记吴忠池。

12月25日，红三十二师采取化装智取的战术，解放了商城县城，毙俘守敌300多人。

12月27日，商城县苏维埃政府成立，主席张德山。设立在汤家汇的商城县革命委员会同时撤销。

12月底，豫东南根据地已发展到东接皖西、南接鄂东、西抵商城、北连固始的广大地区。

1930年

1月1日，中共中央巡视员郭述申到达商城，视察工作，召开商城县委和红三十二师党委联席会议，讨论游击方针和土地改革等问题。

1月15日，商城县委和红三十二师党委召开联席会议，出席代表140多人，选举产生了新的县委，书记孔文彬，候补书记李梯云。

1月20日，中国工农红军第十一军第三十三师在流波成立，师长徐百川，政治部主任张建民。全师200多人，内有党员40人，下辖第一〇六团、第一〇七团。

1月30日，红三十二师、红三十三师攻克霍山县城，救出在押犯50多人，县长甘达用弃城逃跑。

1月，中共六安中心县委和中共霍山县委迁驻燕子河闻家店灵岩寺办公，领导整个皖西地区革命斗争的开展。

2月9日，河南军阀李克邦部暂编第二旅向商城进攻。商城县委为保存实力撤离商城，迁回汤家汇办公。商城县委机关创办了《咆哮》旬刊、《红日》半月刊、《红日》五日刊、《红日》画报、红日剧团和红日印刷厂。

2月中旬，红三十二师、红三十三师联合成立前敌指挥部。

3月18日，中共中央发表《致商城县全体同志书》，表扬“商城的党和同志们，能在艰苦的环境下积极奋斗……建立起工农武装队伍……中央表示无限的欣慰和敬意”。

3月21日至25日，中共六安中心县委在七邻湾关帝庙召开六安、霍山、霍邱、合肥、英山、寿县(缺席)6县党组织负责人和红三十三师负责人联席会议。提出“动员六县全党同志，推进六县革命高潮”，制定了政治、军事、群众工作等9项决议案。

4月13日，六安六区工农兵代表大会在金家寨召开，选举成立六区苏维埃政府，制定并通过了《土地政纲实施细则》《雇农工资办法》《债务办法》《森林办法》等决议案。到4月底，全区13个乡苏维埃政府全部建立起来，开始进行土地分配。

4月，中共鄂豫皖边特委成立，书记郭述申，委员23人，中共商城县委书记李梯云当选为委员。根据中央指示，红十一军改编为红一军，军长许继慎。

5月，蒋介石和冯玉祥、阎锡山等军阀的中原大战爆发，为鄂豫皖革命根据地和红军建设提供了大发展的条件。

6月中旬，李立三“左”倾盲动错误贯彻到鄂豫皖苏区，要鄂豫皖苏区的党和红军“迅速发动武汉周围的地方起义”，“打到武汉过中秋”。由于根据地红军和地方武装大部外调作战，周围敌人乘虚而入，皖西根据地大部被敌占领，革命干部、红军家属1万多人惨遭杀害。

6月中旬，六安七区麻埠召开了工农兵代表大会，选举成立了区苏维埃政府。6月下旬，全区各乡苏维埃政府建立起来。

10月18日，党中央向鄂豫皖边特委发出《关于党务、政治、军事的综合指示》，指出根据地中心任务是“巩固根据地的发展，加强红军，巩固红军”和“深入土地革命”，纠正了李立三“左”倾盲动错误。

11月下旬，中共中央派曾中生来鄂豫皖任临时特委书记。此时，中原大战以冯、阎失败而告终。蒋介石立即抽调8个师约10万兵力对鄂豫皖红军进行第一次“围剿”。

11月下旬，红一军第三师在商南汤家汇重建，师长萧方。

12月12日，红一军由湖北新洲出发，远程奔袭金家寨之敌。14日，全歼金家寨守敌第四十六师1个营和八大民团1000多人，收复金家寨。

12月30日，安徽省政府主席陈调元派其第四十六师分三路向驻麻埠的红一军发起进攻，红一军在香火岭（今鲜花岭）设伏，毙俘敌团长等3000多人。前后一个月时间，全部收复皖西根据地，敌第一次“围剿”宣告失败。

1931年

1月15日，活动在湖北蕲春、黄梅、广济地区的红十五军到达商南，根据中央指示，与红一军合并，成立红四军。

1月20日，中共鄂豫皖边特委为了统一皖西党组织，在金家寨召开中共六安中心县委成员、皖西各县委及商城县委负责人、红四军前委负责人联席会议，撤销六安中心县委，成立中共皖西分特临委、临委军事委员会、鄂豫皖特区临时苏维埃东方办事处。皖西分特临委领导六安、霍山、英山、霍邱、寿县、合肥、舒城、桐城、潜山9个县工作，商城也划归皖西分特临委领导。

1月下旬，红四军独立团在土地岭、闻家店、长山冲、燕子河、流波一带，歼灭敌陈调元预备军的1个营和潘善斋新编第五旅的2个团。独立团由500多人发展到1500多人。

2月，中央教导第二师在麻埠成立，代师长萧方，政治委员王效亭。

3月中旬，蒋介石策划的对鄂豫皖苏区的第二次“围剿”开始。总兵力共12个师13万人。并将皖西作为重点“围剿”地区，限令“5月底完全肃清红军”。

3月24日，中央教导第二师在麻埠歼灭敌六安团匪第一、二、三团队及安徽军阀岳盛暄1个团，缴枪1000多支。

3月，为了加强鄂豫皖边界地区工作，在后畈黄氏河建立六(安)英(山)霍(山)罗(田)商(城)五县边区苏维埃政府，廖炳国任主席。

4月上旬，中共六安县委迁驻麻埠，中共霍邱县委驻白塔畈。

4月中旬，中共中央政治局常委张国焘到达金家寨视察工作。

4月17日，皖西分特临委在金家寨召开扩大会议，中央派来鄂豫皖担任领导工作的沈泽民出席了会议，改中共皖西分特临委为中共皖西北特委，书记方英。

4月26日，少共皖西北特委在金家寨成立。

4月下旬，鄂豫皖特委调红十一、十二师和地方革命武装3000多人，迎击重点进攻皖西之敌，在东、西香火岭和麻埠重创敌军，毙俘敌2000多人，迫使敌人重点进攻皖西计划破产。

5月5日，皖西北革命军事委员会在金家寨成立，主席王平章，决定赤卫队、游击队统按三三制组建为赤卫军，金寨境内赤卫军约4万人。

5月初,皖西北特区工农兵代表大会在金家寨召开。

5月10日,皖西北特区苏维埃银行在金家寨成立,并建立造币厂,铸造银币、铜币,印制纸币、布币。

5月12日,中共鄂豫皖中央分局和鄂豫皖革命军事委员会在新集成立,张国焘任书记兼军委主席。

5月中旬,张国焘对红四军干部做出调整,除军长仍由旷继勋担任外,调曾中生任政治委员,调陈定侯任政治部主任。

5月30日,皖西北特区总工会代表大会在金家寨召开,成立皖西北总工会。同时在汤家汇成立商城县总工会。

6月28日,张国焘召开第一次鄂豫皖分局扩大会议,对鄂豫皖苏区过去的工作几乎是全盘否定。

6月,鄂豫皖边区红军总医院(又称皖西北红军医院)在麻埠成立。

6月、7月、8月,皖西北特区机关相继迁往麻埠。

7月上旬,鄂豫皖分局军事委员会召开会议,红四军领导人再次提出南下蕲春、黄梅、广济作战的意见。张国焘虽然同意,但只准5个团出征,并在南下方向上坚持要红四军1个月之内夺取英山,进攻安庆、威胁南京。

7月13日,皖西北特委书记方英在金家寨召开特委扩大会议,全面贯彻张国焘在中央分局扩大会议上的一系列“左”倾指示,开始对皖西北各项工作进行“改造”。

8月2日,红军攻克英山县城,全歼守敌,生俘敌团长张汉泉等1800余人,缴长短枪3000多支、机关枪27挺、迫击炮15门。

8月3日,红四军领导人认为进攻安庆、威胁南京无胜利把握,改向湖北蕲春、黄梅、广济进军,连克浠水、罗田、广济等县城,歼敌7个团,缴长短枪4000多支和大批弹药及军需物品,开辟了大片根据地。

8月下旬,张国焘对红四军改变进攻安庆、威胁南京的指示大为恼火,批评红四军与中央分局是"原则上、路线上的分歧",命令红四军立即回师整顿。加之特务的离间,张国焘认为许继慎、周维炯、姜镜堂、萧方、廖业琪、吴荆赤、高建斗、熊受暄、潘皈佛9人是"反革命军事委员会"。

9月13日,红四军政治委员、中央分局常委陈昌浩赶到麻埠,与红四军会合,撤销了曾中生在红四军政治委员职务,开始在红军中进行"肃反"。

9月下旬,蒋介石调动15个师的兵力,向鄂豫皖苏区发起第三次"围剿"。

9月,选举成立皖西北特区苏维埃政府,主席吴保才。特区苏维埃所属机关相继建立。

10月初,皖西北特委命令各地积极扩军,粉碎敌人第三次"围剿"。半个月内,金寨境内即扩充红军1460多名,筹备军粮1300多石、银圆2500块、鞋子2100多双。

10月25日,中国工农红军第二十五军在麻埠成立,军长旷继勋,政治委员王平章。

11月7日，中国工农红军第四方面军在黄安七里坪成立，下辖红四军、红二十五军。总兵力约3万人。

12月，皖西北特委在麻埠召开代表大会，到会代表400余人，原特委书记方英因“肃反不力”被撤职，红二十五军政治委员王平章当选为特委书记，吴保才继任特区苏维埃政府主席。

1932年

1月10日，鄂豫皖苏区党的第一次代表大会在新集召开，选举成立了中共鄂豫皖省委，书记沈泽民，组织部部长高敬亭，宣传部部长成仿吾。

1月，郭述申任皖西北道委书记，原书记王平章调任红二十五军政治委员。

3月上旬，红二十五军第七十五师在麻埠成立。

4月，为了加强鄂豫皖边区政权建设，原设立在黄氏河的5县边区扩建为五星县，县委、县苏维埃机关设在燕子河。

5月底，红二十五军第七十四师在白塔畈成立。

6月12日，蒋介石在庐山召开军事会议，准备发动对鄂豫皖苏区第四次“围剿”。

6月16日，潢光战役胜利结束，至此，鄂豫皖苏区军民反蒋介石第三次“围剿”取得重大胜利，共歼敌万余人。红军主力部队已发展到2个军6个师，1个少共国际团，3个独立师，总兵力扩展到4.5万多人。地方赤卫军、独立团、游击队等武装发展到20万人以上，建立了26个县级苏维埃政权。

6月18日，张国焘由于第三次反“围剿”的胜利，盲目乐观，向中央报告：目前已根本消灭敌之“围剿”，准备进攻京汉路，进攻武汉。

6月29日，国民党豫鄂皖三省“剿匪”总司令部在武汉成立，蒋介石亲任总司令。总兵力约30万，对鄂豫皖苏区进行第四次“围剿”。

7月7日，国民党军3万多人进攻霍邱，红二十五军一部和霍邱县独立团英勇抗击5个昼夜，大部分牺牲，仅军长旷继勋率百余人突围。12日，霍邱县城失守。

7月，“围剿”苏区之敌开始全面进攻。张国焘对国民党第四次“围剿”做了完全错误的估计，盲目轻敌，因而当国民党军大举进攻时，手忙脚乱，节节败退。

8月上旬，国民党军队不断向鄂豫皖苏区中心区推进，红军英勇血战，但没能遏制敌人的进攻。

8月11日，为适应反“围剿”斗争需要，赤城县被划为赤城、赤南两个县。赤城县委书记方英、县苏主席杜立保；赤南县委书记漆德罗、县苏主席丁江城。

9月3日，鄂豫皖中央分局所在地新集被敌人占领。

9月上旬，鄂豫皖中央分局向皖西撤退，在麻埠、金家寨、汤家汇一带与红二十五军会合。但敌人并列推进、紧追不放，张国焘率中央分局和省委机关向燕子河转移。

9月20日，卫立煌部进占金家寨。

9月27日，张国焘在燕子河主持召开中央分局和红四方面军领导人会议，决定向英山转移，准备返回黄麻地区。由于敌人围追堵截，红军虽英勇拼杀，仍难摆脱困境。

10月初，中共皖西北道委在英山土门潭召开会议，决定成立中共鄂皖工委，郭述申任书记，统一领导鄂皖边区的斗争，同时成立了中国工农红军第二十七军（亦称东路军），军长刘士奇，政治委员郭述申（兼）。

10月10日，张国焘在黄柴畈召开鄂豫皖中央分局和红四方面军领导人会议，决定率红四方面军主力撤离鄂豫皖苏区。

10月，蒋介石为了奖励卫立煌，将六安县的六区（金家寨）、七区（麻埠），霍山县的六区（燕子河），霍邱县的一区（白塔畈），商城县的和区、乐区及康区一部分（吴家店、斑竹园、南溪、汤家汇、双河等地）和固始县的长江河以南地区，分别从原属县划出，设立立煌县，隶属河南省。1933年3月，国民党政府内政部批准将立煌县改属安徽省。

10月，蒋介石命令进入苏区的部队：一、“匪区”壮丁一律处决；二、“匪区”房屋一律烧毁；三、“匪区”粮食分给“铲共义勇队”，搬出“匪区”，难运者一律烧毁。国民党军队为了执行蒋介石的命令，血洗大别山。

10月，中共鄂豫皖省委决定，撤销中共豫东南道委，将赤南、赤城地区划归皖西北道委领导。

11月15日，红二十七军东线游击返回吴家店以东的包家畈时，与敌第三十二师、第四十七师激战3昼夜，打退有30多架次敌机空袭支持的数倍敌军，毙俘伤敌近千人。

11月24日，中共鄂豫皖省委撤销红二十七军番号和中共鄂皖工委，恢复皖西北道委，书记仍为郭述申。

11月29日，鄂豫皖省委在黄安县檀树岗召开高级军事干部会议，决定重建红二十五军，军长吴焕先，政治委员王平章。

12月12日，蒋介石下令对鄂豫皖革命根据地实行划区"清剿"，将整个根据地划为两个"清剿"区，东为"商（城）罗（田）清剿区"，西为"经（扶）黄（安）清剿区"，总兵力15个师又1个旅，约80个团。

1933年

1月上旬，红二十八军在麻城县大畈组建，军长廖荣坤，政治委员王平章，仅有第八十二师，辖第二四四团、第二四六团和1个特务营，全军约3000人。

1月中旬，红二十八军在泗道河毙伤敌第七十五师官兵数百人，接着又与敌第七十五师激战两天，毙俘敌第四六六团团长焦克功等官兵数百人。一路游击师歼灭佛堂坳柯寿恒民团，毙团匪百余人，俘40多人；在松子关伏击敌第四十七师运输队，缴获敌人大批年货和饷银。

1月下旬，红二十八军在胭脂坳、白沙河击退敌第五十四师，攻占敌人在叶家集的军粮仓库和开顺街据点。二路游击师在江店消灭了当地民团，打开江店粮仓，将大部分粮食分给当地群众，游击师也满载而归。

2月上旬，红二十八军在双河山歼敌第七十五师1个团。二路游击师在武庙集俘虏敌第七十五师运输队1个排，缴枪40多支、子弹1万多发和棉布24捆、食盐2000多斤。

3月中旬，红二十八军在大、小门坎山歼敌第七十五师第二二四旅官兵数百人，政委王平章英勇牺牲。

4月8日，红二十八军在麻城县大畈与红二十五军会合，鄂豫皖省委将红二十八军改编为红二十五军第七十三师。

4月14日，鄂豫皖省委发出“夺回苏区一切城市”的通知，继续推行“左”的错误路线。

4月19日，蒋介石任命卫立煌为“豫鄂皖边区清剿总指挥”，调整部署，向苏区进攻。

4月20日，皖西北道委再度组建红八十二师，师长卢永彬（不久牺牲，由刘德利继任），政治委员詹大列，辖第二四四团（3个营）和第二四六团（1个营）。

4月，二路游击师在双河附近的胡家边、牛王庙一带伏击敌戴民权第四十五师1个团，将其歼灭过半，戴民权带残部逃跑。

4月，敌人划区“清剿”被粉碎。皖西北地区以汤家汇、南溪为中心的根据地得到部分恢复和相对稳定。

5月，蒋介石又纠集14个师又4个独立旅，计82个团约10万多人，以刘镇华为“豫鄂皖三省边区剿匪总司令”，对鄂豫皖革命根据地进行第五次“围剿”。

6月，三路游击师在莲花山袭击国民党立煌县党部召开的联保主任会议，国民党立煌县党部书记陈白英被俘，参加会议的95名反动分子和警卫部队在顽抗中被击毙。

8月17日，红八十二师和一、二、三路游击师在大龚岭、上磊子、梅山拦截敌运输给养的70多对毛排，缴获大米140多万斤和大批军服、猪肉、油盐、罐头、香烟等物资。

9月5日，鄂东北中心区保卫战失败，鄂豫皖省委率红二十五军转移到商南山区，在南溪与红八十二师会合。

9月10日，皖西北中心区保卫战开始，历时14天，失利。

10月11日，皖西北道委在南溪东北的吕家大院召开会议，决定重建红二十八军，军长徐海东，政治委员郭述申(兼)，辖第八十二师、第八十四师。

11月初，红八十四师在二路游击师的配合下，在熊家河石门口歼敌独立第四十旅1个团，俘敌1000多人(教育后释放)，缴获长短枪800多支、迫击炮3门、大衣700多件。

11月下旬，红八十二师在熊家河地区与红八十四师会合，在狗脊岭和铁炉冲歼敌第四十五师2个团又1个连。

12月14日、15日，红二十八军两天内袭击了吴桥、段集、李集，3战歼敌500多人，缴获棉布600多匹、棉花2000多斤。

1934年

2月初，红二十八军返回赤南葛藤山地区，"剿匪总司令"刘镇华组织4个师主力联合向赤南根据地进攻。

2月6日，红八十二师在火炮岭以南的朝阳山与敌激战，师长刘德利牺牲，梁从学继任。

2月底，蒋介石委任张学良为“豫鄂皖三省剿匪副总司令”，自任总司令。调张学良部2个军9个师来鄂豫皖地区，以16个师又4个独立旅共80多个团的总兵力，继续第五次“围剿”。

3月10日，红二十八军在古碑冲打垮敌独立第五旅1个团和立煌县民团，毙敌50多人，俘敌62人，敌旅长郑廷珍和伪县长易智周重伤逃脱。缴获迫击炮1门、重机枪2挺、长短枪百余支及大量弹药。

3月12日，红二十八军在军长徐海东的指挥下，在葛藤山歼敌第五十四师第一六一旅大部，毙伤敌1000多人，活捉敌代理师长刘书春等官兵130多人，缴获长短枪172支、手提机关枪8挺、子弹5万多发。

3月24日，红二十八军在杨山一带与敌第四十七、五十四、七十五师等部展开激战，毙伤敌400多人，红二十八军第八十四师师长黄绪南在激战中牺牲。

4月16日，红二十五军在汤家汇的豹迹岩与红二十八军会师。将红二十八军第二次编入红二十五军，军长徐海东，政治委员吴焕先，政治部主任郭述申。

4月20日至24日，红八十二师在长竹园、四顾墩、苏仙石三战三捷，歼灭民团200多人，缴枪200多支。

6月底，张学良制订了从7月1日至10月10日的3个月“围剿”计划，兵力达15个师又3个旅，共70多个团，将鄂豫皖革命根据地划为6个“驻剿区”，另用2个师又6个团组成4个“追剿队”。

9月下旬，鄂豫皖省委召开第四次常委扩大会，做出《对郭述申同志的决议》，错误地撤销了郭述申省委常委、皖西北道委书记的职务。

11月11日，鄂豫皖省委在光山县花山寨召开第十四次常委会议。根据中央军委副主席周恩来的指示，决定红二十五军北上，16日开始出发。省委指示高敬亭重新组建鄂豫皖党和红军领导机构。

11月，赤城县委以警卫队为基础，加上二区游击队组建商北大队，大队长余海宽，政治委员由赤城县委书记石裕田兼任，辖2个中队，约160人。

12月20日，高敬亭在熊家河召开道委会议，组建红二一八团。罗成云任团长，熊大海任政治委员，全团约700人。

12月25日，红二一八团一部和交通队、苦工队在白塔畈、下骆山一带筹集粮款，遭遇省保安团进犯，苦工队用扁担、大刀同敌人展开肉搏，歼灭敌前卫营。返回后，高敬亭将苦工队正式编为第二一八团第三营。

12月，六安六区区委将红八十二师和三路游击师的70多名治愈的伤病员，同丁家埠、南石塘两乡游击队，再次组建成洪家大山战斗营，区苏维埃政府主席陈家全任营长，区委书记方藻庭任政治委员，辖3个连，约200人。

12月，皖西北地区仍保存赤城、赤南、六安县三区和六区、霍山县六区等几块革命根据地，大部分在立煌县境。

1935年

1月8日，蒋介石任命梁冠英为总指挥，集中10多万兵力对鄂豫皖革命根据地实行3个月“清剿”。梁冠英指挥19个团向赤城、赤南苏区合围。重点进攻皖西北道委和赤城县委所在地熊家河，妄图消灭红二一八团和一、二路游击师。

1月，高敬亭令一路游击师南下罗田，二路游击师东渡史河，到外线牵制敌人。自己率红二一八团于熊家河与敌作战，后亦转外线游击。

2月1日，高敬亭率红二一八团与少共鄂东北道委书记方永乐带领的鄂东北独立团在抱儿山会合。

2月3日，高敬亭在太湖凉亭坳召开会议，决定以皖西北红二一八团和鄂东北独立团为基础，第三次组建红二十八军。高敬亭任政治委员，统一领导鄂豫皖边区党政军工作。红二十八军辖第八十二师和手枪团，第八十二师师长罗成云，政治委员方永乐，政治部主任熊大海，手枪团团长余光升。第八十二师辖第二四四团（3个营）和特务营，徐贤才任团长，徐成基任政委。

2月中旬，赤城中心县委成立，书记石裕田，领导赤城、赤南及六安、霍邱部分地区工作。

2月下旬，石裕田派商北大队和洪家大山战斗营袭击熊家河三桂堂碉堡，打死民团头子熊仲川。

3月22日，红二十八军在鸡冠石与敌独立第五旅第六一三团及特务团第三营激战5小时，毙敌300多人，取得以少胜多、以弱胜强的战绩。

4月底，敌人重新部署了2个月的“清剿”计划，以13个师1个独立旅共61个团的兵力，将鄂豫皖革命根据地划为3个防区进行“清剿”。

6月初，石裕田召开赤城县委会议，将商北大队扩编为2个中队，加上县、区苏维埃工作人员共200多人，改编为二路游击师，由石裕田带领向东游击。

6月，赤城、赤南两县委合并，成立中共商南县委，并建立了商南游击大队、妇女排，坚持根据地斗争。

6月，商南县委组建了8个便衣队，在商南各地活动。

6月，张泽礼逮捕了西河桥联保主任，建立了“两面政权”。

7月上旬，二路游击师在双河与高敬亭率领的红二十八军会合，二路游击师编入红二十八军，石裕田任第八十二师政治部主任。

8月13日，红二十八军在方坪花凉亭与敌第一九五旅第三九〇团激战，毙伤敌200多人，俘敌100多人，缴获长短枪200多支、轻重机枪7挺、迫击炮1门、子弹万余发。

12月17日，红二十八军特务营和手枪团一分队在中畈湾与敌第一八九团第一营和第六一五团5个连激战，毙敌团长曹兴文、营长陈登朝等官兵120多人，伤敌200多人，缴获重机枪1挺、步枪200多支、子弹5000多发。

1936年

1月，卫立煌任“豫鄂皖边区清剿总指挥”，指挥9个师又1个旅共44个团，在鄂豫皖革命根据地进行“清剿”。

11月26日，张泽礼率商南游击大队扮成敌第十一路军伤兵队，林维先率手枪团三分队扮成护送人员，一天内打掉敌人在熊家河地区的11个碉堡。

1937年

4月27日，蒋介石任命卫立煌为“豫鄂皖边区督办公署”督办，指挥机构驻金家寨，设岳西、经扶、信阳3个督办处。集军政大权于一身，指挥正规军38个团及各县保安团，在鄂豫皖革命根据地进行秘密“清剿”。

6月，皖西北道委召开紧急会议，鉴于敌人“清剿”形势严峻，决定各县委、游击队和便衣队除留少数人员坚持原地斗争外，都转移到外线斗争，破坏敌人交通，截击敌人运输。

6月，以张泽礼为首的商南县委领导商南游击大队和便衣队分散活动，采取灵活机动的战略战术，打击敌人、保存自己，坚持根据地斗争。

7月13日，红二十八军政治委员高敬亭在岳西县南田村，根据中共中央文件精神，决定与豫鄂皖国民党地方当局进行停战谈判。

7月22日，鄂豫皖边区国共双方代表在岳西县青天畈正式谈判。27 日，达成“停止内战、共同抗日”的协议。

9 月初，石裕田、李世焱、雷文学等十几名干部战士，到达南溪、金刚台、白沙河一带寻找中共商南县委及其领导的便衣队，传达鄂豫皖边区国共合作的形势和任务，通知便衣队开赴黄安七里坪整编。

12 月，徐其昌等 6 位同志以“鄂豫皖工农抗日联军”代表的名义到白水河、金家寨一带慰问革命烈士和抗日军人的家属，向地方党组织和人民群众宣传我党的抗日政策。

1938 年

2 月中旬，红二十八军、确山游击队、商南革命武装在七里坪整编为新四军第四支队，支队司令高敬亭，辖第七、八、九团和手枪团、直属大队，共 3100 余人。

3 月初，新四军第四支队东进抗日，途经立煌地区，杜立保领导的熊家河便衣队编入新四军第四支队。

4 月中旬，新四军第四支队立煌兵站在桃树岭建立，站长郑维孝。

6 月中旬，董必武等人来金家寨一带视察工作，商南县委书记张泽礼随其去延安学习。

6 月 15 日至 11 月 2 日，日机先后轰炸流波 12 次，炸死、炸伤居民 500 多人。中共六安县委书记邹同礽在指挥群众疏散时中弹牺牲。

6 月下旬，中共立煌县委在白水河成立，书记何绪荣，委员徐其昌、周维等。

6月下旬，麻埠各界爱国人士在镇北大戏楼广场集会，声讨日寇侵华罪行，动员群众抗日救国。

6月30日，日机3次轰炸金家寨，投弹数十枚，毁房屋400余间，民众伤亡100余人。

6月，中共安徽省工作委员会迁往立煌。先驻桃树岭兵站，不久随兵站迁往白水河汪家老屋。省工委书记彭康、组织部部长李世农、宣传部部长张劲夫、军事部部长谭光廷，委员先后有曹云露、黄岩、喻屏、郑维孝等。

7月下旬，国民党安徽省政府、省动委会迁驻金家寨。

7月，何绪荣调往新四军部队工作，郑维孝代理县委书记。不久，徐其昌任县委书记。

8月，立煌县动委会成立，并相继成立区、乡、镇动委会31个，组建各种群众性的抗敌协会69个。

9月3日，日寇窜犯叶集、开顺，肆意烧杀，1个月后退去。

9月10日，6架日机轰炸金家寨城区。

9月上旬，国民党军队在县境北部的富金山阻击企图西进武汉的日寇，激战10余日，富金山阵地失守。

9月下旬，国民党军队第一七一师在群众的援助下，在沙河乡西河桥附近的康王寨歼灭入侵的日寇大部。

10月，何伟到达金家寨，向中共安徽省工委传达党中央对大别山区抗日工作的指示。

年底，安徽省工委在白水河秘密举办3期党员干部训练班，为鄂豫皖边区培训党的基层干部300余人。

1939年

2月，中共安徽省工委撤销，中共鄂豫皖区委在白水河成立，书记郑位三、宣传部部长彭康、民运部部长张劲夫、组织部部长兼统战部部长何伟、军事部部长谭希林，委员有方毅、张体学、郑维孝、黄岩、李丰平、程坦、周新吾等。区委机关设在白水河新四军第四支队兵站内。

4月，立煌县、区、乡妇抗会员做军鞋1400双，慰劳前方将士。

5月，中共立煌、商城县委合并，成立新的立煌县委，书记周维，委员有魏心一、张维诚、江明、武德嫒(女)、罗志达。

5月，桂系顽固派以莫须有的罪名逮捕杀害了金家寨党支部书记芦士勤和汤汇区委书记雷维先。

6月，立煌县妇抗会绣制手帕1000多副、锦旗2面，送省慰问团转赠前线抗日官兵。

夏，中共鄂豫皖区党委民运部妇女工作委员会利用安徽省政府举办干训班的机会，在县城西边的高庙子举办为期3个月的妇女训练班，培养了一批妇女干部。

7月8日，新四军军长叶挺、参谋长张云逸抵达立煌，就新四军第四支队的活动范围及部队供给等问题，向国民党安徽省政府主席廖磊提出质询，并进行了针锋相对的斗争。

7月中旬，新四军驻立煌办事处在金家寨石硖口余家湾成立，何伟任办事处主任。

7月29日，金寨各界爱国人士为支援前方，捐献鞋4.7万双、款1900余元。

8月，省青年抗敌剧团在金家寨连续7天公演话剧《汪平沼协定》，揭露日伪罪行。观众有数万人。

9月15日，省妇委会、妇战团、立煌县妇抗会联合发起募捐寒衣运动，至11月，得现金1564元、棉背心5万件，运往抗日前线。

9月26日，美国记者史沫特莱女士为考察大别山区的伤兵、难民救济和民众动员工作到达立煌，受到立煌各界人士的热烈欢迎。

10月，中共立煌市委成立，书记李丰平，组织部部长甘怀勋，宣传部部长郑忠，委员魏心一、张海帆、李萍。

10月，金寨地区抗战政治形势逆转，省直属第三十五工作团首批离开金寨。

年底，中共立煌县委和立煌市委合并，成立中共立煌中心县委，领导金寨、霍山、商城三地党的工作，中心县委书记李丰平。

1940年

1月初，新四军第四支队立煌兵站人员秘密撤离白水河。

3月8日，广西学生军以到前方劳军的名义撤离金寨，奔赴抗日根据地。

3月上旬，新四军驻立煌办事处和李丰平撤离金寨，魏心一继任中共立煌中心县委书记。

4月下旬，国民党安徽省政府和特务机关对金寨地区实行封锁，疯狂搜查“异党”，中共立煌中心县委联络点遭到破坏，县委委员张海帆被捕牺牲。

4月底，立煌地区抗日民主力量的撤退转移工作基本结束，仅留下少数没有暴露身份的共产党员就地坚持抗日反顽斗争。

5月7日至9日，国民党立煌警备司令部在双河一带秘密逮捕共产党员、退伍红军、革命群众40人，除4人逃走外，其余36人于13日晚被活埋、枪杀于双河窑岭。

5月13日，在双河区委书记冯运清领导下，双河游击队成立，活动在熊家河、悬剑山、大河冲一带。

5月中旬，魏心一在南溪椴树坪召开汤家汇、南溪党的负责人会议，会上，将金寨地区党的工作交给李中元负责。会后，魏心一经商城去皖北。中共立煌中心县委工作结束。

7月，李中元在七邻湾子母河召开党员会议，讨论决定重建中共立煌县委员会，书记李中元，委员有袁化名、曾庆恩、杨青山等。

8月，中共立煌县委派人去湖北与新四军第五大队取得联系，要求给予组织上的领导和工作上的支持，但未接上关系。

9月，共产党员张经川、胡继汉、李中元等先后被捕入狱，不久，张经川惨遭杀害。

1941年

8月，曾庆恩带领几名共产党员，在七邻湾乡公所炊事员萧才运的配合下，夺取了乡公所的10支长枪，组建长岭关游击队，活动在皖豫边区。

1942 年

2月8日，被关在金家寨洪家湾监狱的李中元，与同监难友樊白元、罗鲁东越狱成功。李中元去商城东乡和固始武庙集一带以教书为掩护，继续从事党的地下活动。

12月19日，日寇6000余人由鄂东兵分两路，分别从瓮门关、松子关向立煌进犯。25日，日寇一股侵入后畈，炸毁黄氏祠弹药库1座，30多民工丧生。

1943 年

1月2日，日寇于黎明前封锁了茅坪街，投宿于茅坪的商人、学生、民夫、壮丁及押送壮丁的兵士和当地群众562人被刺杀于街西河滩，街道房屋被烧400余间。

1月2日，国民党第七军第五一三团第八连和省战干团学员分别在查儿岭、长冲岭阻击日寇，击毙日寇200余人。黄昏，日寇侵入古碑冲、金家寨，省政府和桂系等军警全部逃走，日寇肆意烧、杀、抢、掠。5日，日寇分两股自金家寨窜出，一股去商城，一股沿史河而下往霍邱方向侵扰。

9月，国民党顽固派先后逮捕了在立煌坚持地下工作的共产党员刘敦安、麦世法等进步人士10多人，于12月15日将他们活埋于傅家湾附近的山坳里。

秋，共产党员彭仁安在帽顶山秘密组织便衣队100多人，分为6个小分队，活动在帽顶山、抱儿山、七邻湾等地，宣传抗日，打击地方反动势力。

冬，中共立（煌）霍（山）英（山）岳（西）太（湖）五县边区工作委员会成立，钟子恕任书记，鲁教瑞任副书记，并成立了五县边区抗日指挥部，拥有50多人枪，活动在五县边境地区。

1944年

5月，国民党立煌、麻城、罗田、英山、霍山“五县联防办事处”在吴家店成立，并在吴家店修建飞机场，妄图进一步控制和镇压大别山人民的革命活动。

秋，中共立煌县委书记李中元等继续在商（城）固（始）立（煌）三县边区从事党的活动，发展党员50多名，建立6个党支部。

1945年

8月，日本政府无条件投降的电讯传到金寨，金家寨、麻埠、流波等地隆重集会，庆祝抗日战争的胜利。

12月5日，国民党第二十一集团军总司令部和安徽省政府由金家寨迁往合肥。第二十一集团军总部直属部队和在皖西的省保安团仍留在金家寨周边地区。

1946年

7月，中原军区第一纵队第一旅在旅长皮定均、政治委员徐子荣的率领下，在掩护军区主力突围后，于7月3日到达吴家店，休整3天。休整期间，部队打开国民党粮库，分粮济贫。7日，离开吴家店，经燕子河继续东进。

1947年

3月，鄂西北军区副司令员刘昌毅率1000多人转战鄂豫皖边区，途经渔父潭的吊桥岩时，击溃敌湖北省保安团和立煌县保安团的追击，歼敌2个营。

8月7日，刘邓大军第一、二、三、六4个纵队共12万多人，分三路挺进大别山。

8月29日，第三纵队第七、八、九旅由固始分两路挺进皖西。

9月2日，第三纵队第八旅解放金家寨，共歼守敌1000多人，击毙敌团长陈铁汉，生俘立煌县县长李宣。

9月3日，流波、麻埠两镇解放。

9月4日，随第三纵队南下的部分太行干部在金家寨成立中共立煌县委和县民主政府，白涛任县委书记兼县长。

9月5日，县民主政府在金家寨召开群众大会，公审、枪决伪县长李宣。

9月上旬，随第二纵队南下的一批冀南干部，从潢川经商城越挥旗山到达金家寨，与先期到达的部分太行干部会合，重新组建县委、县民主政府，县委书记张延积、县长白涛。县政府布告，改立煌县名为金寨县。

9月上旬，第二纵队教导团在团长朱家凯、政治委员韩正夫、副团长张绍基的率领下到达金寨东部地区，成立中共金东工委和军事指挥部，韩正夫任书记，朱家凯任指挥长。教导团共500多人，活动于麻埠、流波、前后畈及金寨北部一带。

9月,金寨县工作全面展开,建立了城关、麻埠、流波、胡店、汤家汇、李集、吴家店、漆店、关王庙、燕子河、前后畈等11个区委和区民主政府。每区有武装工作队20—40人。

9月,金寨县大队建立,白涛兼大队长,张延积兼政治委员,张泰升任副大队长,车盛珠任副政治委员。

11月上旬,中共金寨县委在七邻湾袁氏祠召开县委扩大会议,总结前一段工作,部署下一段工作任务。

11月中旬,中共鄂豫区党委书记段君毅和军区司令员王树声、副司令员郭天民等到达金寨县,指示金寨县委做好反"围攻"的准备。

11月27日,国民党集中14个整编师33个旅的优势兵力,开始对大别山区展开全面围攻。

11月下旬,为适应形势的需要,中共鄂豫一地委将金寨县一分为三,成立金东县、金寨县和金北办事处。

11月,金寨县大队在南溪的南石塘和汤家汇等地截获敌军粮6000多斤,俘敌12人。

11月底,金东县军事指挥长张绍基率40多人,在前畈王立墩与黄英匪部和罗田县自卫队陈新民匪部激战,将敌击溃。

12月2日,国民党军占领金家寨。

12月18日,第二纵队再克金家寨。

12月30日,邓小平、李先念、李达等"前指"首长来金寨视察,驻扎在漆店区楼房村。31日,漆店区委书记江川和金寨县委书记张延积、副书记张健三、县长王相卿等分别向“前指”首长做了工作汇报。

12月，金寨县、金东县和金北办事处根据《中国土地法大纲》和中原局的指示，在大部分区、乡开展土地改革。

冬，刘邓大军在金寨县吴家店太平山村附近的华家湾、汪家湾、铁棚岗、潘家湾、周家湾等地设立临时被服厂。

1948年

1月1日，邓小平在金寨县漆店区签发《关于部队作战行动的指示》。

1月，伪立煌县长吴曙光重新组建县区反动武装，扩充2个常备大队，下设6个常备中队。

2月下旬，根据中原局《关于开展大别山游击战争的指示》，金寨县委组成县独立团和南、北、中4个武装集团；金东县委组成东、西、中3个武装集团；金北工委组成100多人的武装集团，坚持大别山斗争。

2月下旬，袁化名等与第二纵队野战医院、双河区游击队，在黄龙河阻击敌第四十八师1个营的进攻，掩护后方医院安全转移。

2月底，刘邓大军主力转出大别山区寻机歼敌，国民党以20多个整编旅和地方反动武装，向大别山根据地展开疯狂的“清剿”。

4月17日，金寨县委书记张延积等率金寨南集团武装、县独立团第五连以及干部队在太平山一带活动，被敌第四十八师1个团及地方反动武装包围，在激烈战斗中，宣传科长韩英等25人壮烈牺牲，金寨县县长卫民等27人被俘。

4月，金北工委奉命撤销，与固始县委合并。金北工委武装集团改编为固始县南集团，黄耀华任指挥长，李晓明任政委，坚持在金北地区活动。

5月上旬，金东县武装集团与罗田县武装集团合并，成立金罗支队，支队长郑铎、政委刘敏、副支队长张绍基、副政委白涛。下辖6个连队，共700多人。

5月19日，金罗支队向罗田县游击，途经胡家山时，先后两次遭敌第七师一部和罗田县地方反动武装包围，部队伤亡较大。金东县委书记白涛、前畈区长李华堂被俘，英勇就义。

5月下旬，金东县武装集团、金寨县南集团及林木森领导的中集团在汤家汇会合，成立临时指挥部，指挥长张绍基、政委张延积、副指挥长林木森、副政委周荣家，全部武装和干部共800多人。

6月初，金寨临时指挥部在吴家店一带与鄂豫一地委及军分区武装会合，共2000余人，活动在南溪、李集、汤家汇一带。20日，在牛食畈歼敌乡公所和一个半中队，毙敌7人，俘敌17人，缴获轻机枪3挺、长短枪24支。

7月，鄂豫一专署决定，将金寨、金东、霍邱、霍山、固始、商城6个县，合并为金寨、商城、固始、霍邱4个县。合并后的金寨县委书记张延积，县长林木森。

9月，金寨、商城两县武装力量合并，组成金商支队，指挥长黄家景、政委谭申平、副政委林木森、参谋长张泰升。

9月21日，金商支队和鄂豫军区部分武装收复金寨县城——金家寨。

1949年

1月，袁成英任伪皖北保安副司令兼立煌县长。

2月上旬，袁成英在金寨县响山寺组成伪立煌县政府。18日，召开伪党政参议及各区联防主任会议，将地方反动武装编为5个团，共4470多人。

2月下旬，鄂豫一地委在叶集成立中共金（寨）固（始）霍（邱）工委和金固霍剿匪指挥部，李晓明任工委书记兼行政办事处主任，刘仪任指挥长。下辖胡店子、麻埠、叶集3个区。主要任务是支援大军渡江作战。

3月上旬，袁成英以皖北保安副司令的身份，将大别山区的反动武装扩编为7个保安团、8个自卫团和3个独立营，共1万余人。

3月下旬，伪华中军政长官公署委任袁成英为立煌支队司令，沈佐伯、黄英为副司令，发给子弹10万发，并在武汉成立立煌支队驻武汉办事处，江伟航任主任。

3月，为配合剿匪部队工作，建立中共金寨县工作委员会，金果任书记。

4月27日，人民解放军解放麻埠。

4月30日，金寨县由鄂豫一专署划归皖北第三行政督察专员公署管辖，副专员田世五兼金寨县县长。

5月中旬，国民党华中军政长官公署长官白崇禧，派原国民党第九十二师中将师长汪宪及樊迅、马君慈等人携带电台6部潜来金寨，在七邻湾成立“华中军政长官公署豫鄂皖边区人民自卫军总司令部”，汪宪任司令，袁成英任副司令兼立煌县县长，樊迅任副司令兼参谋长。将大别山反动武装扩编为14个支队，号称“十万铁军”，实际仅万余人。

5月，流波、白塔畈解放。

7月10日，田世五不再兼金寨县县长，刘伟接任县长，江毅任副县长。

7月，中共金寨县委在麻埠组建，白鲁克任书记。

8月上旬，鄂豫皖三省边区第一次剿匪会议在武汉召开，会议决定成立鄂豫皖边区剿匪指挥部，王树声任司令员兼政委，何柱成任副政委，梁从学任副司令员。下设东线(皖西)、北线(豫南)、南线(鄂东)3个剿匪指挥部，对大别山区的残匪进行联合会剿。

8月25日，东线剿匪指挥部在金寨县麻埠正式成立，梁从学任司令员，何柱成任政委，下辖2个指挥所。

8月，麻埠区共拨大米12100斤、人民币125万元，救济遭受匪灾严重的灾民。

9月1日，麻埠镇出动民工100多人，修复了通往金家寨的麻埠大桥，支援解放军进山剿匪。

9月初，皖北军区成立剿匪后勤司令部，田世五任司令员，梁绪修任政委，并在金家寨等地分设4个指挥所。

9月7日，东线剿匪部队解放金家寨，俘匪80余人。金寨县委、县政府由麻埠迁至金家寨办公。

9月12日，匪立煌支队第一团团长兼城关区联防主任陈云溪率50多人投诚。

9月18日，金寨群众和驻军2000余人举行大会，庆祝金寨县解放。

9月30日，匪豫鄂皖边区人民自卫军总司令部司令汪宪、副司令兼伪立煌县县长袁成英、副司令兼参谋长樊迅、参谋处长马君慈等匪首被生俘。

10月1日，中华人民共和国成立。金家寨、麻埠、流波等集镇分别召开军民大会，隆重庆祝中华人民共和国成立。

参考文献

[1]中共金寨县委宣传部.革命斗争回忆录·立夏节烽火[M].合肥:安徽人民出版社,1980.

[2]中共六安地委党史工作委员会.皖西革命史(1919—1949)[M].合肥:安徽人民出版社,1987.

[3]中国工农红军第四方面军战史编辑委员会.中国工农红军第四方面军战史[M].北京:解放军出版社,1989.

[4]《六霍起义》编辑委员会.六霍起义[M].北京:中共党史资料出版社,1989.

[5]中国工农红军第二十五军战史编审委员会.中国工农红军第二十五军战史[M].北京:解放军出版社,1990.

[6]金寨县革命史编委会.金寨县革命史(1919—1949)[M].合肥:安徽人民出版社,1991.

[7]江焕启.红军源[M].合肥:安徽人民出版社,1991.

[8]金寨县地方志编纂委员会.金寨县志[M].上海:上海人民出版社,1992.

[9]中共河南省委党史研究室,中共安徽省委党史研究室.鄂豫皖革命根据地史[M].合肥:安徽人民出版,1998.

[10]中共安徽省委党史研究室.中国共产党安徽地方史(第一卷)[M].合肥:安徽人民出版社,2000.

[11]中共中央党史研究室.中国共产党历史(第一卷1921—1949)[M].北京:中共党史出版社,2002.

[12]中共金寨县委党史办公室.中国人民解放军金寨县将军传[M].合肥:安徽人民出版社,2005.

[13]金寨红军史编辑委员会.金寨红军史[M].北京:解放军出版社,2005.

[14] 洪学智.洪学智回忆录[M].北京:解放军出版社,2007.

[15]涂治炎.红二十五军从金寨到陕北[M].合肥:安徽人民出版社,2009.

[16]中共金寨县委党史办公室著,金寨县党史县志档案局修订.金寨县革命史(1919—1949)[M].合肥:安徽人民出版社,2017.

[17]闫荣安.军旗猎猎——在金寨建立的十二支主力红军队伍[M].北京:中央党史出版社,2019.

后 记

安徽省金寨县是中国革命的重要策源地、人民军队的重要发源地，是中国工农红军第一县、全国著名的将军县，是红二十五军的初始诞生地、红四方面军的主要发源地、红二十八军的重建地，是鄂豫皖革命根据地的中心区。抗日战争时期，金寨是安徽乃至鄂豫皖边区抗日救亡运动的指挥中心；解放战争时期，金寨是刘邓大军千里挺进大别山的主要目的地和实施战略转移的重要后方根据地。中华人民共和国成立后，金寨人民为了响应毛泽东主席“一定要把淮河修好”的伟大号召，再次奉献出包括金家寨在内的3大经济重镇和10万亩良田、14万亩经济林，10万群众在只有很少补偿的情况下，主动告别了世代繁衍的家园，移居深山。改革开放以来，老区人民积极响应国家关于加强生态文明建设的号召，坚持做到：规范管理、不断完善生态保护工作机制，防治并举、努力提升生态环境和生态质量，坚守底线、着力优化生态空间格局，绿色为先、强力推进生态经济发展和资源节约利用，标本兼治、积极改善生态生活环境。为了使祖国的天更蓝、水更清、人间更美好，金寨人民一直在默默地奉献……

2016年4月24日，习近平总书记亲临金寨视察，不仅对老区人民为中国革命和建设做出的巨大牺牲与贡献给予了充分肯定和高度赞扬，而且对红色文化资源的开发利用、红色基因的传承弘扬工作做出了重要指示。总书记满怀深情地说："一寸山河一寸血，一抔热土一抔魂。回想过去的烽火岁月，金寨人民以大无畏的牺牲精神，为中国革命事业建立了彪炳史册的功勋，我们要沿着革命前辈的足迹继续前行，把红色江山世世代代传下去。革命传统教育要从娃娃抓起，既注重知识灌输，又加强情感培育，使红色基因渗进血液、浸入心扉，引导广大青少年树立正确的世界观、人生观、价值观。"

为深入贯彻落实习近平总书记视察安徽金寨的重要讲话精神，中共安徽省委宣传部、安徽教育出版社联合组织编纂了这套"安徽红色历史记忆丛书"，我很荣幸地成为《红色金寨》的撰稿人。

本书的撰写，得到了中共金寨县委、金寨县人民政府、金寨县人大常委会、金寨县政协委员会及其领导同志和金寨籍老红军、老将军亲属子女的高度重视，得到了安徽大学陆发春教授等同志的精心指导。本书主要参考了台运行先生主编的、安徽人民出版社1991年出版的《金寨县革命史》(1919—1949)和以我为组长，以张仁衮、李业坤、胡本昌为副组长的修定小组修定的、2017年安徽人民出版社出版的《金寨县革命史》(1919—1949)。在此，首先向这两本书的编委、主编和编写者、修订人员表示衷心的感谢！在本书的编写过程中，还得到了李业坤、汪家广、胡本昌、任少松、李国华、李燕、李玉迪、江敏、王亚丽、姜茜等同志的热情帮助。在此，我向所有关心、支持本书撰稿和出版的领导和同志们表示衷心的感谢！

由于受时间和资料的限制，加之本人水平有限、琐事繁多，本书中难免还有一些疏漏和不妥，恳请各位批评指正。

胡遵远